# DICCIONARIO COMERCIAL
## ESPAÑOL - INGLÉS — INGLÉS - ESPAÑOL

*EL SECRETARIO*

copy 1

# DICCIONARIO COMERCIAL
## ESPAÑOL-INGLÉS–INGLÉS-ESPAÑOL

### EL SECRETARIO

COMPILACIÓN AL DÍA DE TODOS LOS
TÉRMINOS Y EXPRESIONES PARA LA
CORRESPONDENCIA COMERCIAL

ESPAÑOLA - INGLESA — INGLESA - ESPAÑOLA

*por*

*ALEJANDRO FRÍAS-SUCRE GIRAUD*

*Nueva edición, revisada y ampliada*

EDITORIAL JUVENTUD, S. A.
PROVENZA, 101 - BARCELONA

© Alejandro Frías - Sucre Giraud, 1940
© Editorial Juventud, Barcelona (España), 1940
Tercera edición, febrero 1977
Depósito Legal, B. 51.065-1976
ISBN 84-261-1223-4
Núm. de edición de E. J.: 5.807
Impreso en España - Printed in Spain
LAYSE - Miño, 29 - Tarrasa

# PREFACIO

Durante más de veinticinco años he trabajado como redactor comercial de correspondencia extranjera para exportadores, importadores, consulados, cámaras de comercio, «Casas de la Prensa» de exposiciones internacionales, departamentos extranjeros de agencias anunciadoras, etc.; de modo que no sólo he podido familiarizarme con toda suerte de correspondencia comercial, sino que he tenido numerosas oportunidades para constantes observaciones de las deficiencias incurridas por sus redactores, especialmente respecto a propiedad, exactitud y claridad de expresión, factores considerados de evidente importancia en el comercio.

Dichas observaciones y las dificultades que he tenido que vencer tanto para redactar como para contestar de una manera satisfactoria tan varia correspondencia, son el «stock» de experiencia práctica que hoy reúno en este Diccionario y que ofrezco como positivo y seguro «instrumento de trabajo» a las personas de habla española o inglesa que, teniendo, desde luego, suficiente conocimiento de ambos idiomas para desempeñar el puesto de corresponsal comercial, deseen cumplir su cometido con la mayor eficiencia posible.

Sé de sobras que el mercado está provisto de libros de tipo parecido — hecho, por otra parte, que sólo prueba la utilidad de esta clase de obras —, pero sé también que a pesar de tal circunstancia, la imperiosa necesidad de un libro que responda satisfactoriamente, en *an up-to-date way,* a los requerimientos de toda índole de correspondencia comercial, se hace sentir de un modo agudo en aquellos que se dedican a la bilingüe española-inglesa, y que quieren redactarla correctamente, «sin construcciones o traducciones literales», que producen siempre deplorable efecto... y raras veces expresan lo que se quiere decir en el idioma extranjero en que se ha pretendido escribir.

Este Diccionario reúne en un solo volumen, manejable y práctico para ser consultado por su disposición alfabética, no solamente todo el material aprovechable, de uso y aplicación comerciales, que contienen los diccionarios generales y especiales, vocabularios, etc., hasta ahora publicados, sino con mucho un gran número de palabras, definiciones y expresiones a propósito, que he compilado pacientemente durante mi activo servicio, cada una de ellas debidamente comprobada como correcta y de frecuente uso en el comercio y que se buscarían en vano en las obras aludidas.

Substituye, pues, este Diccionario, *con gran ventaja económica,* la colección de dichas obras costosas, y con mayor ventaja aún las supera en léxico apropiado y moderno que responde a las actividades de la vida mercantil de nuestros días.

En suma, este Diccionario es un positivo instrumento de trabajo, un «secretario obediente y apto» para la redacción satisfactoria de corespondencia comercial entre los pueblos hispanos e ingleses.

Afirmo sin vacilación que hasta ahora no se ha publicado un nomenclátor, exclusivamente confeccionado para uso comercial, tan completo ni tan al día como éste y que responda a esa urgente necesidad, que tanto se hace sentir en las relaciones comerciales cada día más crecientes entre los países de habla española e inglesa.

Aunque una simple ojeada a su texto basta para confirmar la anterior aserción, empero, y a fin de evitar al lector la molestia de recordar o elegir, me permito rogarle se sirva comparar con cualquier diccionario (comercial o general) o con cualquier vocabulario de correspondencia mercantil, unos cuantos artículos, cogidos al azar, como por ejemplo los correspondientes a las palabras «Book», «Price», «Account», «Cuenta», «Gasto», «Tipo», etc.

| | | |
|---|---|---|
| EXPORTADORES | IMPORTADORES | NAVIEROS |
| BANQUEROS | VENDEDORES | COSECHEROS |
| COMPRADORES | EMPRESARIOS | CONTRATISTAS |
| EDITORES | FABRICANTES | ANUNCIANTES |

ETC., ETC., ETC.

Todas y cada una de las actividades comerciales encuentran en EL SECRETARIO sus términos usuales, corrientes, los que precisan para sus diarias necesidades. No tiene el corresponsal comercial que valerse del «obligado rodeo», debido a ignorancia u olvido en el momento requerido de la palabra pertinente o de la frase oportuna. La disposición alfabética permite en seguida la consulta para hallar la palabra o frase que pueda necesitarse en cada caso.

Más todavía, EL SECRETARIO contiene todos los términos, de uso y aplicación comerciales, por los cuales se designan en Hispanoamérica con diferentes nombres las voces correspondientes castellanas.

Asimismo se indican los verbos ingleses que son irregulares, con toda claridad; de los irregulares españoles, se advierten sólo aquellos tiempos que suelen confundirse con facilidad.

Igualmente se señala en el texto inglés, por medio de un pequeño paréntesis en la propia palabra, la doble ortografía de aquellos términos que pueden escribirse indistintamente de uno u otro modo.

Para terminar, quiero expresar mis gracias a mis buenos amigos D. José Zendrera y Mr. Albert Noel, Assistant Trade Commisioner que fue en Barcelona del U. S. Bureau of Foreign and Domestic Commerce, por sus valiosos consejos y palabras de aliento para que me decidiera a llevar a cabo este trabajo.

ALEJANDRO FRÍAS - SUCRE

# I

## ESPAÑOL - INGLÉS

# ABREVIATURAS USADAS EN EL TEXTO

| | | |
|---|---|---|
| *a.* | adjetivo | adjective. |
| *a. & n.* | adjetivo y substantivo. | adjective and noun. |
| *adv.* | adverbio | adverb. |
| *Amér.* | América | America. |
| *elect.* | electricidad | electricity. |
| *f.* | femenino | femenine. |
| *fut.* | futuro | future. |
| *impr.* | imprenta | print. |
| *ind.* | indicativo | indicative. |
| *jurisp.* | jurisprudencia. | law. |
| *m.* | masculino | masculine. |
| *mar.* | marina. | marine. |
| *m. & f.* | masculino y femenino. | masculine and femenine. |
| *n.* | substantivo. | noun. |
| *pl.* | plural | plural. |
| *pp.* | participio pasado | past participle. |
| *prep.* | preposición | preposition. |
| *pret.* | pretérito | preterit. |
| *subj.* | subjuntivo. | subjunctive. |
| *V.* | véase | Vide, see. |
| *vr.* | verbo reflexivo | reflexive verb. |

# A

abacá, *m;* abaca; **fibra de —,** *f.* Manila hemp.

abacería, *f;* retail grocery.

abacero, *m;* retail grocer.

abadejo, *m;* codfish.

abalorio, *m;* glass bead, bead work.

abanderamiento, *m;* enrol(l)-ment.

abanderar; to register a ship.

abandonar; to forsake, abandon, give up, leave; **— el buque, la mercancía, a los aseguradores,** to abandon or give up the ship or goods to underwriters; **— un buque por haber perdido sus condiciones marineras** *o* **por no servir ya para navegar,** to abandon a ship for unseaworthiness; **no tengo intención de — mi plan,** I have no intention of giving up my plan; **no le — emos en semejante dificultad,** we will not forsake you in such an embarrassment.

abandono, *m;* cession, abandonment; **—- de mercancía** *o* **del buque averiados a los aseguradores,** surrender of damaged goods or ship to underwriters; **hacer — del buque** *o* **de la mercancía,** to surrender the property of the ship or goods; **declaración** *o* **denuncia de —,** notice of abandonment; **— o renuncia de un d e r e c h o,** abandonment of a right; **— puro y simple,** unqualified surrender; **— de un crédito,** abandonment or release of a debt.

abanico, *m;* fan; *(mar.)* derrick, crane.

abaratamiento, *m;* fall of price, cheapening.

abaratar; to cheapen, abate, sink, fall of price.

abarcador, *m; (Amér.)* monopolist.

abarcar; to comprise, include, embrace, monopolize.

abarrotado-da, *a;* full, fully laden.

abarrotador, *a* & *n; (Amér.)* V. *Abarrotero.*

abarrote, *m;* small package, stopgap; *(Amér.)* retail grocery; *pl.* **tienda de — s,** grocery store.

abarrotero-ra; *(Amér.)* retail grocer.

**abastamiento,** *m;* supplying with provisions.

**abastar;** V. *Abastecer.*

**abastecedor-ra;** purveyor, provider.

**abastecer;** to purvey, supply.

**abastecimiento,** *m;* provision, supply, stock; *pl.* supplies; — **de agua, carbón, etc.,** supply of water, coal, etc.

**abastero,** *m;* *(Amér.)* buyer of living cattle to kill and sell meat in gross.

**abasto,** *m;* supply of provisions; **mercado de —,** provision market.

**abatí,** *m;* *(Amér.)* corn.

**abatido-da,** *a;* discouraged, depressed, knocked down.

**abatimiento,** *m;* depression.

**ab-intestato,** *m;* abintestate.

**ablandar;** to melt, mellow, soften.

**abogacía,** *f;* profession of a lawyer or advocate; advocacy.

**abogado,** *m;* lawyer, counsel, attorney, counsellor, mediator; — **consultor,** legal adviser; **dar órdenes a un — de proceder judicialmente,** to instruct a lawyer to take legal proceedings.

**abogar;** to advocate, plead, intercede.

**abolir;** to abolish, annul, revoke, repeal.

**abonado-da,** *a;* *(and pp. of abonar);* good, creditable, solvent; *m. & f.* subscriber, commuter, holder of a season-ticket.

**abonamiento,** *m;* V. *Abono.*

**abonar;** to b a i l, guarantee, answer for, credit (an account), give credit, allow, pay, indemnify, compensate; — **en cuenta,** to credit one's account; — **la tierra,** to fertilize land; —**se a algún diario, revista** *o* **publicación,** to subscribe to a newspaper, review or publication.

**abonaré,** *m;* promissory note, duebill, document stating the crediting of an account.

**abono,** *m;* allowance, discount, subscription, voucher, receipt, guarantee, security; manure, fertilizer; season ticket.

**abordaje,** *m;* the act of boarding or colliding with a ship.

**abordar;** to board a ship, collide with a ship.

**abreviar;** to abridge, abbreviate, cut short, contract, reduce.

**abreviatura,** *f;* abbreviation, contraction, short-hand.

**abril,** *m;* April.

**abrir;** to open; — **el ejercicio económico,** to open the fiscal year; — **los libros,** to open the books; — **un crédito,** to open a credit; — **una cuenta,** to open an account.

**abrogación,** *f;* abrogation, repeal.

**abrogar;** to abolish, annul, revoke, remove.

**absolución,** *f;* acquittal.

**absolver;** to acquit.

**abstenerse;** to abstain, forbear.

**abultado,** *a;* bulky.

**abuso,** *m;* misuse, abuse; — **de confianza,** misuser.

**acabado,** *a;* (el último toque o mano en la confección de un género de trabajo) finishing, last polish.

**acabar;** to finish, end, conclude, settle; **para — de una vez,** in order to put an end to this matter.

**acantilado,** *a;* cliff; **costa —a,** unapproachable coast.

**acaparador-ra,** *a;* monopolizer.

**acaparamiento,** *m;* monopoly, corner.

**acaparar;** to monopolize, corner, control the market.

**acarreadizo-za,** *a;* portable.

**acarreador,** *m;* carrier, porter.

**acarreamiento,** *m;* V. *Acarreo.*

**acarrear;** to carry, cart, transport, convey.

**acarreo,** *m;* carriage, carrying, cartage, conveyance; **— marítimo,** conveyance by sea; **— terrestre, fluvial,** conveyance by land, by river; *pl.* supplies; **cosas de —,** freight; **gastos de —,** freight charges.

**acaso,** *m;* chance, casualty; **por si —,** in case of.

**acaudalado-da,** *a;* rich, opulent.

**acceder;** to accede, agree, consent, accept.

**accesible,** *a;* accessible, attainable, approachable.

**acceso,** *m;* access, admission.

**accesorio-ria,** *a;* accessory, aditional.

**accidente,** *m;* accident.

**acción,** *f;* stock, share; act, fact, action, lawsuit; *pl.* stocks, securities; **— a la orden,** share to order; **— nominativa,** registered or personal share; **— al portador,** share to bearer; **— es diferidas,** deferred shares; **— es liberadas,** bonus shares; **— es ordinarias, preferentes** *o* **privilegiadas,** common, pre-

ference or preferred shares; **— es industriales,** industrial stock; **— es de banco, de ferrocarril,** bank, rail-road stock; **— p r o v i s i o n a l,** provisional share; **título de —,** share certificate; **sociedad por — es,** joint-stock company; **corredor de —es,** stock broker.

**accionista,** *m;* s h a r e h o l d e r, stockholder.

**aceite,** *m;* oil; **— de oliva,** olive oil; **— de comer, de ballena, de palo, de carbón mineral,** olive, sweet oil, train-oil, balsam copaiba, coal-oil, petroleum; **— de orujo,** bagasse or dry refuse olive oil.

**aceitoso-sa,** *a;* oily, greasy.

**aceituna,** *f;* olive; **— gordal** *o* **reina,** queen olive; **— manzanilla,** manzanilla olive; **— zorzaleña** *o* **picudilla,** crescent olive; **— zofairón,** baby Queen olive; **— zapatera,** state olive.

**aceptable,** *a;* acceptable, admissible.

**aceptación,** *f;* acceptance, acceptation; **— condicional, parcial, pura y simple, simple, total, en blanco (***o* **al descubierto),** conditional or qualified, partial, clean, simple, general, blank or uncovered acceptance; **— por intervención, por el honor de firma,** acceptance supra or under protest for hono(u)r of the drawer; **— de una letra de cambio,** acceptance of a bill of exchange; **falta de —,** non acceptance; **aplazar una —,** to prolong a bill; **negar la —,** to refuse acceptance; **presentar a la —,** to present for acceptance.

**aceptante,** *m;* acceptor.

**aceptar;** to accept, hono(u)r *(as a draft);* — **una letra,** to accept a bill.

**acerca (de),** *adv.;* about, concerning, with regard to.

**acercamiento,** *m;* approach, approximation.

**acero,** *m;* steel.

**acertadamente,** *adv.;* opportunely, fitly.

**acertar** *(ind. acierto, subj. acierte);* to conjecture right.

**acierto,** *m;* ability, tact.

**aclamación,** *f;* acclamation; **por** —, unanimously.

**aclarar;** to explain, clear up.

**aclimatación,** *f;* acclimatization, acclimation.

**aclimatar;** to acclimatize.

**acoger;** to receive, accept, meet, take up, hono(u)r *(as a draft);* shelter; protect; — **giros, letras de cambio, libranzas,** to accept or hono(u)r bills; — **una letra,** to accept a draft.

**acogida,** *f;* reception, acceptance; — **de costumbre** customary attention; **buena** —, welcome; **dar** — **a una letra,** to hono(u)r a draft; **reservar buena** —, to give punctual or prompt attention to.

**acogido-da** *(pp. of acoger);* accepted, hono(u)red; **será benévolamente** —, will be duly hono(u)red.

**acogimiento,** *m;* reception, acceptance.

**acomodar;** to accomodate, arrange.

**acompañar;** to accompany, conduct, follow, enclose.

**acondicionado-da,** *a;* in condition; **bien** —, in good condi-

tion; **mal** —, in bad condition.

**acondicionar;** to dispose, prepare, arrange, fix, set, make fit.

**aconsejar;** to advise, counsel.

**acopiador,** *m;* cornerer *(one who corners up goods);* monopolist.

**acopamiento,** *m;* V. *Acopio.*

**acopiar;** to corner *(goods)* stock, store up, monopolize.

**acopio,** *m;* gathering, storing; assortment; abundance; — **usurario,** unfair or illicit buying up of goods.

**acordar** *(ind. acuerdo; subj. acuerde);* to resolve by common consent, agree, remind, concede.

**acostumbrar;** to accustom, use.

**acreditado-da,** *a; (and pp. acreditar)* well reputed, accredited; — **en cuenta,** credited on account; **firma** — **da,** a firm of high standing.

**acreditar,** *v;* to credit, prove, accredit; — **a,** to place to the credit of; — **en cuenta,** to credit one's account; — **bajo reserva,** to credit under reserve.

**acreedor-ra,** *a;* creditor; meritorious, deserving, *referring to the credit side of an account;* **cuenta** — **ra,** credit account; — **hipotecario,** mortgagee; **junta de** — **es,** meeting of creditors; **convocación de** — **es,** convocation of creditors; — **preferente,** privileged creditor; — **quirografario,** creditor on note of hand or in force of a document or book creditor; — **prendatario,** pledgee.

**acreencia,** *f; (Amér.)* V. *Crédito.*

**acrisolado-da,** *a;* pure; — **da honradez,** high s t a n d i n g hono(u)rability.

**acta,** *f;* record, deed, recorded proceedings, *pl.* minutes, records or acts of corporations, files, papers; **libro de —s,** minute-book; **levantar —,** to draw up the minutes; — **notarial,** notarial deed, deed drawn up before a notary.

**activar;** to activate, hasten.

**activo-va,** *a;* active, quick, diligent; *m.* assets, resources.

**actuario,** *m;* public clerk; — **de seguros,** actuary.

**actual,** *a;* present.

**acuerdo,** *m;* resolution, determination, opinion, accord, agreement, consent; **de —,** in concert, unanimously; **de — con,** according to.

**acumulación,** *f;* accumulation, gathering, abundance.

**acuñación,** *f;* coining, milling, minting, coinage.

**acuñar;** to coin, mint; — **moneda,** to coin money.

**acusación,** *f;* charge, accusation.

**acusado,** *m;* defendant.

**acusador,** *m;* prosecutor.

**acusar;** to accuse, charge, acknowledge; — **recibo,** to acknowledge receipt.

**acuse,** *m;* acknowledgement; — **de recibo,** acknowledgement of receipt.

**adarme,** *m;* half a drachm (sixteenth part of an ounce).

**adaptable,** *a;* adaptable, capable of being adapted.

**adaptar;** to adapt, get used to.

**adatar;** to credit, date.

**adecuado-da,** *a;* adequate, fit, competent.

**adelantado-da,** *a;* anticipated, advanced; **por — do,** in advance, beforehand.

**adelantar;** to progress, advance, improve; anticipate, pay beforehand; — **dinero,** to advance money; — *(ganar)* **tiempo,** to save time.

**adelanto,** *m;* advance, progress, improvement; advance payment; — **en cuenta corriente,** advance on account current; — **sobre depósito de acciones,** advance on securities.

**adeudado-da,** *a; (and pp. of adeudar)* indebted; **total — do,** indebted amount.

**adeudar;** to owe, charge, debit; — **en cuenta,** to debit an account; — **se,** to get into debt.

**adeudo,** *m;* addition, increase, extension, advance.

**adicionar;** to add.

**adinerado-da,** *a;* wealthy, rich.

**adjudicación,** *f;* adjudment, adjudication, knocking down (at an auction); — **de bienes,** adjudment of an state.

**adjudicador,** *m;* adjudger, adjudicator.

**adjudicar;** to adjudge, adjudicate, sell at auction, allot.

**adjudicatario,** *m;* grantee.

**adjuntar;** to enclose, join, annex, adjoin, append.

**adjunto-ta,** *a;* enclosed, adjoined; *f. letter enclosed in another.*

**administración,** *f;* administration, management, office of an administrator; — **pública,** public administration; — **económica,** treasury department; — **de**

**aduanas, board** of customs; — **de correos,** Post Office; — **de una casa de comercio,** management of a business house.

**administrador,** *m;* manager, administrator; — **de aduana,** collector of customs; — **de correos,** postmaster; — **General de Correos,** Postmaster General.

**administrar;** to manage, administer.

**administrativo-va,** *a;* administrative, managerial.

**admisible,** *a;* admissible.

**admisión,** *f;* admission.

**admitir;** to admit, accept, permit, receive.

**adquirir;** to acquire, obtain, get.

**adscribir;** to appoint a person to a place or employment.

**adscripción,** *f;* nomination, appointment.

**aduana,** *f;* custom-house; **agente de** —, custom-house agent or broker; **arancel de** —, tariff; **corredor de** —, custom-house broker; **declaración de** —, customs declaration; **derechos de** —, customs duties; **despachante de** —, custom-house broker; **despacho de** —, custom-house clearance; **gastos de** —, custom-house charges; **recaudador (o administrador) de** —, collector of customs; **vista de** —, custom-house inspector; **certificado, sello; permiso, guía de** —, pass or permit; cocket, transire, custom-house bond.

**aduanar;** to enter goods at the custom-house, pay duty.

**aduanero-ra,** *a;* belonging or pertaining to the custom-house; *m;* custom-house officer; **aran-**

**cel** — **o,** customs tariff; **tarifa** — **a,** custom-house tariff; **visita o revisión** — **a,** customs' examination.

**adueñarse;** to take possession, seize.

**adulteración,** *f;* sophistication, adulteration.

**adulterado-da,** *a;* adulterated; **mercancías** — **as,** adulterated goods.

**ad valorem;** ad valorem.

**advertencia,** *f;* a d m o n i t i o n; warning, advice, remark, notice.

**advertir;** to notify, give notice to, advise, instruct.

**aeronave,** *f;* airship.

**aeroplano,** *m;* aeroplane.

**aeróstato,** *m;* aerostat, air balloon.

**afamado-da,** *a;* c e l e b r a t e d, famous, noted.

**afectar;** to affect, charge, impose, encumber.

**afectísimo-ma** (superlative of *afectuoso-sa);* very affectionate. (V. *Afmo.)*

**afecto-ta,** *a;* subject to some charge or encumbrance.

**aferrar;** to furl, moor, anchor; — **se,** to persist obstinately in an opinion, or in a purpose.

**afianzado,** *m;* warrantee.

**afianzamiento,** *m;* security, guarantee, bail, prop, support.

**afianzar;** to guarantee, stand by or go bail or security; — **un crédito,** to guarantee a credit; — **una letra,** to guarantee a bill.

**afiliado-da,** *a;* affiliated.

**afiliar;** to affiliate; — **se,** to joint a society or body.

**afmo-ma,** *a;* (abbreviation of *de Ud. afectísimo-ma);* — **seguro servidor,** yours very truly.

**afondar;** to sink, founder.

**aforador,** *m;* gauger, appraiser.

**aforamiento,** *m;* gaugin, appraisement.

**aforar;** to gauge, appraise, examine goods for taxation.

**aforo,** *m;* appraisement, survey, *inspection for the purpose of taxing.*

**agencia,** *f;* agency, bureau; — **de embarques, de expediciones,** forwarding agency.

**agenciar;** to solicit, promote, negotiate.

**agenda,** *f;* note-book, memorandum.

**agente,** *m;* agent, broker, attorney; — **comisionista,** comission merchant; — **de cambios,** bill-broker; — **de negocios,** promoter; — **viajero** (*o* **viajante),** commercial traveler.

**agio,** *m;* stock-jobbing, profit (of brokers, etc.); — **del oro,** jobbing in gold.

**agiotaje,** *m;* stock-jobbing; **hacer el** —, to job in stocks.

**agiotista,** *m;* jobber, stock-jobber.

**agosto,** *m;* August.

**agotado-da,** *a;* exhausted.

**agotar;** to exhaust, use up, finish; — **se,** to be sold up, run short of stock.

**agradecer;** to acknowledge a favo(u)r, thank, show or express gratitude.

**agradecido-da,** *a;* g r a t e f u l , thankful.

**agradecimiento,** *m;* gratitude; gratefulness.

**agravado-da,** *a;* — **da la situación del mercado,** the market has turned worst.

**agregar;** to aggregate, add, heap together.

**agrícola,** *a;* agricultural; **banco** —, farmer's bank, **crédito** —, agricultural credit; **maquinaria** —, agricultural machinery; **producción** —, agricultural yield, crop.

**agricultor,** *m;* farmer, husbandman, tiller.

**agricultura,** *f;* agriculture.

**agrimensor,** *m;* land surveyor.

**agrimensura,** *f;* surveying.

**agro,** *m;* land for cultivation.

**agrónomo,** *m;* agronomist; **perito** —, agronomist.

**agua,** *f;* water; — **dulce,** soft water, drinking water; — **de Colonia,** eau de Cologne.

**aguantar;** to hold.

**águila,** *f;* eagle (*U. S. ten dollar gold coin*).

**ahorrar;** to economize, save, spare.

**ahorro,** *m;* economy, saving; **caja de** —, saving bank; — **postal,** postal saving system; *pl.* spare money.

**aislado-da,** *a;* isolated, (*pp. of aislar*).

**aislador-ra,** *a;* (*elect.*) insulator.

**ajeno-na,** *a;* another's, belonging to another.

**ajustador,** *m;* fitter, adjuster.

**ajustamiento,** *m;* agreement, settlement, adjustment.

**ajustar** (*pret. ajusté, sub. ajuste);* to regulate, adjust, make an agreement, settle a balance; — **un contrato,** to settle (*the terms of*) a contract; — **una**

**diferencia,** to settle a dispute; — **un precio,** to establish a price.

**ajuste,** *m;* adjustment, agreement, settlement, contract; — **de cuentas,** settlement of accounts; **oficina de** —**s,** adjustment office; — **por horas,** to work at so much per hour.

**albacea,** *m;* executor (of a will).

**alcabala,** *f;* excise duty.

**alcance,** *m;* balance due, deficit; range of fire arms.

**alcanzar** *(pret. alcancé, sub. alcance);* to reach, attain, acquire, obtain.

**alcista,** *f;* bull *(stock speculator).*

**aldea,** *f;* small village, hamlet.

**aleación,** *f;* alloy.

**aleatorio-ria,** *a;* aleatory (that which depends on uncertain events); **contrato** —, aleatory contract.

**alegación,** *f;* argument, allegation.

**alegar;** to allege, affirm, adduce.

**alegato** *m;* allegation.

**alentador-ra,** *m;* encouraging.

**alerta,** *adv.;* vigilantly, carefully; **estar** —, to be on the watch.

**alevosía** *f;* perfidy.

**alfarería,** *f;* the art of potter, pottery.

**algarroba,** *f;* carob beam.

**algarrobo,** *m;* carob tree.

**algodón,** *m;* cotton; — **en rama,** raw cotton; **artículos de** —, cotton articles; — **hidrófilo,** absorbing cotton.

**alhóndiga,** *f;* public granary.

**aliado-da,** *a & n;* ally, allied, leagued *(pp. of aliarse).*

**alianza,** *f;* alliance.

**aliciente,** *m;* attraction, incitement, inducement.

**alienación,** *f;* alienation (transfer of title to property).

**aligeramiento,** *m;* alleviation, lightening.

**aligerar;** to lighten; — **un buque,** to lighten a vessel.

**alijador,** *m;* lighter; smuggler.

**alijar;** to lighten, smuggle.

**alijo** *m;* lighting of a ship, clearing a vessel; smuggled goods; **embarcación de** —, lighter.

**alimenticio-cia,** *a;* nutritious.

**alimento,** *m;* nourishment, food.

**aliviar,** *v;* to lighten, help, relieve.

**alivio,** *m;* relief.

**almacén,** *m;* store, shop, warehouse, magazine, depot; — **general de depósito o docks** *(almacenes fiscales para mercaderías sujetas a derechos),* bonded warehouse; — **al por mayor,** wholesale store; — **al por menor** *(o detallista),* retail store; — **de novedades,** fashion store; — **de artículos de fantasía,** fancy store; — **de comestibles,** provision store; **en** —, in stock; **existencias en** —, stock in hand; **artículos de** —, goods, merchandise; **gastos de** —, warehouse charges; **libro de** —, stock book.

**almacenado-da,** *a;* warehoused, stored, bonded.

**almacenaje,** *m;* storage, warehouse fees or charges, warehousing.

**almacenar;** to buy up, hoard, store.

**almacenero,** *m;* warehouse-keeper.

**almacenista,** *m;* w a r e h o u s e owner.

**almáciga,** *m;* collection of plants for transplantation, seed-bed.

**almanaque,** *m;* calendar, almanac.

**almendra,** *f;* almond; — **dulce, amarga,** sweet, bitter almond; — **s de cacao,** cocoa-nuts; — **tostadas,** burnt almonds; — **confitadas,** pralines.

**almíbar,** *m;* simple syrup; **frutas en —,** preserved fruit in sugar.

**almidón,** *m;* starch.

**almoneda,** *f;* public auction.

**almonedear;** to sell by auction.

**almonedero,** *m;* auctioneer.

**almotacén,** *m;* inspector of weights and measures.

**almud,** *m;* a measure for grain and fruits, corresponding to 4 cuartillos in some places, and to ½ of a fanega in others.

**alojamiento,** *m;* lodging.

**alpiste,** *m;* canary-seed.

**alquería,** *f;* farmhouse.

**alquilar;** to let, hire, rent.

**alquiler,** *m;* hire, rent, lease, rented, the act of hiring, leasing or letting; — **de una casa,** house rent, rental.

**alquitrán,** *m;* tar; — **mineral,** coaltar.

**alquitranar;** to tar.

**alrededor,** *adv.;* around; — **de,** about; **alrededores,** *m. pl.* environs, outskirts.

**altavoz,** *m;* loudspeaker.

**alterable,** *a;* alterable, changeable.

**altercación,** *f;* controversy, quarrel, dispute.

**altercado,** *m;* V. *Altercación.*

**alternar;** to alternate, perform by turns.

**alternativa,** *f;* alternative, option, choice.

**alternativo-va,** *a;* alternate, rotation of crops.

**altitud,** *f;* altitud, elevation.

**altivo-va,** *a;* haughty, proud, lofty.

**alubia,** *f;* French bean.

**alucinador,** *m;* deceiver.

**alud,** *m;* avalanche.

**aludir,** to allude, refer to.

**aluminio,** *m;* aluminum.

**alza,** *f;* rise, advance, increase; **jugar al —,** to speculate on a rise; — **rápida,** boom; **en —,** rising; **movimiento de —,** upward movement, advance *(in stocks);* — **del cambio,** rise of exchange; **tender a una —,** to tender upward; — **de precio,** rise in price; **los precios tienen tendencia al —,** prices have an upward tendency.

**alzada,** *f;* appeal, **juez de — s,** judge in appeal causes.

**alzado,** *m;* fraudulent, bankrupt, absconder. *(pp. of alzar).*

**alzar,** *v;* to rise, advance, increase, raise; — **se con el dinero,** to abscond, to make a fraudulent brankruptcy.

**allanar,** *v;* to remove (difficulties).

**allegado-da,** *a;* related, relative.

**amable,** *a;* kind.

**amanuense,** *m;* clerk, amanuensis.

**amañar;** to do a thing cleverly.

**amaño,** *m;* intrigue or machinations, skill, cleverness.

**amarar;** to alight on water.

**amarra,** *f;* cable.

**amarradero,** *m;* mooring berth, post to which anything is made fast.

**amarrar;** to moor, tie up.

**ambicioso-sa,** *a;* ambitious, covetous, greedy.

**ambiente,** *m;* the ambient air; — **propicio,** propitious or favo(u)rable ground.

**ambos-bas,** *a;* both; — **a dos,** both together.

**amenazar;** to threaten.

**americana,** *f;* sack-coat.

**americano-na,** *a;* American, of or belonging to the New-World.

**amianto,** *m;* amianthus, asbestos.

**amigable,** *a;* friendly.

**amillaramiento,** *m;* assessment.

**amillarar;** to assess a tax.

**aminorar;** to lessen.

**amnistía,** *f;* amnesty.

**amo,** *m;* proprietor, landlord, master, overseer, boss.

**amoldar;** to mould, mold, adjust; become accustomed.

**amonedación,** *f;* monetization.

**amonedar;** to coin.

**amonestación,** *f;* warning.

**amontonar;** to accumulate.

**amortizable,** *a;* redeemable, payable.

**amortización,** *f;* payment of debts; provision of a sinking-fund; amortization, redemption; **caja de, fondo de** —, sinking fond; **gastos de** —, redemption expenses; **la** — **de las obligaciones se hace por sorteo,** debentures are redeemed by drawing; **pagar por** — **de acciones,** to pay by way of redemption, — **de acciones,**

paying off or amortization of shares.

**amortizar;** to amortize, redeem, pay debts, provide a sinking-fund; — **un préstamo,** to redeem a loan; — **una renta,** to create a sinking-fund; — **capitales,** to sink funds.

**amotinado-da,** *a;* mutinous, rebellious; *(pp. of amotinar).*

**amotinar;** to incite to munity; to riot.

**amparo,** *m;* aid.

**amplio-plia,** *a;* ample, extensive, plentiful, capacious.

**amueblar;** to furnish a house, a room or an office.

**analfabetismo,** *m;* illiteracy.

**ancho-cha,** *a;* broad, w i d e ; width.

**ancla,** *f;* anchor; **echar** —**s,** to anchor; **levar** —**s,** to weigh anchor.

**anclaje,** *m;* anchorage, casting anchor; **derecho de** —, anchorage dues.

**anclar;** to anchor.

**andén,** *m;* platform *(of a railway station).*

**anegadizo-za,** *a;* liable to be overflowed.

**anegado-da,** *a;* overflowed; **navío** —, water-logged ship.

**anegar;** to inundate, flood.

**anexo-xa,** *a;* annexed, joined; rider.

**angosto-ta,** *a;* narrow, insufficient.

**animar;** to animate, enliven; to excite, incite.

**anónimo-ma,** *a;* a n o n y m o u s, nameless; **s o c i e d a d** — **ma,** stock company.

anormal, *a;* abnormal.

anotación, *f;* note, annotation.

anotar; to note, record, take note of, write down.

antagonismo, *m;* antipathy, antagonism.

antagonista, *m;* opponent, competitor.

antecesor-a, *m & f;* predecessor.

antedata, *f;* antedate.

antedatar; to antedate.

antedicho-cha, *a;* a f o r e s a i d, abovementioned.

antelación, *f;* priority, precedence.

antemano: de —, in advance, beforehand; **fijar el precio de** —, to fix the price in advance.

anteponer; to place before.

anterioridad, *f;* priority, preference.

anteriormente, *adv.;* previously.

anticipación, *f;* anticipation, foretaste.

anticipadamente, *adv.;* in advance, beforehand.

anticipado-da, *a;* in advance; **pago** —, pre-payment; payment beforehand; **con gracias por** —, with thanks in advance.

anticipar; to advance; — **el pago,** to advance the payment, to prepay.

anticipo, *m;* advance, advance payment; — **de dinero,** cash or money advance, loan.

anual, *a;* annual, per annum, yearly; **memoria** —, annual report.

anualidad, *f;* annuity, yearly rent; — **diferida,** deferred annuity; — **vitalicia,** life annuity; — **vencida,** due annuity.

anualmente, *adv.;* annually, yearly.

anuario, *m;* year book; trade directory.

anulable, *a;* that which can be annulled, voidable.

anulación, *f;* cancellation, abrogation.

anular; to annul, cancel, rescind.

anunciador-ra, *m & f;* advertising, announcer.

anunciante, *m;* advertiser.

anunciar; to announce, proclaim; advertise; **tengo una buena noticia que** — **le,** I have good news for you.

anuncio, *m;* announcement, notice, advertisement; — **reclamo;** paragraph advertisement; **hacer publicar un** —, to have an advertisement inserted; **este** — **destaca,** this advertisement catches the eye.

anverso, *m;* obverse; **el** — **de un cheque,** the face of a check.

añadir; to add.

añagaza, *f;* enticement; decoy.

añejar; to make old.

añejo-ja, *a;* old.

año, *m;* year: — **bisiesto,** leap-year; — **civil, común, económico, entrante,** civil. ordinary, fiscal, next or coming year: **a fines de** —, towards the end of the year: **a principios de** —, at the begining of the year; **en el corriente** —, in the current year; **el** — **pasado,** last year; **por** —, by the year, a year, per annum.

apadrinar; to support, patronize, favo(u)r; to act as godfather.

apalabrar; to agree by word of mouth, bespeak.

**aparador,** *m;* sideboard, showcase.

**aparejado-da,** *a;* apt, fit, ready.

**aparejador,** *m;* overseer of a building.

**aparejar;** to rig, equip.

**aparejo,** *m;* equipment, rigging; *pl. instruments or materials necessary for a trade (tools, apparatus appliances, etc.).*

**apartado,** *m; mail separated for early or special delivery;* – **de correos** *(in some Sp. American countries* **casilla de correos**), post-office box.

**apartar;** to separate.

**aparte,** *adv.;* separately; break in a line, paragraph; apart.

**apeadero,** *m;* by side station.

**apelable,** *a;* appealable.

**apelación,** *f;* appeal.

**apelante,** *a;* appellant.

**apelar;** to appeal.

**apellido,** *m;* surname.

**apercibimiento,** *m;* w a r n i n g ; summons.

**apertura,** *f;* opening; — **de cuenta,** opening of an account; — **de libros, de crédito,** opening of books, of credit.

**aplazamiento,** *m;* deferring, postponement.

**aplazar;** postpone, adjourn, defer, put off.

**aplicación,** *f;* assiduity.

**aplomo,** *m;* aplomb, seriousness, gravity, self-possession.

**apocado-da,** *a;* pusillanimous.

**apócrifo-fa,** *a;* apocryphal.

**apoderado-da,** *a;* empowered, authorized; *m;* proxy, attorney, procurator, commissioner, assignee; — **general,** assistant manager; **nombrar** —, to appoint a person one's proxy.

**apoderar;** to empower; to grant power of attorney.

**aportar;** to contribute *(as to the capital of a business).*

**apostilla,** *f;* marginal note, annotation.

**apoyar;** to back, patronize, favo(u)r, support, help.

**apoyo,** *m;* maintenance, support, help.

**apreciable,** *a;* valuable, respectable, worthy.

**apreciado-da,** *a;* valued, esteemed, worthy; **su** — **da (carta),** your esteemed letter, your favo(u)r.

**apreciador,** *m;* estimator, appraiser.

**apreciar;** to value, appreciate, estimate, appraise.

**aprecio,** *m;* valuation, appreciation, appraisement.

**apremiante,** *a;* urgent, pressing.

**apremiar;** to press, urge, oblige, compel.

**apremio,** *m;* pressure, judicial compulsion.

**aprender;** to learn.

**aprendiz-za,** *m & f;* apprentice.

**aprendizaje,** *m;* apprenticeship.

**aprestar;** to prepare, make ready; to give consistency to cotton or other cloths by means of a mixture or preparation of starch, blueing or o t h e r materials.

**apresto o aprestado,** *m;* the mixture or preparation above refered to.

**apresuradamente,** *adv.;* hastily.

**apresurar;** to accelerate, hasten, hurry, dispatch.

apretar; to urge, pres.

aprieto, *m;* difficulty, embarrassment.

aprobación, *f;* consent, approval.

aprobar; to approve, agree; — una ley, to pass a bill.

aprovechable, *a;* profitable.

aprovechar; to take advantage, avail, make good use of; — la ocasión, to avail oneself of the opportunity; — se de un ofrecimiento, to take advantage of an offer.

aprovisionador, *m;* V. *Abastecedor.*

aprovisionamiento, *m;* V. *Abastecimiento.*

aproximadamente, *adv.;* about.

aptitud, *f;* aptitude, fitness, ability.

apto, *a;* capable, competent.

apuntación, *f;* annotation, note, memorandum.

apuntamiento, *f;* summary, judicial report.

apuntar, *v;* to note, write down.

apunte, *m;* annotation, memorandum; libro de — s, memorandum-book.

apuro, *m;* embarrassment, difficulty.

aquilatar, *v;* to assay; examine closely.

arancel, *m;* tariff; — de aduanas, customs tariff; — diferencial, differential duties; — convencional, conventional tariff; — vigente, tariff in force.

arancelario-ria, *a;* referring to the tariff.

arbitrador, *m;* arbitrator.

arbitraje, *m;* arbitration, arbitrage, arbitrament.

arbitrar; to arbitrate; contrive ways and means.

arbitrio, *m;* free will; means, expedient; arbitration, compromise; *pl.* excise taxes.

árbitro, *m;* arbitrator, arbiter, referee.

arbolar; to hoist; — un navío, to mast a ship; — la bandera, to hoist the colours.

arboladura, *f; (mar.)* masts and spars; el buque perdió su —, the ship lost her masts.

arca, *f;* safe, coffer, chest; — s fiscales, national purse, treasure, Exchequer.

archimillonario-ria, *a;* multimillionaire.

archivo, *m;* file, r e c o r d s , archives.

arenal, *m;* sandy ground, sandy beach.

argüir; to argue, dispute.

arma, *f;* weapon, arm; — de fuego, fire-arm, gun; — blanca, steel arm.

armador, *m;* outfitter; ship-owner; compañía — a, shipping company.

armamento, *m;* armament, equipment, accoutrements.

armar; to arm, man, fit out a ship; — en corso, to privateer.

armario, *m;* cabinet, wardrobe, closet.

armonía, *f;* accord.

aromatizar; to aromatize, perfume.

arpillador, *m;* packer.

arpillera, *f;* sack-cloth.

arquear; to gauge a ship.

arqueo, *m;* verification of money and papers in a safe; tonnage of a ship; hoja de —, cash-sheet.

**arrasar;** to destroy, raze, demolish.

**arrecife,** *m;* reef.

**arreglar;** to arrange, settle, adjust, regulate, order; — **cuentas,** to settle accounts; — **una cuestión, un débito, un negocio en suspenso,** to settle a variance, an outstanding debt, a pending affair.

**arreglo,** *m;* arrangement, settlement, accomodation; **llegar a un —,** to come to an arrangement or agreement; **propuesta de —,** proposal of arrangement.

**arrendador,** *m;* hirer, landlord.

**arrendamiento,** *m;* renting, lease; **contrato de —,** lease: **duración, renovación, rescisión, vencimiento de un contrato de —,** term, renewal, cancellation, end or maturity of a lease.

**arrendante,** *m;* renter, lessor.

**arrendar;** to hire, let, rent, lease; **se arrienda** (se alquila) **esta casa,** this house to let.

**arrendatario,** *m;* lessee, tenant.

**arriba,** *adv.;* above; **de — abajo,** from head to foot; — **mencionado,** above mentioned.

**arribada,** *f;* arrival; **de — forzosa,** putting into a port through stress of weather.

**arribar;** to arrive; put into a port in destress.

**arribo,** *m;* arrival.

**arriendo,** *m;* V. *Arrendamiento.*

**arriero,** *m;* muleteer.

**arriesgado-da,** *a;* perillous, dangerous, risky.

**arriesgar,** *v;* to risk, dare.

**arroba,** *weight of 25 lbs.; measure of 4.2 gallons.*

**arrocero,** *m;* rice planter or dealer.

**arrojar,** *v;* to throw show (in accounts); — **al** (o **a la**) mar, to throw overboard, to jettison; — **un saldo,** to show a balance.

**arruinado-da,** *a;* ruined, impoverished; **completamente —,** stony broke.

**arruinar;** to ruin, demolish, destroy.

**arrumaje,** *m;* stowage of the cargo.

**arsenal,** *m;* ship-yard, dockyard, navy-yard; arsenal.

**artefacto,** *m;* device, fixture.

**artesano,** *m;* artisan, mechanic.

**artículo,** *m;* article, item, clause, stipulation; — **s de lujo,** luxuries; — **s para caballeros,** gentlemen's furnishings; — **de deporte** (*o* **de sport**), sporting goods; **en — de muerte,** at death's door, point of death.

**artífice,** *m;* artificer, craftman.

**artimaña,** *f;* stratagem, trap.

**asalariado-da,** *a;* salaried.

**asalariar;** to fix a salary.

**asaltar;** to assault.

**asamblea,** *f;* assembly, meeting; — (o **reunión**) **general de accionistas,** stock-holder's meeting.

**ascender;** to ascend, rise, climb; — **a,** to reach to, to amount to.

**aseguración,** *f;* insurance.

**asegurado-da,** *a;* insured; *m & f,* the insured; — **en 5.000 pesetas,** insured for 5.000 pesetas.

**asegurador,** *m;* insurer, underwriter.

**asegurar;** to insure; — **la vida,** to insure one's life; — **las mercancías,** to insure the merchandises; — **contra incendio, accidentes, riesgos marítimos, derrame;** to insure against fire, accidents, sea risks, leakage.

**asegurarse;** to get insured; — **contra todo riesgo,** to insure oneself against all risks.

**asentar,** v; (pp. asentado; ind. asiento; subj. asienta); to settle, enter, note down; — **al crédito,** to enter to credit; — **en los libros,** to enter in the books.

**asentimiento,** m; assent, consent.

**aserción,** f; assertion, affirmation.

**aserto,** m; V. Aserción.

**asesor,** m; assessor, adviser.

**asesoramiento,** m; the act of giving or taking legal or technical advice.

**asesorar;** to give legal advice.

**asesorarse;** to take legal or technical advice, consult.

**asesoría,** f; office; pay and fees of an assessor or adviser.

**aseveración,** f; asseveration.

**aseverar;** to asseverate, affirm.

**asiento,** m; registry, entry, bookkeeping entry; **contra —,** correcting or counter post entry.

**asignable,** a; assignable.

**asignación,** f; allotment, assignation, assignment.

**asignar;** to assign, appoint, allot.

**asistir;** to assist, attend.

**asociación,** f; association, copartnership.

**asociado,** m; partner, associate.

**asociarse;** to associate, establish a partnership; — **con,** to enter into partnership with.

**aspirar;** to covet, aspirate.

**aspirante,** m; applicant, aspirant.

**asta,** f; staff, pole; horn, antler; **bandera a media —,** flag at half mast.

**astillero,** m; shipyard, dockyard.

**asunto,** m; subject, business, affair, matter.

**atajo,** m; by-road, by-path.

**atar;** to tie, bind.

**atender;** to attend, take care of.

**atendible,** a; meriting attention.

**atenerse;** to stick to.

**atento-a,** a; attentive, courteous, polite; f. su —ta, your favo(u)r (as a letter). V. Atto.

**atenuante,** a; extenuating (circumstances).

**aterrizaje,** m; landing; **campo de —,** landing field for aeroplanes.

**aterrizar;** to land.

**atesorar;** to hoard, accumulate, treasure.

**atestación,** f; affidavit, attestation.

**atestar;** to attest, testify.

**atestiguar;** to depose, witness, attest, give evidence.

**atracadero,** m; landing place.

**atracar;** to place a vessel alongside a pier or other landing.

**atraer** (ind. atraigo; pret. atraje; subj. atraiga); to attract, draw, invite, allure.

**atrasado-da,** a; late, in arrears.

**atrasar;** to leave in arrear, be in debt, delay; — **se en los pagos,** to delay payments.

**atraso,** m; backwardness; pl. arrears.

**atropello,** *m;* abuse.

**atto.-ta,** *(abreviation form of* atento, atenta*);* su atto. y s. s. (seguro servidor), yours truly, yours faithfully.

**audaz,** *a;* bold.

**aumentar;** to augment, increase, enlarge.

**aumento,** *m;* increase (as of salary).

**auspicio,** *m;* patronage, auspice.

**auto,** *m;* warrant, edict, writ.

**autorización,** *f;* authorization, warrant.

**autorizar** *(pret.* autoricé; *subj.* autorice*);* to authorize, empower, legalize, warrant.

**auxiliar;** to help, assist, aid; an assistant.

**auxilio,** *m;* aid, help, assistance.

**aval,** *m;* indorsement, warranty.

**avaiorar;** to v a l u e, estimate, price, appraise.

**avaluado-da,** *a;* valued.

**avaluador,** *m;* appraiser.

**avaluar;** to estimate, value, set a price, appraise; — **las mercancías,** to value merchandise; — **los bienes,** to appraise property.

**avalúo,** *m;* valuation, appraisement; **por —,** ad valorem.

**avanzo,** *m;* balance-sheet.

**avenirse;** to agree, consent.

**aventurado-da** *(pp. of* aventurar*).*

**aventurar;** to venture, risk.

**avería,** *f;* damage, average; — **gruesa, particular,** general, particular average; **libre de — particular,** free of particular average; **liquidación (tasación** *o* **reparto) de —·s,** average settlement; **repartidor (***o* **tasador) de —s,** average, adjuster; **reclamar por — s,** to claim damages; **pagar las —s,** to pay average, damages.

**averiarse;** to suffer damage.

**averiguar;** to inquire, find out.

**avión,** *m;* airplane.

**avisador,** *m;* advertiser.

**avisar;** to notify, give notice, warn, advise, inform *(in some American countries),* advertise.

**aviso,** *m;* notice, information, advice, announcement, warning *(in some American countries),* advertisement; — **de embarco, de falta de pago,** notice of shipment, of dishono(u)r or non payment; **dar — a debido tiempo,** to informe in due time; **dar — de haber girado a cargo de alguno,** to give advice of having issued a draft upon some one; **según —,** as per advice; **salvo — en contrario,** unless specially advised to the contrary; **sin —,** without advice; **hasta nuevo —,** until further notice; **sin otro —,** without further notice; **sin previo —,** without previous notice; **carta de —,** letter of advice; — **de tres meses,** three months' notice; **he recibido — del librador y pagaré al vencimiento,** I have been advised by the drawer and shall pay at (maturity) or (due fall); **la letra no ha sido aceptada, por falta de —,** the draft has been refused acceptance for want of advice; **letra que se servirán pagar con** *o* **sin previo —,** draft which please pay with or without further advice.

**avistar;** to have a business interview.

**ayuda,** *f;* assistance, help, aid, succo(u)r.

**ayudante,** *m;* assistant.

**ayudar;** to aid, assist, help.

**ayuntamiento,** *m;* municipal government; **casa de —,** city hall, town-hall.

**azar,** *m;* chance, hazard; **al —,** perchance.

**azote,** *m;* calamity.

**azufrado-da,** *a;* fumigated with sulfur, sulfurous, sulfurated *(pp. of azufrar).*

**azufrar;** sulfur.

**azumbre,** *f;* (measure for liquids) one-half gallon.

# B

**babor,** *m;* port, larboard.

**bacalao,** *m;* codfish. V. *Abadejo*.

**baja,** *f;* fall *(of prices),* rebate, reduction; — **repentina** (en los valores), slump; **jugar a la** —, to make a bear speculation; **tener tendencia a la** —, to show a dropping tendency; **experimentar una** —, to experience a fall.

**bajar;** to descend, come down, fall; lower, diminish, reduce the price.

**bajista,** *m;* bear *(stock speculator who seeks to depress prices);* **tendencia** —, tendency to decline.

**bala,** *f;* bale.

**balance,** *m;* balance, balance-sheet, settlement of the books; — **general, de comprobación general,** trial balance; **hacer, cerrar, aprobar el** —, to strike, shut up, approve a balance; **poner en el** —, to put into the balance; **estar** (inscrito) **en el** —, to be noted down in the balance; **hacer el** — **de caja** (arqueo), to make up the cash.

**balancear;** to balance, settle accounts; — **la caja,** to balance the cash; — **los libros,** to close (or balance) the books; — **las cuentas abiertas,** to balance the running accounts.

**balanza,** *f;* scale, balance; comparative estimate, judgment; — **mercantil** (o **del comercio**), balance of trade; — **para pesar cartas (pesa-cartas),** letter balance.

**balata,** *m;* balata.

**balboa,** *m;* monetary unity of Panamá.

**balsa,** *f;* raft, float; — **de aceite,** very quiet place or people.

**ballena,** *f;* whale; **aceite de** —, whale oil; **pesca de la** —, whale-fishery.

**banano,** *m;* banana.

**banca,** *f;* banking; **casa de** —, banking house; **negocio** (o **comercio**) **de** —, banking business; **comisión de** —, bank commission; **operaciones de** —, banking transactions.

**bancario-ria,** *a;* banking, financial; **reserva** — **ria,** bank reserve; **descuento** (o **tipo de interés**) —, bank rate or discount; **operaciones** — **rias,** banking business.

**bancarrota,** *f;* bankruptcy, failure.

**banco,** *m;* bank; — **de anticipaciones (o de anticipos), de depósito, de giro (o de liquidación), de préstamos, de descuento, hipotecario, agrícola, nacional, del Estado, de emisión, extranjero,** advancing, deposit, clearing, loan, discount, mortgage, agricultural (farmers'), national, state, issue, foreign bank; — **filial,** branch bank; — **por acciones,** joint-stock bank; **libro de** —, bank book; **horas de** —, banking hours; **empleado de** —, bank clerk; **billete de** —, bank note; **acciones de** —, bank shares.

**banda,** *f;* gang; party.

**bandera,** *f;* banner, flag; — **de popa,** ensign; — **de proa,** jack; — **blanca,** flag of truce; **arriar la** —, to strike the colo(u)rs; **izar la** —, to hoist the flag; **rendir la** —, to howl down the colo(u)rs; **con** — **s desplegadas,** with flying colo(u)rs.

**bando,** *m;* proclamation, edict.

**banquero,** *m;* banker.

**baquiano-na,** *a;* mountain and road guide.

**baratar;** to barter, traffic.

**baratear;** to cheapen, undersell.

**baratillero,** *m;* peddler, seller of second hand articles.

**baratillo,** *m;* bargain counter; second hand shop.

**barato-ta,** *a;* cheap, low-priced.

**baratura,** *f;* cheapness.

**barba,** *f;* chin, beard; **por** —, a head, apiece.

**barbechar;** to fallow.

**barbecho,** *m;* fallow.

**barca,** *f;* boat.

**barcaza,** *f;* barge, lighter.

**barco,** *m;* boat, ship, vessel.

**barloventear;** to ply to windward.

**barlovento,** *m;* windward; **ganar el** —, to get to windward.

**barniz,** *m;* varnish, lacquer, glaze.

**barnizar;** to varnish, lacquer.

**barquero,** *m;* boatman.

**barra,** *f;* iron crow or lever; metal bar or ingot; sand-bank at the mouth of a harbour; **plata en** — **s,** silver in bars.

**barrenar;** to bore, drill; — **un navío,** to scuttle a ship; — **una roca o mina,** to blast a rock or mine.

**barreno,** *m;* large borer; bored hole, blast-hole.

**barrica,** *f;* cask, keg, barrel.

**barril,** *m;* barrel, hogshead, cask.

**barruntar;** to foresee, conjecture, guess.

**base,** *f;* base, basis; — **naval,** naval station.

**bastimento,** *m;* supply of provisions.

**batallar;** to fight, struggle.

**batallona: cuestión** —, much debated question.

**batería,** *f;* battery; — **de cocina,** kitchen metal, utensils; — **eléctrica,** electric battery.

**baúl,** *m;* trunk.

**beneficiar;** to benefit; cultivate; *vr;* to make a profit.

**beneficiario,** *m;* beneficiary.

**beneficio,** *m;* profit, advantage, utility, benefit, premium; — **bruto (o total), neto, líquido,**

**supuesto** (o **imaginario**), gross, net, clear, anticipated or imaginary profit; **margen de** —, margin of profit; **con participación en los** — **s**, with share (or participation) in the profits.

**beneficioso-sa,** *a;* advantageous, profitable.

**bergantín,** *m;* brig.

**bestia,** *f;* beast, quadruped; idiot; ill-bred fellow.

**biblioteca,** *f;* library.

**bicoca,** *f;* valueless trifle.

**bicho** *m;* general name for small grubs or insects; ridiculous or mean fellow; *pl.* vermin.

**biela,** *f;* connecting-rod.

**bien,** *m;* good, utility, benefit.

**bienes,** *m; pl.* property, land, wealth, estate, fortune; — **muebles,** goods and chattels; — **raíces** (o **inmuebles**), real estate; — **semovientes,** cattle; — **dotales,** dower; — **gananciales,** property acquired during marriage; — **mostrencos,** goods which have no known owner; lands in abeyance.

**bienio,** *m;* term or space of two years.

**billete,** *m;* ticket, bill, note; — **de banco,** bank note; — **de ida,** single ticket; — **de vuelta,** return ticket; — **de ida y vuelta** (o **circular**), circular or round-trip ticket; **un** — **de cinco duros,** a five duros bill.

**billón,** *m;* billion *(in Spain, England a n d o t h e r countries:* 1.000.000.000.000; *in U. S. A. and France:* one thousand million: 1.000.000.000).

**bimensual,** *a;* twice each month.

**bimestral,** *a;* once every two months; lasting two months.

**bimetalismo,** *m;* bimetallism.

**birlibirloque: por arte de** —, by ocult and extraordinary means.

**blanco,** *a;* white; blank; **en** —, blank; **endoso en** —, blank endorsement.

**bledo: no me importa un** —, I don't care a straw.

**boca,** *f;* mouth; **hablar por** — **de ganso,** to say what any other person has suggested; **no decir esta** — **es mía,** to keep a profound silence; **a pedir de** —, according to one's desire; **de manos a** —, unexpectedly.

**boceto,** *m;* sketch.

**bocoy,** *m;* large cask, hogshead.

**bodega,** *f;* hold of a ship; wine-vault, cellar, store-room, warehouse; retail grocery.

**boga: estar en** — **alguna cosa,** to be fashionable, to be commonly used.

**boleta,** *f;* ticket, pay order; — (o **papeleta**) **de sanidad limpia, sucia, sospechosa,** clean, foul, suspected or touched bill of health; — (o **papeleta**) **de empeño,** pawn ticket.

**boletín,** *m;* bulletin; — **de cotización,** list of quotations; — **de cambios,** stock e x c h a n g e quotations; — c o m e r c i a l, trade or market report.

**boleto,** *m; (Amér.)* ticket.

**bolívar,** *m;* monetary unit of Venezuela.

**boliviano,** *m;* monetary unit of Bolivia.

**bolsa,** *f;* bourse, purse, stock exchange; **corredor de** —, stock-broker; **juego de** —, stock-jobbing, stock exchange dealings; **operaciones de** —, stock exchange transactions; **jugador de** —, stock gambler; **fluctuaciones de los valores en** —, money market or stocks fluctuations; **maniobras de** — (o **bursátiles),** exchange manipulations; **apertura** (o **primer curso) en la** —, opening price; **cierre** (o **último curso) en la** —, closing price; **listín** (o **boletín) de la** —, list of official quotations; — **del trabajo,** board of trade-unionists, labour exchange; **una orden de** —, an order on Change.

**bolsillo,** *m;* pocket, purse.

**bolsista,** *m;* stock-broker.

**bolso,** *m;* bag, purse; — **de mano,** handbag.

**bomba,** *f;* pump; **poner en marcha, accionar las** —s, to start the pumps.

**bombero,** *m;* pumper; fireman.

**bonanza,** *f;* fair weather; prosperity.

**bongo,** *m;* canoe used in Central and South America specially for navigation by river.

**bonificación,** *f;* allowance, discount, bonus.

**bonificar;** to allow.

**bono,** *m;* bond, certificate, duebill; — **del tesoro,** treasury bond or exchequer bill; —s **a vencimiento fijo,** bonds at a fixed term.

**bordo,** *m;* board; **a** —, on board ship; **franco a** —, free on board **(f. o. b.); puesto a** —, put on board; **gastos de a** —, ship's expenses.

**borra,** *f;* nap; sediment; — **de lana,** flock wool; — **de seda,** floss silk; — **de algodón,** cotton-waste.

**borrador,** *m;* rough draft; blotter; eraser; — **de una carta,** draft *(outline)* of a letter.

**borradura,** *f;* erasure.

**borrar;** to annul, cancel, erase.

**borrasca,** *f;* storm.

**borrascoso-sa,** *a;* stormy, tempestuous.

**borrego-ga,** *m* & *f;* lamb from one to two years.

**borrico-ca,** *m* & *f;* ass.

**borrón,** *m;* blot of ink; stigma.

**bosquejar;** to sketch, outline.

**bosquejo,** *m;* sketch; **en** —, in an unfinished state.

**bota,** *f;* small leather wine-bag; butt, pipe, cask; liquid measure equal to about 125 gallons; **ponerse uno las** —s, to grow rich; to get on fairly.

**botadura,** *f;* launch or launching of a ship.

**botamen,** *m;* all the water-casks on board of a ship; all the pots and jars in a drug-store.

**botar;** to cast, throw, launch; *(Amér.)* squander, misspend; shift the helm; — **al agua,** to launch a ship; *(Amér.)* to throw overboard, jettison.

**bote,** *m;* pot, jar; boat; — **de lastre,** ballast-ligther; **estar de** — **en** —, to be full of people.

**botella,** *f;* bottle, flask.

**botero,** *m;* boatman.

**botica,** *f;* apothecary's shop; **gastos de** —, expenses for medicaments.

**botiquín,** *m;* travelling medicine chest.

**botón,** *m;* button.

**botonadura,** *f;* set of buttons.

**botones,** *m; pl.* bellboy, messenger boy.

**bovino-na,** *a;* belonging to cattle; bovine.

**boya,** *f;* buoy, net-float.

**bramante,** *m;* packthread, hempcord, twine.

**bravata,** *f;* bravado, boast.

**brecha,** *f;* breach, opening.

**breve,** *a;* brief, short, concise, laconic; **en —,** shortly, in a little while.

**brevedad,** *f;* brevity, conciseness.

**bribón-a,** *a & n;* knave, scoundrel, rascal.

**bribonada,** *f;* knavery, mischievous trick or practice.

**broma,** *f;* jest, joke.

**bromear;** to droll, jest, make fun.

**bronce,** *m;* bronze, brass.

**brújula,** *f;* sea-compass.

**brumazón,** *m;* thick fog or mist.

**brusco-ca,** *a;* rude, rough.

**bruto-ta,** *a;* gross, rough; **importe —,** gross amount; **producto** (o **beneficio) —,** gross profit; **peso —,** gross weight; **peso —**

**por neto** (o **sin deducción de tara),** gross weight for net (or without deducting any tare); **en —,** in a rough state.

**buenamente,** *adv.;* freely.

**bueno,** *a;* good.

**bufete,** *m;* lawyer's office.

**buhonero,** *m;* peddler.

**bulto,** *m;* bulk, parcel, bundle, package.

**buque,** *m;* vessel, ship, steamer; **— mercante,** merchant ship, merchantman; **— de guerra,** warship, man-of-war; **— de cabotaje** (o **costero),** coaster; **corredor de — s,** ship-broker; **constructor de — s,** shipbuilder; **proveedor de — s,** ship-chandler; **(m e r c a n c í a) puesta** (o **entregada) al costado del —,** (merchandise) free (or delivered) alongside (F.A.S.).

**burdo-da,** *a;* coarse, ordinary.

**bursátil,** *a; relating to the course of exchange,* or to exchange.

**buscar** *(pret. busqué; subj. busque);* to seek, look for.

**busilis,** *m;* knotty point; **dar en el —,** to hit the mark.

**buzón,** *m;* mail-box, letter-box.

# C

**cabal,** *a;* just, exact (as for measures and weights); faultless, accomplished, according to rule and order.

**cabalmente,** *adv.;* perfectly, exactly, precisely.

**caballero,** *m;* gentleman; — **de industria,** a d e f r a u d e r, a knave.

**caballerosamente,** *adv.;* in a gentleman-like manner.

**caballo,** *m;* horse; — **padre,** stallion; — **de carrera,** racehorse; — **de tiro,** draught horse.

**cabecera,** *f;* head, beginning or principal part of something; seat of hono(u)r; **médico de** —, family doctor.

**cabello,** *m;* hair of the head; **asirse de un (pelo o)** —, to adopt the slightest pretext; **traer alguna cosa por los** — **s,** to say something inappropriate or illogical.

**cabeza,** *f;* head; — **de ajo,** bulb of garlic; — **de partido,** county seat.

**cabida,** *f;* content, space, capacity.

**cable,** *m;* cable; cable's length, measure of 120 fathoms; submarine telegraph.

**cablegrafiar;** to cable.

**cablegráfico-ca,** *a;* pertaining to the submarine telegraphic; cablegrammic; **dirección — ca,** cable address; **oficina — ca,** cable office.

**cablegrama,** *m;* cablegram.

**cabo,** *m;* cape, end, rope, (at custom-house), a parcel or package smaller than a bale; **de — a rabo,** from head to tail; **al — de,** at the end of; **estar al — de,** to be thoroughly acquainted with or well told; **no tener — ni cuenta,** to have neither head nor tail, (applied to a perplexed business); **llevar a —,** to carry out, through.

**cabotaje,** *m;* coasting-trade.

**cabra,** *f;* goat.

**cabrío,** *a;* goatish; **macho —,** *m,* buck, he goat.

**cabullero,** *m;* *(Amér.)* shipchandler.

**cacahuete,** *m;* peanut.

**cacao,** *m;* cacao-tree; cacao-nut; chocolate-nut.

**cacaotal,** *m;* cacao plantation.· ·

**cacique,** *m;* cacique, Indian chief; political leader or "boss".

**caciquismo,** *m;* political "bossism".

**caducar;** to lapse, fall into disuse.

**caer;** to fall, drop, decline, decrease; — **en gracia,** to please, to be agreeable; — **se de su peso,** to be evident.

**café,** *m;* coffee.

**caída; ir o estar de capa —,** to decline in fortune and credit.

**caimán,** *m;* alligator, cayman.

**caja,** *f;* cash; box; safe, cashbox, chest; — **de amortización,** sinking-fund bank; — **de socorro,** benevolent fund, assistant box; — **de resistencia,** resistance box; — **de ahorros,** saving bank; — **fuerte (de fondos** o **caudales),** iron safe; — **de hierro** *(in some American countries* **caja de fierro),** safe; **resto, déficit, saldo de —,** overplus, deficit, balance of cash; **efectivo, fondo, cantidad en —,** cash on hand or balance in cash; **hacer el arqueo de la —,** to make up the cash amount; **arqueo de —,** verification of the money in the safe; **cuenta de —,** cash account; **libro de —,** cash-book; **libreta de la — de ahorros,** pass-book, saving book.

**cajero,** *m;* cashier, cash-keeper; — **adjunto (o ayudante de),** assistant cashier; — **pagador,** teller.

**cajón,** *m;* box, case, chest, drawer; **ser de —,** to be a matter of course.

**calabrote,** *m;* stream-cable.

**calado,** *m;* draught of a vessel.

**calafatear;** to calk.

**calcular;** to calculate, reckon, estimate, compute.

**cálculo,** *m;* calculation, estimate, computation; — **aproximado,** rough estimate.

**caldera,** *f;* boiler.

**calderilla** *f;* copper money.

**calefacción,** *f;* heating.

**calendario,** *m;* almanac, calendar.

**calidad,** *f;* quality.

**calígrafo,** *m;* expert penman.

**calma,** *f;* calmness; suspension of business; — **chicha,** dead calm.

**callado-da,** *a;* reserved, discreet.

**callar;** to be silent, to keep silent.

**calle,** *f;* street.

**cama,** *f;* bed.

**cámara,** *f;* chamber; cabin; — **de compensación,** clearing-house; — **de comercio,** chamber of commerce.

**camarero,** *m;* waiter *(on ship or plane,* steward).

**camarote,** *m;* cabin, stateroom, berth.

**cambiar;** to barter, change, exchange, negotiate bills.

**cambio,** *m;* barter, change, exchange; giving or taking of bills of exchange; premium paid or received for negotiating bills; the course or rate of the exchange; — **a la vista,** sight rate; — **a la par,** par of exchange or rate at par; — **bajo la par (o a descuento),** exchange below par; — **sobre la par (o a premio),** exchange above par; — **de la plaza, del día, corriente,** exchange or rate of the market, of the day, current date; — **inicial, de cierre** o **último,** opening or first rates, closing exchange or last rates; — **extranjero, interior,** foreign domestic exchange; — **favorable, desfavorable; e l e v a d o , bajo,** favo( u )rable, unfavo( u )rable exchange; high, low rate; — **fijo, variable, incierto,** fixed, variable, uncertain rate of exchange; — **medio,** average rate of exchange; — **ventajoso, desventajoso,** profitable, unprofitable rate of exchange; **al — de,** at the rate of exchange of; **al — del día de pago,** at the rate ruling on the day of payment; **el — baja, sube, oscila; se mantiene firme, estacionario, sostenido,** exchange falls, goes up, fluctuates; remains firm, stationary, steady; **alza y baja del —,** rise and fall of the course of exchange; **cotización del —,** quotation of exchange; **bajar o reducir, elevar o subir el —,** to lower or reduce, to raise or advance the rate of exchange; **tipo del —,** rate of exchange or exchange rate; **mantenerse sobre, debajo del —,** to keep above, below the rate of exchange; **estar por encima, por debajo del —,** to be at premium, at a discount; **ganar, perder en el —,** to gain, loss by or on the exchange; **beneficio, pérdida del —,** profit, loss by or on the exchange; **agente de —,** stock - broker; **boletín de —,** exchange list; **casa de —,** exchange-office; **letra de —,** bill of exchange; **primera (segunda, tercera) de —,** first (second, third) of exchange; **sola o única de —,** sole bill.

**cambista,** *m;* money - broker, money-changer.

**camión,** *m;* truck.

**camionaje,** *m;* cartage, truckage.

**camisa,** *f;* shirt, *(a quantity of bills or checks handed over to a bank to cash or discount.)*

**campo,** *m;* field, country.

**cancelación,** *f;* cancellation, settlement.

**cancelar;** to cancel, annul, settle; receipt (an invoice).

**candeal,** *a;* **trigo —,** w h i t e wheat, summer wheat.

**canje,** *m;* exchange.

**canjear;** to exchange (prisoners of war, treaties, credentials, etc.).

**canela,** *m;* cinnamon.

**canoa,** *f;* canoe; — **automóvil,** motor-boat.

**canon,** *m;* rent on real state.

**cántara,** *f;* V. *Cántaro.*

**cántaro,** *m;* wine measure about 4,26 gallons.

**cantidad,** *f;* quantity, amount, sum of money, lot.

**cáñamo,** *m;* hemp; cloth made of hemp; — **en rama,** undressed hemp.

**cañería,** *f;* pipe.

**capa,** *f; allowance paid to the captain and crew of a vessel;* **estar o ir de — caída,** to decline in fortune and credit.

**capacidad,** *f;* capacity, capability, ability; bulk or burden of a ship.

**capataz,** *m;* overseer, foreman, superintendent, steward.

**capaz,** *a;* capacious, capable, spacious; competent, clever.

**capital,** *f;* capital city; *m;* capital *(net resources),* capital stock, funds; — **circulante,** circulating capital; — **disponible,** capital at hand or available funds; — **emitido, suscrito, reintegrado, totalmente pagado,** capital issued, susbcribed, wholly paid up; — **fijo, activo, autorizado, inmovilizado,** fixed, active, authorized, locked-up capital; — **invertido,** capital in business or invested capital; — **improductivo,** capital bearing no interests; — **inactivo, líquido, realizado** (o **pagado), nominal,** unplaced, net, paid up, nominal capital; — **primitivo,** stock of the partnership or firm; — **social,** working capital of the firm, joint-stock; **aumento** o **ampliación de** —, increase or raising of social funds; **reducción de** —, reduction of capital; **falta, escasez de** —, want, lack, scarsity of capital; **reembolso, retiro de** —, reimboursement, withdrawl of capital; **poner** —, to engage or place capital; **trabajar con su propio** —, to work with one's own capital; **facilitar** — **para un negocio** o **empresa,** to finance a business or an interprise.

**capitalista,** *m;* capitalist; **socio** —, financial partner.

**capitalización,** *f;* capitalization.

**capitalizar;** to capitalize *(add interest or dividends to capital stock in order to obtain increased interest);* — **una deuda,** to capitalize a debt.

**capitán,** *m;* sea-capitan, master; — **del puerto,** harbour master.

**capitanía (del puerto)** *f;* harbour administration, harbour master's office.

**carbón,** *m;* coal, charcoal.

**carecer;** to want, be in need, lack, need.

**carena,** *f;* careening or repairing a ship; **media** —, boot-hose

topping; — **mayor,** thorough repair.

**carencia,** *f;* lack.

**carestía,** *f;* scarcity; high price, dearness.

**carga,** *f;* load, lading, cargo, freight, loading; the lading of a ship; impost, tax, charge; obligation; **puerto (de embarque** o**) de** —, port of shipment or loading port; **gastos (de embarque** o**) de** —, shipping, loading charges; **completar la** —, to complete the cargo; **embarcar, recibir la** —, to ship, receive the cargo; **procurar** —, to procure freight; — **de bultos** o **fardos sueltos,** piece goods cargo; — **a granel,** bulk cargo; — **averiada,** damaged cargo; — **de ida y vuelta,** outward and home cargo; — **de cubierta,** deck load; —**mal estibada, mal arrumada,** cargo badly stowed, badly trimmed; — **sujeta a deterioración,** perishable cargo; **vapor de** —, freight steamer; **bestia de** —, beast of burden.

**cargador,** *m;* shipper, loader, carrier, porter.

**cargamento,** *m;* cargo, shipment, lading.

**cargar** *(pret.* **cargué;** *subj.* **cargue);** to load, carry a load, freight; debit, charge on account; — **las mercancías a bordo (embarcarlas),** to ship goods; — **sobre carro, vagón, etc.;** to load the goods; — **a granel,** to load (or to freight) in bulk; — **en cuenta,** to debit, charge on account.

**cargo,** *m;* charge, employment, dignity, office, position; care; debit; **a mi (su)** —, for (on) my (your) account; **a** — **de,**

to the debit of, to the account of; **el — y la data,** debit and credit; **hacerse —,** to take charge of; **librar (o girar) a — de,** to drawn on; **tener un —,** to be responsible; to hold a position (employment).

**carne,** *f;* flesh, meat; **— de membrillo,** preserved quinces; **— de vaca,** beef; **— de venado,** venison.

**carnero,** *m;* ram.

**caro-ra,** *a;* dear, high-priced, expensive.

**carpeta,** *f;* portfolio, letter-file, letter-case.

**carrera,** *f;* race; career.

**carreta,** *f;* cart.

**carretada,** *f;* cartful, cart-load.

**carretaje,** *m;* cartage.

**carro,** *m;* car, carriage; **untar el —,** to bribe.

**carruaje,** *m;* carriage.

**carta,** *f;* letter, favo(u)r; charter; **— abierta, certificada, circular, franqueada, no franqueada, insuficientemente franqueada, devuelta (o no reclamada), orden, perdida, devuelta** *(por ser desconocido el destinatario),* **particular,** open, registered, circular, prepaid, unpaid, misstamped, d e a d, mandatory, miscarried, undelivered, personal letter; **— de aviso, de crédito, de presentación, de recomendación, de pésame, de informes,** letter of advice, of credit, of introduction, of recommendation, of condolence, of in q u i r y; **— de fletamento,** charterparty; **— de naturaleza,** naturalization papers; **— de pago,** aquittance, receipt, discharge in full; **— de venta,** bill of sale; **— en lista de correo,** general delivery *(poste restante)* letter; **echar una — al correo, en el buzón,** to post a letter; **poner las señas a una —,** to address a letter; **por mi — de,** through or by my letter of; **libro copiador de —s,** letter-book; **su —,** your favo(u)r.

**cartel,** *m;* placard, poster; cartel, trust.

**cartelón,** *m;* show bill, poster.

**cartera,** *f;* pocket-book, memorandum - book; letter - case; portfolio; **— de un banco,** securities; **valores o acciones en —,** treasury-stock; **documentos en —,** bills on hand.

**cartero,** *m;* letter-carrier, postman.

**cartón,** *m;* pasteboard, cardboard.

**casa,** *f;* house, building, dwelling; home; business house; **— armadora,** shipper; **— exportadora,** exporting house; **— importadora,** importing house; **— matriz,** main office; **— de banca,** banking house; **— de moneda,** mint; **una — fuerte,** a firm of good standing.

**casco,** *m;* cask, pipe, vat or other wooden vessel in which wine is preserved; hull or hulk of a ship.

**casero-ra,** *m;* landlord, house owner; *a;* domestic, homelike; home-made.

**casilla,** *f; (Amér.)* P. O. Box.

**castaña,** *f;* chestnut; **— pilonga o apilada,** dried chestnut.

**casualidad,** *f;* chance, accident.

**catalogar;** to catalogue, list.

**catálogo,** *m;* catalogue, list.

**catastro,** *m;* land register.

**categoría,** *f;* category, kind, class, quality.

**catorce,** *a;* fourteen.

**caución,** *f;* caution, warning, precaution, c a r e, security, pledge, bail-bond.

**caudal,** *m;* wealth, fortune, means, capital, funds.

**causa,** *f;* cause; lawsuit, trial.

**cautela,** *f;* caution, prudence, care.

**cebar;** to fatten animals.

**cebolla,** *f;* onion.

**ceca: de — en meca,** to and fro, hither and thither.

**ceder;** to transfer, grant, assign, cede, yield.

**cédula,** *f;* schedule, bond, warrant; **— hipotecaria,** obligation secured by mortgage; **— de aduana,** permit; **— de abono,** order to remit a tax.

**ceja,** *f;* eye-brow; **tener a uno entre — y ceja,** to take a dislike to any one.

**cejar;** to go backward, desist.

**celada,** *f;* ambuscade; artful trick.

**celador,** *m;* warder.

**celebrar;** to celebrate; **— una entrevista,** to hold an interview.

**celemín,** *m;* dry measure about 0.51 English peck; quantity of grain contained in a celemin.

**celo,** *m;* zeal.

**celofán** *m;* cellophane.

**celulosa,** *f;* cellulose.

**cemento,** *m;* cement.

**censo,** *m; agreement for settling — an annuity upon a person; rental census; annual ground rent.*

**censor,** *m;* censor, critic.

**censura,** *f;* censorship; censure, reproach.

**centavo,** *m; hundredth part of a peso;* cent.

**centeno,** *m;* rye.

**centésimo,** *m;* centesimo *(the one one-hundredth part of an Italian lira, of an Uruguayan peso, of a Panaman balboa).*

**centi:** *Latin prefix used chiefly in the metric system to signify the hundredth part.*

**centiárea,** *f;* centare *(square meter or hundredth part of an are).*

**centígrado - da,** *a;* centigrade; **grado —,** centigrade degree ($0°$ C $= 32°$ F.).

**centigramo,** *m;* centigram *(one hundredth part of a gram).*

**centilitro,** *m;* centiliter *(one hundredth part of a liter in dry or liquid measure, metric system).*

**centímetro,** *m;* centimeter *(about 0.4 of an inch).*

**céntimo,** *m;* centime; *(the one one-hundredth part of a peseta).*

**cepillo,** *m;* brush.

**cera,** *f;* wax.

**cerca,** *f;* inclosure, hedge; *adv.* near, close by; **— de,** close to, near to, about.

**cerda,** *f;* horse's hair; hog's bristle; **ganado de —,** swines.

**cerdo,** *m;* pig, swine.

**cereal,** *m;* cereal.

**cerería,** *f;* wax-chandler's shop.

**cereza,** *f;* cherry.

**cerezo,** *m;* cherry-tree; **— silvestre,** dog cherry tree.

**cerilla,** *f;* wax-match.

**cero,** *m;* zero, cipher, naught.

**cerradura,** *f;* lock.

**cerrar;** to close, shut, lock; — **los libros,** to close the books; — **un ejercicio,** to close the books at the end of the fiscal year; — **una cuenta,** to close an account; — **las cuentas abiertas,** to close the running accounts; — **un trato,** to close a bargain.

**certificación,** *f;* affidavit.

**certificado,** *m;* certificate, attestation, testimonial; registered letter or packet; — **de despacho de aduana,** clearance certificate; — **de origen,** certificate of origin.

**cesión,** *f;* cession, transfer; resignation; concession; — **de bienes,** *surrender of property for trust deed.*

**cesionario,** *m;* grantee, assignee, transferee, indorsee.

**cesionista,** *m;* assignor, transferrer.

**cien,** *a;* one hundred.

**ciento,** *a;* one hundred; *m;* a hundred; — **por c i e n t o,** 100 %.

**cierre,** *m;* closing; — **de los libros,** closing the books; — **de una cuenta,** closing an account; — **del ejercicio,** closing of the fiscal year.

**cierto,** *a;* certain.

**cifra,** *f;* cipher, code, figure *(number).*

**cinc,** *m;* zinc.

**cinco,** *a;* five.

**cincuenta,** *a;* fifty.

**cinta,** *f;* ribbon, strip, film; — **cinematográfica,** film.

**circulación,** *f;* circulation; currency; — **fiduciaria,** paper currency; **poner en** o **retirar de la** — **una letra,** to put a draft in or to withdraw a draft from circulation; **billete retirado de la** —, paper money out of currency; **abierto a la** —, open to traffic.

**circular;** to circulate; *a & f,* circular; **billete** —, circular ticket; **viaje** —, round trip, circular trip.

**circunstancia,** *f;* circumstance; **en las** — **presentes,** under the circumstances.

**ciruela,** *f;* plum.

**cita,** *f;* appointment, engagement; citation.

**citación,** *f;* writ, quotation; citation, summons, judicial notice.

**citar;** to make an appointment; cuote; convoke, cite, summon; — **a junta,** to call a meeting.

**ciudad,** *f;* city.

**clandestino-na,** *a;* clandestine, secret, private.

**clarificar;** *(pret. clarifiqué; subj. clarifique);* to clarify, purify, refine.

**clase,** *f;* class, kind; sort, quality; **de primera** —, first-class, $A_1$.

**cláusula,** *f;* clause, condition, stipulation.

**clave,** *m;* key, code.

**clavo,** *m;* nail; clove.

**cliente,** *m;* client, customer.

**clientela,** *f;* clientele, custom.

**clima,** *m;* climate.

**clisé,** *m;* stereotype, p l a t e, cliché, cut.

**coacción,** *f;* coertion, compulsion, coaction.

**coadministrador,** *m;* coadministrator.

**coadyuvar;** to aid, co-operate.

**coartada,** *f;* alibi.

**coarrendador,** *m;* joint-partner in renting any thing.

**cobrable,** *a;* collectible.

**cobrador,** *m;* collector, receiving teller, payee.

**cobranza,** *f;* recovery or collection of money; **letras en —** (o **pendientes de cobro),** drafts pending collection; **— diaria,** daily receipts.

**cobrar;** to collect, cash; **— un cheque,** to cash a check; **— una deuda,** to collect a debt; **letras (o efectos) a —,** bills receivable; **mandar —,** to send for collection.

**cobre,** *m;* copper.

**cobro,** *m;* collection; **al —,** for collection, for payment.

**cociente,** *m;* quotient.

**codicilo,** *m;* codicil.

**código,** *m;* code; **— civil,** civil code; **— de comercio,** commercial code; **— telegráfico,** telegraphic code.

**coger;** to pick, gather, collect; seize.

**cohecho,** *m;* bribery.

**coincidencia,** *f;* coincidence; **en — con,** in agreement with.

**cojinete,** *m;* bearing; **— de bolas,** ball bearing.

**cola,** *f;* glue; tail, cue; **tener o traer —,** to be followed by serious consequences.

**colaboración,** *f;* collaboration.

**colección,** *f;* collection.

**colega,** *m;* colleague.

**colegiado-da,** *a;* collegiate (pertaining to a body of colleagues).

**colegio,** *m;* college, board; **— de c o r r e d o r e s,** broker's board.

**colocación,** *f;* employment, position, situation; investment, placing.

**colocar;** to invest, put, place, provide with situation or employment; **— dinero,** to invest money.

**colón,** *m;* monetary unit of Costa Rica.

**colonia,** *f;* colony, colonized country.

**colonizar;** to colonize, settle.

**colono,** *m;* colonist, settler, planter, farmer.

**color,** *m;* color.

**columna,** *f;* column of figures; newspaper column.

**comandita,** f; limited partnership; **sociedad** (o **Compañía) en —,** silent partnership; *(in L o u i s i a n a, partnership in commendam).*

**comanditario-ria,** *a;* relating to or belonging to a silent partnership; **socio —,** silent partner.

**comenzar;** to begin, start, commence.

**comer;** to eat, dine.

**comerciable,** *a;* marketable, negotiable.

**comercial,** *a;* commercial, mercantile; **anuario —,** trade directory; **casa —,** commercial house; **correspondencia —,** commercial correspondence; **marca —,** trademark; **negocios — es,** commercial affairs; **operación —,** c o m m e r c i a l transaction; **papel —,** commercial p a p e r; **relaciones — es,** business relations, mercantile connections; **tráfico —,** commercial intercourse.

**comerciante,** *m;* merchant, trader, dealer, trades-man; — **al por mayor (o mayorista),** wholesale dealer; — **al por menor (o minorista),** retail dealer; — **por cuenta propia,** sole trader.

**comerciar;** to trade, deal, traffic.

**comercio,** *m;* commerce, trade, traffic; shop; — **extranjero, interior, marítimo, al por mayor, al por menor, de cabotaje, de exportación, de importación, de tránsito, fluvial,** foreign, domestic (or home), maritime (or shipping), wholesale, retail, coasting, export, import, transit, river trade; — **de banca (o bancario),** banking business; — **a comisión,** commission business; **casa de** —, commercial house; **código de** —, commercial code; **papel de** —, commercial paper; **tribunal (o Junta) de** —, Board of Trade; **Cámara de** —, chamber of commerce; **Ministerio, Ministro de** —, Ministry. Minister of Commerce; **tratado de** —, commercial treaty.

**comestible,** *a;* eatable, comestible; *pl. all sorts of provisions and food;* **almacén de** — **s,** provisions store, grocery store.

**comisar;** to confiscate, sequestrate, attach.

**comisión,** *f;* commission; committee; — **de banca,** bank commission; — **de venta,** sales commission; **casa de** —, house or agency, commission agency; **cuenta de** —, commission account; **cinco por ciento de** —, 5 % commission; **negocios de** (o **en**) —, commission business; **nombrar una** —, to appoint a committee.

**comisionado,** *m;* agent, proxy, commissioner, attorney.

**comisionista,** *m;* commission merchant; — **expedidor,** shipping agent.

**comiso,** *m;* seizure, attachment; goods confiscated; confiscation (of prohibited goods).

**comité,** *m;* committee.

**comitente,** *m;* constituent; *person given a commission.*

**como,** *adv.;* as, like, how; *conj.,* as, when.

**comodante,** *m; one who lends gratuitously for a limited time.*

**comodatario,** *m;* borrower.

**comodato,** *m;* loan; contract of loan and restitution.

**comodidad,** *f;* accommodation.

**compañía,** *f;* company, society, partnership; — **por acciones (o anónima),** stock company; — **matriculada,** incorporated company; — **de seguros,** insurance company; — **de transportes,** express or forwarding company; — **de vapores,** steamship company; — **en comandita (o comanditaria),** silent partnership or joint company; **entrar en** —, to enter into partnership.

**comparar;** to compare, confront.

**compensación,** *f;* compensation; **cámara de** —, clearing house.

**compensar;** to compensate, indemnify.

**competencia,** *f;* competition, rivalry; fitness, competence; **entrar en** —, to enter into competition; **hacer** —, to compete.

**competente,** *a;* competent, apt, capable, able; adequate.

**competir;** to compete, vie, rival, contend.

**completar;** to complete, perfect.

**completo,** *a;* complete.

**componedor;** *m;* arbitrator; **amigable —,** arbitrator.

**componer;** to compose; mend, repair; adjust; settle, arrange, arbitrate.

**compostura,** *f;* repairs, mending; adjustment, compromise.

**compra,** *f;* purchase; the article bought; **— a plazos, a crédito,** purchase on terms, on credit; **— simulada,** fictitious purchase; **— en firme,** cash bargain; **— al contado,** cash purchase; **— de lance,** chance bargain, second hand purchase; **— de ocasión,** chance bargain.

**comprador,** *m;* buyer, purchaser; **— probable,** possible purchaser or buyer.

**comprar;** to buy, purchase; **— a entrega** (o **contra entrega),** to buy for future delivery or on delivery; **— al contado,** to buy for cash, to purchase ready money; **— al fiado** (o a **crédito),** to buy on credit; **— a plazos,** to buy on easy terms; **— al por mayor,** to buy by wholesale; **— al por menor,** to buy at retail; **— de segunda mano,** to buy second hand; **— al descubierto,** to buy short.

**compraventa,** *f;* bargain and sale.

**comprender;** t o understand; comprise.

**comprobación,** *f;* verification.

**comprobante,** *m;* voucher, schedule, document.

**comprobar;** to verify, confirm by comparison, prove.

**comprometer;** to compromise, engage, contract; **— se,** to engage or bind oneself.

**compromiso,** *m;* compromise, appointment, engagement, obligation contracted; **grandes — s,** heavy liabilities, obligations; **satisfacer sus — s,** to meet one's obligations.

**computación,** *f;* computation, calculation.

**computar;** to reckon, compute, estimate, calculate.

**cómputo,** *m;* calculation, computation, estimate, account.

**común,** *a;* common, public, joint; **acciones — es,** common stock.

**comunicar;** to advise, inform, announce, notify, give notice.

**comunicación,** *f;* communication, intercourse; *pl.* means of communication as railroads, mail, telegraphs, etc.

**comunidad,** *f;* community, corporation.

**con,** *prep.;* with.

**conceder;** to grant, allow, concede, give accord; **— una rebaja,** to grant an allowance; **— un plazo,** to grant a delay.

**concepto,** *m;* concept, opinion.

**concertar;** to concert, arrange (by agreement); settle (the price of things); agree, accord, covenant, bargain.

**concesión,** *f;* concession, grant, acknowledgment.

**concesionario,** *m;* concessionary, concessioner, grantee; **único — ** (o **agente),** sole agent.

**concierto,** *m;* concert, agreement.

**conciliar;** to conciliate, reconcile.

**concisión,** *f;* conciseness, concision.

**concluir;** to conclude, end, finish, close; — **un contrato, negocio, operación,** to close a contract, a bargain, an affair, a business, a transaction.

**concluyente,** *a;* concludent, conclusive.

**concretar;** to explain.

**concurrir;** to gather, attend.

**concurso,** *m;* concourse, assembly, meeting; aid; — **de acreedores,** meeting of creditors.

**condenar;** to sentence; condemn, disapprove.

**condición,** *f;* condition, quality, state; stipulation, proviso; **bajo** o **con la — de,** on, at, under the condition; **a — de que,** with the reserve of; — **es acostumbradas** (o **usuales),** usual terms; — **es convenidas,** terms agreed upon; — **es de plaza,** local terms; — **es de pago,** terms, conditions of payment; **estar** (la mercancía) **en buena** o **mala —,** to be in good or bad condition.

**condominio,** *m;* joint-ownership.

**conducción,** *f;* cartage, porterage, conveyance; transportation.

**confección,** *f;* confection; **traje de —,** ready made suit.

**conferencia,** *f;* interview, meeting; public lecture.

**confianza,** *f;* confidence, trust, faith, belief, credit; **en —,** privately, confidentially; **me-**recer **—,** to be worthy of confidence; **persona de —,** a confidential person; **puesto de —,** situation, place, position of confidence, of trust.

**confiar;** to trust, confide, intrust to; commit to care of.

**confirmar;** to confirm, corroborate, ratify; verify.

**confiscación,** *f;* confiscation, forfeiture, seisure; — **de bienes,** confiscation of property.

**confiscar;** to confiscate, forfeit, seize, to sequestrate.

**conforme,** *a;* O K, alike, corresponding, conformable, accordant; — **a,** according to; — **con,** in conformity with, in accordance with.

**conformidad,** *f;* conformity; **de —,** by common consent, according to.

**confrontar;** to confront, compare, verify.

**confundir;** to confuse; mix; confound.

**confusión,** *f;* confusedness, confusion.

**conjetura,** *f;* guess, conjecture.

**conmigo;** with me, with myself.

**conocer;** to know; be acquinted with.

**conocimiento,** *m;* bill of lading; voucher; — **terrestre,** railroad bill of lading; — **marítimo,** bill of lading; acquaintanceship, slight friendship.

**consecuencia,** *f;* consequence; **hacer frente a las — s,** to face the music.

**conseguir;** to get, obtain, attain.

**consejero,** *m;* counsellor, adviser.

**consejo,** *m;* counsel, advice; council, advisory board; — **directivo** (o **de administración),** board of directors, of management.

**consentir;** to allow, permit, tolerate.

**conserva,** *f;* conserve, preserve; — **s alimenticias,** c a n n e d goods.

**consignación,** *f;* consignment, cargo of goods; **a la — de,** consigned to; **enviar en —,** to make a consignment.

**consignador,** *m;* consignor.

**consignatario,** *m;* consignee.

**consocio,** *m;* copartner, associate.

**consolidación,** *f;* consolidation.

**consolidado-da,** *a;* consolidated; **compañía — da,** consolidated company; **deuda — da,** consolidated debt, funded debt; *m. pl.* consols.

**consolidar;** to consolidate; — **una deuda,** to consolidate a debt.

**consorcio,** *m;* partnership, society.

**constancia,** *f;* constancy, steadiness; proof.

**constitución,** *f;* constitution; the act of incorporating a company; rules and by-laws of a corporation.

**constituir;** to constitute; — **legalmente una compañía,** to incorporate a company.

**cónsul,** *m;* consul.

**consulado,** *m;* consulate, consulship.

**consular,** *m;* consular; **derechos — es,** consular freees; **factura —,** consular invoice; **certificado —,** consular certificate;

**legalización** (o **visto bueno) —,** consul's authentication.

**consultivo-va,** *a;* advisory; **junta — va,** advisory board.

**consumidor,** *m;* consumer.

**consumir;** to consume; wear out.

**consumo,** *m;* consumption (as of merchandises).

**contabilidad,** *f;* accountancy.

**contable,** *m;* accountant, bookkeeper.

**contado (al);** for cash.

**contador,** *m;* purser, paymaster, counter, accountant; — **titulado,** certified public accountant *(in England, chartered accountant).*

**contante,** *m;* ready money, cash; — **y sonante,** ready cash *(in coin).*

**contar;** to count, calculate, compute; — **con,** to rely upon, count on; **cuento con usted,** I depend on you.

**contencioso-sa,** *a;* litigious (being the object of a dispute), contentious.

**contenido-da,** *and pp. of contener;* contained; *m;* contents, inclosure, tenor.

**contestación,** *f;* answer, reply.

**contestar;** to answer, reply.

**contienda,** *f;* contest, dispute, contention.

**contingencia,** *f;* contingence, possibility, risk.

**continuación,** *f;* continuation; **a —,** following, below.

**continuar;** to continue, pursue, carry on.

**continuo-nua,** *a;* continuous, constant, lasting.

**conto,** *m;* one million reis *(Portugal and Brazil);* **un — de reis,** one million reis.

**contra,** *prep.;* against, across, contrary to, opposite to; **el pro y el —,** the pro and the con.

**contrabandear;** to contraband, smuggle.

**contrabandista,** *m;* contrabandist, smuggler.

**contrabando,** *m;* p r o h i b i t e d goods; contraband t r a d e; smuggling; **mercaderías entradas de —,** smuggled goods; **hacer —,** to smuggle.

**contradicción,** *f;* contradiction; incongruity.

**contraer;** to contract, incur.

**contrahacer;** to counterfeit.

**contralor,** *m;* comptroller, inspector.

**contramaestre,** *m;* boatswain, foreman.

**contramarca,** *f;* countermark; *duty to be paid on goods which have no customhouse mark.*

**contraorden,** *f;* countermand.

**contrapartida,** *f;* offsetting entry, cross-entry, reverse-entry.

**contrarrestar;** to resist, check.

**contrata,** *f;* contract.

**contratación,** *f;* business transaction, trade, commerce.

**contratante,** *a;* contracting; contractor; **partes — s,** contracting parties.

**contratar;** to contract, bargain; stipulate; trade.

**contratista,** *m;* contractor.

**contrato,** *m;* contract; mutual agreement; covenant; stipula-tion; indenture; **— a la gruesa (o a riesgo marítimo),** bottomry bond; respondentia; **— de compra, de venta,** bought, sale note; deed of purchase, of sale; **— leonino,** leonine contract; **— sinalagmático** *(a contract conferring certain rights and obligations on both parties),* sygnallagmatic contract; **— verbal,** parol contract; **— unilateral, bilateral,** unilateral, bilateral contract; **de arrendamiento,** lease; **— de compraventa,** contract of bargain and sale; **— de fletamento,** charter, charter-party; **— con condiciones del turno para la carga,** berth contract; **— de locación y conducción,** agreement to let one enjoy the use of property for a price or service; **— contravendendo,** reversion clause of bargain and sale; **— de sociedad,** partnership contract, articles of partnership; **anular un —,** to cancel a contract; **— nulo,** contract null and void; **— válido,** valid contract; **— en vigor,** contract in force; **— de cesión,** transfer; **— de donación,** deed of gift; **estipular por —,** to stipulate by contract; **firmar un —,** to sign a contract; **hacer un —,** to make a contract; **faltar, infringir un —,** to break, infringe a contract; **ruptura de un —,** breach of a contract; **ejecutar un —,** to execute, perform a contract; **— hecho ante notario,** contract drawn up by and executed before a notary public; **según —,** as per contract.

**contravenir;** to contravene, violate a law.

**contraventor,** *m;* contravener, transgressor.

**contribución,** *f;* contribution, tax, impost; — **directa,** direct tax; — **indirecta,** excise tax; — **territorial,** land tax; — **de avería,** average contribution; — **a los gastos** o **costes,** contribution to expenses.

**contribuir;** to contribute; pay a tax.

**contribuyente,** *m;* contributor, taxpayer.

**control,** *m;* control. V. *Inspección.*

**convenido-da,** *a;* agreed, settled by consent.

**conveniencia,** *a;* accommodation, advantage.

**conveniente,** *a;* convenient, advantageous, suitable, good.

**convenio,** *m;* agreement, pact, contract, accord, covenant, bargain, settlement.

**convenir;** to agree, coincide, settle, suit, fit, be profitable.

**conversión,** *f;* conversion.

**convertir;** to convert.

**convocatoria,** *f;* summons.

**cooperativa,** *f;* cooperative association establishment or store, cooperative society.

**cooperativo-va,** *a;* co-operative.

**copia,** *f;* copy, duplicate; imitation; reproduction.

**copiador,** *m;* copyst, transcriber; **libro** —, letter-book.

**copropietario-ria,** *a;* joint-owner, co-proprietor.

**corcho,** *m;* cork; bark of the cork-tree.

**cordel,** *m;* cord, rope.

**corona,** *f;* crown; English silver coin of five shillings; monetary unit of Austria, Hungary, D e n m a r k , Norway and Sweden.

**corporación,** *f;* public corporation, community.

**corral,** *m;* yard; — **para el ganado,** stockyard.

**correcto,** *a;* accurate, correct.

**corredor,** *m;* broker; — **marítimo,** ship-broker; — **de bolsa, de cambios,** exchange broker; — **de comercio,** general broker; — **de buques,** ship-broker; — **de letras,** bill-broker; — **de seguros,** insurance broker; — **jurado,** chartered broker; **colegio de** — **res,** broker's board.

**correduría,** *f;* brokerage; broker's office.

**corregir;** to correct.

**correo,** *m;* post, mail, post-office; — **de América,** American mail; **día de** — **para América,** post-day for America; — **aéreo,** aerial mail; **coche** —, mail-coach; **tren** —, mail-train; **vapor** —, mail-steamer; packet-boat; **administrador de** — **s,** post-master; **apartado** *(in some American countries* **casilla) de** — **s,** post-office box; **oficina** (o **administración general de)** — **s,** general post-office; **echar al** —, to mail, post; **enviar por** —, to send by or through the post; **día de** —, mail day; **a vuelta de** —, by return mail; **por el** — **de hoy, de ayer,** by this day's, by yesterday's mail; **por el próximo, por el último** —, by the next, by the last mail; **gastos de** —, postage.

**correr;** to run; — **un riesgo** (o **peligro),** to run a risk; — **de** o **por cuenta de,** to go to the account of; **los gastos corren por cuenta de,** the expenses to be charged to the account of.

**correspondencia,** *f;* correspondence, mail; — **epistolar,** letter writing; — **mercantil,** commercial correspondence; **llevar la** —, to be in charge of the correspondence; **tener — con,** to correspond with, to carry on correspondence with; **estar en** —, to exchange letters; **tener una — muy extensa,** to have a large mail — **franqueada,** prepaid mail; **recogida de la — de los buzones,** clearing of letters-boxes; **reparto de la** —, delivery of mail.

**corresponsal,** *m;* correspondent, agent, corresponding clerk.

**corretaje,** *m;* brokerage.

**corriente,** *a;* current, ordinary, general, c o m m o n; present *(month or year),* instant; **cuenta** —, current account; **moneda** —, currency; **interés** —, current interest; **precio** —, current price; **géneros de consumo** —, staple commodities; **estar al** —, to be in order, up to date; to be acquainted with (an affair).

**cortar;** to cut.

**corte,** *f;* court; **C — de Apelación,** Court of Appeals; **C — Suprema** *(in America),* **Tribunal Supremo** *(in Spain),* Supreme Court; **C — s de justicia (Tribunales de justicia),** courts of justice, of law.

**corteza,** *f;* bark; peel, skin, rind; crust.

**cortijo,** *m;* farm-house, grange.

**corto,** *a;* short; scant, wanting.

**cosa,** *f;* thing.

**cosecha,** *f;* harvest, crop, yield; harvest-time.

**cosechar;** to crop, reap, gather the harvest.

**costa,** *f;* cost, charge, expense; coast; *pl.* costs, expenses (mainly of a lawsuit); **a toda** —, at all events, at all hazards; **a mi** —, at my expense; **condenar en — s, to** condemn to costs.

**costanero-ra,** *a;* belonging to a coast; **buque** —, coaster; **navegación — ra,** coasting trade.

**costar;** to cost.

**coste,** *m;* cost, expense, price paid for a thing; — **medio,** average cost; **a — y costas,** at cost, without profit; **precio de** —, prime cost.

**costear;** to pay the cost, bear all charges; to coast.

**costo,** *m;* cost, price, charge, expense; **al** —, at cost, without profit; — **de producción,** cost of production; —, **seguro y flete,** (C. I. F.) cost, insurance and freight; — **y flete,** (C & F) cost and freight.

**costoso-sa,** *a;* costly, expensive, dear.

**cotizable,** *a;* quotable.

**cotización,** *f;* quotation, price-current, price-list.

**cotizar;** to quote prices.

**coyuntura,** *f;* turn, chance, opportunity.

**crack,** *m;* crash; — **financiero,** failure in business.

**crédito,** *m;* accredited standing, to be well accredited, to have or enjoy credit; — **abierto,** open credit; — **en blanco,** blank credit; — **en descubier-**

to, open credit; — **activo, comprobado, confirmado, documentado, dudoso, exigible,** líquido, active, acknowledged, c o n f i r m e d, documentary, doubtful (or dubious), exigible, acknowledged credit; — **prescrito, privilegiado, probado, seguro,** expired, secured, proved, well established credit; — **hipotecario,** credit on mortgage; — **mobiliario,** Credit Mobilier; — **territorial,** Credit Foncier; —**s activos,** assets; — **s pasivos,** liabilities; **abrir o dar un —,** to open (or give) a credit; **pasar** (o **exceder**) **el —,** to surpass (or exceed) the credit; **mantener el —,** to maintain the credit; **conservar su —,** to keep up or maintain one's credit; **carta de —,** letter of credit; — **utilizable a la vista,** credit available against sight drafts; **gozar de — ilimitado,** to enjoy an unbounded, an unlimited credit; **pago contra — irrevocable confirmado,** payment by confirmed irrevocable credit; **perjudicar al** (o **en su**) **—,** to injure one's (or *in his*) credit; **institución de —,** credit institution; **nota de —,** credit note; **comprar a —** (o **al fiado**), to buy on credit; **obtener —,** to obtain credit; **pedir —,** to demand credit.

**creer;** to believe, think.

**criollo-lla,** *a;* Creole.

**crisis,** *f;* crisis; — **monetaria,** financial crisis; — **comercial,** commercial business depression; **pasar, atravesar, vencer una —,** to pass, get through, surmount a crisis.

**cristalería,** *f;* glassware; glass store.

**crítica,** *f;* criticism; censure.

**croquis,** *m;* light, sketch.

**crudo,** *a;* raw, crude; unriped.

**cruz,** *f;* cross; — **y raya,** no more of this; **de la — a la fecha,** from begining to end.

**cruzado-da,** *a;* crossed, crosswise; **cheque —,** crossed check.

**cruzar;** to cross; — **un cheque,** to cross a check.

**cts.;** abr. of céntimos.

**cuadernillo,** *m; one-fifth of a quire of paper; five sheets of paper folded;* small writing or memorandum-book.

**cuaderno,** *m;* writing-book; memorandum-book.

**cualidad,** *f;* quality, condition.

**cuantía,** *f;* amount, quantity.

**cuantioso-sa,** *a;* copious, abundant, plentiful.

**cuarenta,** *a;* forty.

**cuarentena,** *f;* space of forty days; quarantine; **hacer —,** to perform quarantine, p a s s quarantine.

**cuarterola,** *f;* quarter-cask.

**cuarto-ta,** *a;* fourth, fourth part (1/4).

**cuasicontrato,** *m;* quasi-contract.

**cuatro,** *a;* four.

**cúbico-ca,** *a;* cubic, cubical, cubiform; **raíz — ca,** cube root; **metro —,** cubic meter.

**cubierta,** *f;* covering, envelope, cover; deck of a ship; **bajo —,** under separate cover.

**cubrir;** to cover; pay; meet a draft; cover a shortage or expense; — **la cuenta,** to balance an account; — **un pagaré,** to pay a promisory note; — **una obligación,** to pay a bond or debt; — **un riesgo,** to cover a risk; — **el déficit, los gastos, una pérdida,** to cover, meet the deficit; cover, meet the expenses or the costs; cover a loss; — **aceptaciones, anticipos** o **adelantos, desembolsos,** to provide for acceptances, cover advances, reimbourse outlays.

**cuchillería,** f; cutler's shop, cutlery.

**cuenta,** f; account, bill, note, invoice, reckoning, statement; — **abierta,** open or running account; — **acreedora, deudora, anual,** credit, debit (or debtor) annual (or yearly) account; — **atrasada,** account in arrear, outstanding account; — **balanceada, cerrada,** account balanced, closed; — — **clara,** clear reckoning account; — **corriente,** current account; — **detallada, pormenorizada,** specified, itemized invoice; — **indistinta,** a current account in the name of two persons, available against the signature of either or survivor in case of death; — **particular,** private account; — **resumida,** bulk account; — **saldada, liquidada, arreglada, pagada,** settled, discharged, balanced, paid account; — **separada, especial,** separate, special account; — **simulada,** proforma invoice (or account); — s **diversas,** sundry accounts; — s **del Gran Capitán,** accounts overcharged; — s **galanas,** illusory, delusive reckoning; — s **pendientes,**

outstanding accounts; — **a mitad,** joint-account; — **de banco,** bank account; — **de caja, de capital, de comisión, de compra, de venta, de depósito, de descuentos,** cash, capital, commissions, purchase, sales, deposit, discounts accounts; — **de desembolsos y gastos,** account of outlays and costs; — **de fletes,** account of freights; — **de ganancias y pérdidas,** profit and loss accounts; — **de gastos de casa,** household expenses account; — **de gastos de viaje,** traveling expense account; — **de giros,** clearance account; — **de intereses,** interest account; — **con intereses,** interest bearing account; — **de mercaderías,** merchandise (or goods) account; — **de recambio** (o **de resaca),** reexchange account; — **en participación,** joint account; **a** — (o **a buena cuenta),** on account; **a** — **de mi haber,** to the credit of my account; **a** — **nueva,** on new account; **extracto** (o **estado) de** —, statement of account; **rendición de** —, rendering of the account; **según** — **pasada, presentada, remitida, adjunta, inclusa,** as per account rendered, handed, transmitted, herewith inclosed; **la** — **se cierra, se salda con,** the account closes with; **ser** (o **correr) de** — **de,** to go to the account of; **comprar por** — **propia, ajena,** to buy for one's own account, for other's account; **vender por** — **propia, ajena,** to sell for one's own account, for account of third parties; **en nombre y por** — **de,** in behalf and for account of; **abonar** en —, to credit one's account; **abrir una** —, to open an account; **ajustar (o arreglar) una** —, to settle an account; **cargar en** —, to debit on account; **cerrar una** —, to close an account; **comprobar una** —, to verify an account; **cubrir una** —, to balance an account; **entrar en — con alguien,** to enter into account with someone; **liquidar (o finiquitar) una** —, to liquidate (or settle) an account; **cuadrad una** —, tally, jibe; **llevar — s,** to keep accounts; **pagar a** —, to pay on account; **pagar una** —, to pay an account; **rendir (o dar)** —, to account for, report; **saldar una** —, to balance an account; **tener en** —, to take into account, bear in mind, consider; **tener** —, to be profitable, advantageous; **tomar en** —, to take into account; **darse** —, to guess, forsee; **en — con,** in account with; **por — de,** for account of; **por — y mitad,** for (or on) joint account; **por — y riesgo de,** for account and risk of; **Tribunal de C — s,** State Audit Department.

**cuentacorrentista,** m, f; accounter-current, person with an account current in a bank.

**cuentahilos,** m; thread counter, weaver's glass, linen-prover.

**cuerda,** f; cord, rope, string.

**cuero,** m; raw-hide; **— s al pelo,** undressed hides.

**cuerpo,** m; body, matter, corporation; (impr.) **— de letra,** body of letter.

**cuestación,** f; petition.

**cuestión,** f; question, matter; dispute, affair.

**cuidado,** m; care, accuracy, carefulness; **no pase** —, do not worry.

**cuidar;** to care for, watch over, take care of; **cuidarse de,** to care about, be careful about.

**culata,** f; breech of a gun, butt-end.

**culpa,** f; fault.

**culpable,** a; culpable, blamable.

**cultivador,** m; cultivator, tiller.

**cultivar;** to cultivate, till the soil, farm; **tierra sin** —, unimproved land.

**cultivo,** m; cultivation, tillage, farming.

**cumplir;** to comply, fulfil, pay; expire, fall due.

**cuño,** m; coin; die for stamping money.

**cuota,** f; quota, fixed share, instalment.

**cupón,** m; coupon.

**curador,** m; curator, trustee, administrator.

**curso,** m; course, tender, current rate; **— forzoso,** forced currency; fiat; **— del cambio,** rate of exchange; **moneda de —forzoso,** fiat money; **dar —,** to issue; **dar — a una carta,** to forward a letter; **el año, el mes, la semana en** —, the present year, month, week; **negocios, asuntos, transacciones en** —, pending business, affairs, transactions.

**curtidor,** m; tanner, currier, leather-dresser.

**curtiduría,** f; tannery, tanyards.

**curtir;** to tan leather.

**custodia,** f; custody; safe-keeping, care; **valores en** —, securities in custody.

**custodiar;** to guard, take care of.

# CH

**chacina,** *f;* dried beef; pork seasoned with spice for sausages.

**chalán-na,** *m & f;* horse, dealer; *(Amér.)* horse-breaker.

**chalanear;** to deal in horses; *(Amér.)* to break horses.

**chalupa,** *f;* sloop, small light vessel; *(Amér.)* small canoe.

**chamarilero,** *m;* dealer in second hand goods.

**chanchullo,** *m;* sharp practice, vile trick; *(Amér.)* contraband.

**changador,** *m; (Amér.)* porter, carrier.

**chantaje,** *m;* blackmail.

**chapa,** *m;* veneer; plate, metal sheet.

**charol,** *m;* patent leather.

**chatarra,** *f;* junk, scrap iron.

**chelín,** *m;* shilling (s i l v e r English coin, one-twentieth of a pound sterling).

**cheque,** *m;* check; — **caducado, cruzado (o barrado), abierto (o no cruzado), endosado,** stale, crossed, open or uncrossed, indorsed check; — **a la orden, al portador,** check to order, to bearer; — **de administración,** cashier's check; — **en blanco,** blank check; — **s de viajeros,** traveller's check; **hacer efectivo un —,** to cash a check; **extender un —,** to write out, fill up a check; **expedir un —,** to deliver up, issue a check; **talonario de — s,** checkbook; **talón de un —,** stub, counterfoil of a check.

**chinela,** *f;* slipper.

**chisme,** *m;* tale of a gossipmonger.

**chismear;** to tattle, gossip.

**chispa,** *f;* spark; sparkle; — **de diamante,** very small diamond.

**chocolate,** *m;* chocolate.

**chopo,** *m;* black poplar-tree; musket.

**choque,** *m;* shock, collision.

**choricería,** sausage shop.

**chorizo,** *m;* pork-sausage.

# D

**dactilografía,** *f;* typewriting.

**dactilógrafo-fa,** *m & f;* typist; *m;* typewriting - machine, typewriter.

**dádiva,** *f;* gift, present.

**dador,** *m;* bearer *(of a letter),* drawer *(of a bill of exchange),* donor, giver.

**damajuana,** *f;* demijohn.

**dañar;** to damage, impair, injure, hurt.

**daño,** *m;* damage, hurt, loss, hindrance; — **e m e r g e n t e** *(jurisp.),* damage caused by nonpayment; — **s y perjuicios,** damages; — **por robo,** damage for pilfering; — **causado por el fuego,** fire damage.

**dar;** to give, grant, allow, afford, hand; — **buenas ganancias,** to be profitable; — **consejo,** to afford (or give) advice; — **cuenta de,** to account for, to report; — **fiado,** to give on credit; — **fianza,** to give bail or security; — **garantía,** to give security; — **razón,** to give information; — **aviso a su debido tiempo,** to inform in due time; — **crédito (fe),** to attach credit; — **motivo (o pretexto),** to give

room to; — **fondo** *(mar.),* to cast anchor; — **en un bajío,** to strike ground; — **poder,** to empower, authorize; — **se a la vela** *(mar.),* to set sail; — **se maña,** to manage ably; **no — pie con bola,** not to do a thing right.

**dársena,** *f;* inner harbo(u)r, dock, basin.

**data,** *f;* date; item in an account.

**datar;** to date, credit on account.

**dato,** *m;* datum, fact; *pl.* data, information.

**debe,** *m;* debit *(debtor side of an account);* — **y haber,** debit and credit.

**deber;** to owe, must, ought; *m.* duty.

**debido,** *a;* just, reasonable, due, proper; — **a,** due to.

**debitar;** to debit.

**débito,** *m;* debit.

**deca;** *Greek prefix meaning ten.*

**década,** *f;* decade, ten.

**decadencia,** *f;* decadence, decline, decay, falling.

**decagramo,** *m;* decagram.

**decalitro,** *m;* decaliter.

**decámetro,** *m;* decameter.

**decantar;** to decant, draw off liquor.

**decena,** f; the number ten.

**decenio,** m; decade.

**deci;** *Latin prefix meaning one-tenth.*

**decidir;** to decide, resolve.

**decigramo,** m; decigram (one-tenth of a gram).

**decilitro,** m; deciliter (one-tenth of a liter).

**decimal,** a; a decimal.

**decímetro,** m; decimeter (one-tenth of a meter).

**décimo-ma,** a; tenth.

**decir;** to say, tell, state, affirm; **es —,** I mean; that is to say; **es un —,** it is a mere saying.

**decisión,** f; decision, determination, issue; judgement by court, veredict by jury; **— de árbitros,** award; **— arbitral,** arbitration.

**decisivo-va,** a; decisive, conclusive.

**declaración,** f; declaration; railroad bill of lading; **— de entrada,** bill of e n t r y (or clearance inwards); **— jurada,** affidavit; **— de salida,** clearance outwards; **— provisional,** prime or first entry; **— suplementaria,** p o s t entry; **de abandono,** notice of abandonment.

**decomisar;** to confiscate, forfeit, seize.

**decomiso,** m; confiscation, forfeiture, seizure.

**decreto,** m; decree, decission, resolution.

**décuplo-pla,** a; decuple, tenfold.

**dedicar;** to devote.

**deducción,** f; deduction, inference.

**deducir;** to deduce, substract, deduct, infer, rebate, allow, discount.

**defecto,** m; defect, fault, imperfection.

**defectuoso-sa,** a; imperfect, deficient, faulty.

**defender;** to defend, protect; maintain; (jurisp.), defend, plead for.

**defensa,** f; defense, protection, safeguard.

**defensor,** m; (jurisp.) defensor, attorney.

**deficiencia,** f; deficiency, imperfection.

**déficit,** m; deficit, shortage.

**definitivo,** a; definitive; **en definitiva,** definitively; in short.

**deflación,** f; deflation.

**defraudación,** f; defraudation, fraud.

**defraudar;** to defraud, cheat; to disappoint.

**dehesa,** f; pasture-ground.

**dejación,** f; abandonment, relinquishing; (jurisp.), assignment.

**dejar;** to leave, give up, forbear, cease; **— cargado,** to debit.

**delación,** f; delation, accusation, denunciation, information.

**delegación,** f; delegation; power conferred, branch.

**delegado,** m; agent, representative.

**delito,** m; crime; transgression (of a law).

**demanda,** f; order, demand, claim; **entablar —,** to take legal procedings; enter a lawsuit; **oferta y —,** supply and demand; **tener —,** to be ·in demand.

**demandado-da,** m; defendant.

demandante, *m;* claimant, complainant, plaintiff.

demandar; to demand, solicit, wish for, desire; *(jurisp.),* claim, sue, enter an action; — por daños y perjuicios, to sue for damages.

demora, *f;* delay, demurrage.

demorar; to delay, retard, hinder.

demostrar; to d e m o n s t r a t e, prove, make evident.

denegar; to deny, refuse.

departamento, *m;* department.

dependencia, *f;* d e p e n d e n c e, branch office; the employees of a firm.

depender; to depend (on or upon), rely upon.

dependiente, *a;* employee, clerk.

deporte, *m;* sport; outdoor recreation.

deportivo-va, *a;* sportive.

deposición, *f;* declaration, assertion; *(jurisp.),* deposition.

depositante, *m;* depositor.

depositar; to deposit, place for safe-keeping.

depositario, *m;* trustee, receiver, depositary.

depósito, *m;* deposit, depot, warehouse; — a la orden, demand deposit; — a plazo fijo (o a término), time deposit; — en cuenta corriente, current account deposit; banco de —, deposit bank; certificado de —, certificate of deposit, warrant; dinero en —, deposit money; en —, in deposit, in bond; — de garantía, fidelity bond; almacenes de — de aduana, bonded warehouse.

depreciación, *f;* depreciation.

depreciar; to depreciate.

derecho, *m;* law, right; *pl.* fees, dues, tariff, duties; royalty; — civil, civil law; — comercial (o mercantil), commercial law; — de gentes, law of nations; — marítimo, maritime or shipping law; —s arancelarios (o de aduana), customs duties; — s consulares, consular fees; — s específicos, specific duties; — s pagados, duty paid; — s ad valorem, ad valorem duties; — s de importación (o de entrada), import duties; — s de exportación (o de salida), export duties; — s de almacenaje, storage fees; — s de anclaje, anchorage dues; — s de amarre, mooring postage; — s de dique, dock dues; — s de faro, lighthouse charges; — s de grúa, cronage; — s de muelle, pierage, wharfage; —s de pesaje, weighing charges: —s de pilotaje, pilotage fees: —s de puerto, harbo(u)r dues, keelage; — s de remolque, towage; —s de cobertizo, shed dues; —s de tablón (o de plancha), plankage money; — s de tonelaje, tonnage dues; —s de salvamento, salvage money; —s de cuarentena, quarantine dues: —s de escala (o de arribada), staple dues; — s de baliza, beaconage; —s de clasificación, classing fees; —s de depósito, storage dues; — s *(por permanencia en dársena por retardo de retiro),* murrage or delay money; —s de tránsito, transit duties; — s diferenciales, differential duties; —s de escribanía (o de archivo), clerk's dues; —s de copia, copy dues; — s de autor *(share of proceeds paid to an author);* **cesión de los —s de autor por un tanto alzado,** outright; **—s de patente,** royalty *(share of proceeds paid to patentee);* **—s de propiedad** *(literaria),* all rights reserved; **libre (o exento) de —s,** free of duty; **— de comprar más al mismo precio,** right to call for more; **— de las partes,** right of the parties; **— de hipoteca** *(sobre algo),* mortgage lien *(on something);* **— de prenda** *(sobre algo),* lien *(on something);* **— de prelación,** right of preemption; **— de prioridad, de preferencia,** right of priority, preferential right; **— de represalia,** right of reprisal; **— de recurso,** right of recourse; **— de rescate,** faculty of redemption; **— de retención,** right of retention; **— de devolución,** faculty of return: **adquirir un —,** to acquire a right; **tener —,** to be entitled or authorized; **tener — a indemnización,** to be entitled to indemnity; **tener un — sobre** *(algo),* to have a claim on *(something);* **gozar de un —,** to enjoy a right; **hacer valer sus — s,** to enforce one's claims; **perder el —,** to lose the right; **reservarse el —,** to reserve to one's self the right; **pertenecer de —,** to appertain of right; **valerse de un —,** to avail oneself of a right; **de —,** of right, by justice.

**derrame,** *m;* leakage.

**derrochador,** *m;* spendthrift, prodigal, squanderer.

**derrochar;** to waste, squander.

**derroche,** *m;* waste, squandering.

**desacreditar;** to discredit.

**desacuerdo,** *m;* disagreement.

**desagradable,** *a;* disagreeable, umpleasant.

**desagraviar;** to give satisfaction; indemnify.

**desairar;** to disregard, take no notice of; dishono(u)r (a bill).

**desamarrar** *(mar.);* to unmoor a ship.

**desanimar;** to dishearten, discourage.

**desapoderar;** to revoke a power of attorney.

**desarrollo,** *m;* development.

**desastre,** *m;* disaster; **ir al —,** to go to pieces, to fall apart.

**desatender;** disregard, neglect; take no notice of a person (or *of a bill).*

**desatino,** *m;* lack of tact; nonsense, foolish act or expression.

**desautorización,** *f;* unauthorization.

**desautorizar;** to disauthorize.

**desavenencia,** *f;* discord, misunderstanding.

**descalabro,** *m;* considerable loss.

**descarga,** *f;* discharge, clearance, unloading.

**descargar;** to discharge, unload, exonerate.

**descargo,** *m;* acquittal, acquittance; *(jurisp.),* plea or answer to an impeachment or action.

**descender;** to lower, take down, bring down; descend.

**desconfianza,** *f;* distrust.

**desconocido,** *a;* unknown.

**descontar;** to discount, rebate, allow; **— letras,** to discount bills.

**descrédito,** *m;* discredit.

**descubierto,** *a;* uncovered; **en
—,** overdrawn, owing a balance; **estar (o quedar) en —,**
to owe a balance, to have
overdrawn a bank account;
**vender en —,** to sell short;
**comprar en —,** to buy short;
**crédito al —,** blank credit.

**descuento,** *m;* discount, rebate,
allowance; **banco de — s,** discount bank; **caja de — s,**
discount company; **cuenta de
— s,** discount account; **tipo
(o tasa) de —,** rate of discount; **admitir, recibir al —,**
to receive for discount; **con
deducción del —,** discount
deducted; **vender con — (o
con rebaja),** to sell at a discount.

**descuidado-da,** *a;* careless.

**descuido,** *m;* omission, carelessness.

**desear;** to wish.

**desecho,** *m;* residue, rubbish,
refuse; **mercancía de —,** defective, refuse goods; merchandise which does not sell,
useless.

**desembalar;** to unpack.

**desembarcadero,** *m;* landing-
place, dock, quay, pier.

**desembarcar;** to d i s e m b a r k,
land, go or put ashore; —
**mercancías, un cargamento,**
to land (or discharge) goods,
a cargo; — **pasajeros,** to land
passengers; **— se** (dejar el navío), to leave the vessel.

**desembarco,** *m;* landing, debarkation, unshipment; **puerto de
—,** port of landing; **gastos de
—,** landing charges.

**desembargar;** to remove the embargo, replevy.

**desembargo,** *m;* replevin.

**desembarque,** *m;* landing, debarkation.

**desembolsar;** to disburse, expend, lay out, pay out.

**desembolso,** *m;* disbursement,
expenditure.

**desempacar;** to unpack.

**desempeñar;** to redeem; perform
*(as a duty),* hold *(as a position),* fulfil, carry out *(as an
undertaking).*

**desenvolver;** to unfold; develop.

**desfalcar;** to defalcate, embezzle.

**desfalco,** *m;* defalcation, embezzlement.

**desgaste,** *m;* slow waste, waste
by degrees *(as a piece of a
machine).*

**desgracia,** *f;* misfortune, bad
luck.

**deshincharse;** to shrink, shrivel.

**desidia,** *f;* indolence; negligence,
carelessness.

**designar;** to designate, name, appoint.

**desigual,** *a;* unequal, mismatch-
ed; changeable, variable.

**desistir;** to desist, give up.

**deslindar;** to mark limits; clear
up a thing.

**desmentir;** to contradict, deny.

**desmerecer;** to demerit; lose part
of its worth, grow worse, deteriorate.

**desmonetizar;** to demonetize
*(convert money into bullion
for other purposes).*

**desmontar;** to clear a wood.

**desobedecer;** to disobey.

**despachar;** to dispatch, expedite,
forward, send, pack; perform
a business with dispatch; sell
goods and merchandise; ac-

celerate; carry papers drawn up for the signature of the principal; attend on customers; expend, let goods go for money or barter; — **un barco,** to clear a vessel at the custom-house.

**despachado-da,** *(pp.* of *despachar),* **mercancías — das,** *(pagados los derechos de aduana)* duty paid.

**despacho,** *m;* dispatch, bureau, office, department; warrant, s h i p m e n t; — **de aduana,** clearance; — **de billetes,** ticket-office; — **de mercancías (o mercaderías),** forwarding (shipping) of goods; — **de telégrafos,** telegraph office.

**despedida,** *f;* leave-taking, farewell; seeing a person off; complimentary close *(of a letter).*

**despedir;** to dismiss, discharge (an employee); — **se,** to take leave.

**despensa,** *f;* pantry; *(mar.),* steward's room.

**desperdicio,** *m;* waste, refuse; — **s de algodón,** cotton-waste.

**desperfecto,** *m;* flaw, blemish, imperfection; slight damage.

**despilfarrar;** to waste, squander.

**despistar;** to turn from the right trail.

**despojar;** to despoil or strip one of his property; deprive of (judicially).

**despojo,** *m;* despoliation, spoliation; debris; second - hand building materials.

**desprestigio,** *m;* disparagement.

**desquite,** *m;* recovery of a loss; revenge, retaliation.

**destajo,** *m;* job, piece-work; **a —,** by the job.

**destarar;** to rebate the tare.

**destinar;** to destine, appoint, assign.

**destinatario,** *m;* consignee, addressee.

**destino,** *m;* destination; fate, destiny, fortune; appointment, office, employment; **con — a,** bound for.

**destitución,** *f;* dismissal from an employment, office or charge.

**desvalorizar;** to undervalue.

**desventajoso-sa,** *a;* unfavo(u)rable, unprofitable, detrimental.

**detall,** *m;* retail; **al —,** at retail.

**detalle,** *m;* detail.

**deteriorar;** to deteriorate, damage, impair, spoil.

**deuda,** *f;* debt, indebtedness; — **amortizable, consolidada, diferida, dudosa, exterior, interior, nacional,** redeemable, deferred, doubtful, external, internal, national debt; — **hipotecaria,** debt on mortgage; — **incobrable,** bad debt; — **prescrita,** barred debt or debt barred by the statute of limitations; — **privilegiada, preferente,** secured, preferential debt; — **quirografaria,** book debt or debt proved by a document; — **s activas,** outstanding debt, assets; — **s pasivas,** liabilities; **contraer — s,** to run into debts; **sin — s,** clear.

**deudor-ra,** *m & f;* debtor; *a,* indebted; *relating to the debtor side of an account;* — **moroso,** debtor in arrear.

**devengar;** to earn, gain (as salary, interest, etc.), draw; — **intereses,** to bear interest.

**devolución,** f; devolution, restitution; **facultad (o derecho) de** —, faculty, right, power of return; — **de derechos,** drawback.

**devolver;** to pay back, reimburse, return; — **las mercancías,** to return the merchandises.

**día,** m; day; — **festivo** (o de **fiesta),** holiday; — **quebrado,** half holiday; — **de descanso,** day of rest; — **de correo,** mail-day; — **de entrega,** day of delivery; — **de liquidación** (o **de ajuste** o **de arreglo),** settling day; — **de pago,** pay day; — **del pago** (o **del vencimiento),** day of payment, maturity, fall due time; — **de trabajo,** working day; — **s de gracia,** days of grace; **al** —, up to date; **a un** — **fijo,** at a fixed day; **a quince** — **s fecha** (o **vista),** fifteen day's date (or sight); **dentro de ocho, quince** — **s,** within a week, afortnight; **en los primeros** — **s de la semana, del mes,** in the early days of the week, of the month.

**diario-ria,** a; daily; m, daily newspaper; daily household expense; **libro** —, day-book, journal; **llevar un** —, to keep a journal.

**diciembre,** m; December.

**dictamen,** m; opinion, report, judgment.

**dictaminar;** to inform; render decision.

**diente,** m; tooth.

**diez,** m; ten; — **de abril,** tenth of April; **dieciséis, diecisiete,** etc., sixteen, seventeen, etc.

**diferencia,** f; difference; dispute, discrepancy, controversy; **jugar sobre las** — **s,** to pay (or compensate) the difference; **partir la** —, to split the difference.

**diferente,** a; different.

**diferir;** to differ, postpone, delay, adjourn, put off.

**difícil,** a; difficult, hard.

**dificultad,** f; difficulty, embarrasement, objection, impediment; **encontrar** —, to meet with, encounter, experience difficulty; **presentarse, surgir** —, to arise, occur difficulty; **superar, vencer** —, to overcome, remove difficulty.

**difundir;** to diffuse, outspread, extend.

**dilación,** f; delay, dilation.

**diligencia,** f; diligence, industry, assiduity; any judicial proceeding.

**dinar,** m; monetary unit of Serbia.

**dinero,** m; currency, c o i n , money, wealth, fortune; — **contante,** ready money, cash; — **contante y sonante,** ready cash (in coin); — **en efectivo,** ready money; — **en metálico,** hard money; — **suelto,** pocket money; — **a interés,** money drawing interest; — (prestado) **a plazos** (o **a término),** time money; **en** — **sonante,** in specie; **convertir en** —, to turn into cash; **tener buen** —, to be solvent.

**dique,** m; dock.

**dirección,** *f;* direction, course, guidance, address, management, office of a director; — **cablegráfica,** cable address; — **telegráfica,** telegraphic address.

**directivo-va,** *a;* directive, managerial; **comisión** — **va,** governing board; **junta** — **va,** board of directors.

**directo-ta,** *a;* direct; **impuestos** — **tos,** direct taxes.

**director,** *m;* director, manager; — **general,** general manager; — **gerente,** managing director; — **de banco,** bank director; **vice** —, assistant manager.

**directorio,** *m;* directory, body of directors, directorate.

**dirigir;** to direct, send, manage, address, guide, conduct, control; — **cartas, paquetes,** to address letters, parcels; — **se a,** to apply; go toward.

**disconformidad,** *f;* disagreement, nonconformity, opposition.

**discordia,** *f;* discord, disagreement, contention, opposition.

**discreción,** *f;* discretion, prudence, judgment.

**disculpa,** *f;* excuse, apology.

**discusión,** *f;* discussion, argument.

**disminución,** *f;* disminution, reduction, decrease.

**disminuir;** to diminish, lessen, lower, shorten, reduce, decrease; — **los precios,** to reduce the prices.

**disolución,** *f;* dissolution, desintegration; — **de una sociedad,** dissolution of partnership; — **(o rescisión de contrato),** dissolution, rescission, cancelling of a contract.

**disolver;** to dissolve.

**disponer;** to dispose, arrange, order, determine, settle.

**disponible,** *a;* available; money available.

**disposición,** *f;* disposal, disposition, prescription, regulation, resolution; **estar a su** —, to be at your disposal, at your command.

**dispuesto-ta,** *a;* disposed, willing, ready; **estar** — **a,** to be willing to.

**distribuir;** to distribute, divide, allot, apportion.

**diverso-sa,** *a;* diverse, different; *pl.* several, sundry, divers.

**dividendo,** *m;* dividend, share; — **activo,** dividend; — **pasivo,** quota, *instalment of subscribed shares made in response to regularly issued calls;* — **provisional,** provisory (or *interim)* dividend; — **s no cobrados,** unpaid dividends; — **s vencidos,** dividends m a t u r e d; **cupón (o talón) de** —, dividend warrant.

**divisa,** *f;* monetary standard; currency; foreign exchange.

**división,** *f;* division, separation, section, distribution; — **proporcional de las ganancias,** proportional sharing of earnings.

**doble,** *a;* double; **partida** —, double entry; **al** —, doubly.

**doce,** *a;* twelve.

**docena,** *f;* dozen; **media** —, half a dozen; **por** —, by the dozen.

**documentado-da,** *a; having the necessary d o c u m e n t s or vouchers,* documentary.

**documentar;** to verify by documentary evidence.

**documento,** *m;* document, deed, title, instrument, collateral security; — s **vencidos,** bills matured; —s a **cobrar,** bills receivable; — s en **cartera,** bills on hand; — s **aplazados** (o en **mora),** pending bills; **pago contra** —s de **embarque,** payment against surrender of shipping documents.

**dólar** *(pl.* **dólares),** *m;* dollar (monetary unit of United States).

**dolo,** *m;* guile, deceit, fraud.

**domicilio,** *m;* domicile, abode, habitation, address; — **social,** firm's place of business.

**domingo,** *m;* Sunday.

**donación,** *f;* donation, gift, grant.

**donante,** *m;* donor, giver.

**donar;** to give, bestow, contribute, grant.

**donatario,** *m;* donee, grantee.

**dorso,** *m;* back, reverse.

**dos,** *a;* two.

**dosis,** *f;* dose, quantity.

**dracma,** *f;* drachma (Greek monetary unit).

**draga,** *f;* dredge, dredger, dragboat.

**droga,** *f;* drug.

**droguería,** *f;* drug-store.

**droguero,** *m;* druggist.

**dueño-ña,** *m & f;* owner, proprietor, landlord, master.

**duplicado,** *m;* duplicate, copy; **por** —, in duplicate.

**duplicar;** to duplicate.

**duplo,** *m;* double.

**durar;** to last, continue, endure.

**duro,** *m;* Spanish coin of five pesetas; *a,* hard, harsh, rough, strong.

# E

**ebanista,** *m;* cabinet-maker.

**ebanistería,** *f;* cabinet-maker's shop, cabinet-work.

**ebonita,** *f;* ebonite, hard rubber.

**economato,** *m;* guardianship, trusteeship.

**economía,** *f;* economy, thrift, economics; — **política,** political economy.

**económico,ca,** *a;* economic, economical, moderate, thrifty; **año —,** fiscal year.

**economista,** *m;* economist.

**economizar;** to economize, spare, save.

**echar;** to cast, throw, put; — **al** (o **a la) mar,** to throw overboard, jettison; — **las cartas al** (o **en el) correo,** to post the letters; — **se a perder,** to lose its good taste, spoil.

**echazón,** *f;* jettison.

**edición,** *f;* edition, issue; — **príncipe,** first edition (referring to old works); **la — del libro está agotada,** the book is out of print; — **de lujo,** edition de luxe.

**edicto,** *m;* decree, edict.

**edificar;** to build.

**edificio,** *m;* edifice, building, structure, house.

**editor-ra,** *a;* publisher; **casa — ra,** publishing house.

**educar;** to educate, instruct, train.

**efectivo-va,** *a;* efective, true, certain, real, actual; *m.* cash, specie; — **en caja,** cash on hand; **dinero —,** ready money; **valor —,** real value; **en —,** in cash, in specie; **hacer —** (o **va),** to cash, convert into money.

**efecto,** *m;* effect, consequence; *pl.* merchandise, goods, drafts, wares; — **s públicos,** securities; — **s en cartera,** securities or bills on hand; — **s a recibir** (o **a cobrar),** bills receivable; — **s a pagar,** bills payable; — **s a vencer,** running bills; — **s de comercio** (o **comerciales),** commercial papers (bills, drafts, etc.); — **s no pagados,** overdue bills; — **en depósito,** bonded goods; — **s de escritorio,** stationary; **con** o **en —,** in fact; **al —,** to this purpose; **hecho por duplicado y a un solo —,** in duplicate available but one.

**efectuar;** to accomplish, make, take place, carry out; **— un pago, una compra,** to make a payment, a purchase.

**ejecución,** *f;* execution, fulfilment.

**ejecutar;** to execute, make, perform, carry out; *(jurisp.), to oblige one to pay what he owes.*

**ejemplar,** *m;* exemplar, sample, specimen, pattern, model, copy (of a work); **número de — es,** number of copies.

**ejercer;** to exercise, practice, perform; **— el comercio,** to be in business.

**ejercicio,** *m;* exercise, practice; fiscal year; **sobrante del — anterior,** surplus of previous fiscal year.

**elaboración,** *f;* elaboration, manufacture.

**elaborar;** to elaborate, manufacture.

**elección,** *f;* election, choice, selection.

**eléctrico-ca,** *a;* electric, electrical.

**electricista,** *m;* electrician.

**electrificar;** to electrify.

**elegir;** to elect, choose, select.

**elevación,** *f;* elevation.

**embalador,** *m;* packer.

**embalaje,** *m;* packing, package, baling; **gastos de —,** packing expenses.

**embalar;** to pack, bale.

**embarcar;** to embark, ship.

**embarcadero,** *m;* wharf, quay, pier.

**embarcador,** *m;* shipper, loader.

**embarcación,** *f;* vessel, ship.

**embargar;** to embargo, seize, attach, lay an embargo on; restrain, suspend.

**embargo,** *m;* embargo, seizure, attachment; **levantar el —,** to remove the embargo.

**embarque,** *m;* shipment, shipping; **gastos de —,** shipping charges; **nota de —,** shipping note; **documentos de —,** shipping documents.

**embaucar;** to deceive, humbug.

**emisión,** *f;* emission, issue *(of paper money, bonds, etc.);* **— de billetes de banco,** issue of bank notes; **— de obligaciones,** issue of bonds (debentures); **nueva —,** reissue; **banco de —,** bank of issue; **precio de —,** price of issue or emission price

**emitir;** to emit, issue (as bonds, etc.); **— un empréstito,** to issue a loan.

**empaque,** *m;* packing.

**empaquetar;** to pack, bale.

**empeñar;** to pledge, pawn.

**empeño,** *m;* pledge, pawn, binding obligation; ernest desire; **papeleta (o boleta) de —,** pawn-ticket; **casa de — s,** pawn-shop; **con —,** eagerly; **en —,** upon bail.

**empeorar;** to make worse, impair, get worse.

**empezar;** to begin.

**empleado-da,** *m & f;* employee, clerk.

**emplear;** to employ give occupation, engage, invest (as money); **— dinero,** to invest money.

**empleo,** *m;* employ, employment, position, business, occupation; investment.

**emprender;** to undertake.

**empresa,** f; enterprise, undertaking; — **de servicio público,** public utility.

**empresario,** m; *one who undertakes some business or enterprise,* contractor.

**empréstito,** m; loan; — **exterior, interior, público,** foreign, domestic, government loan; **hacer un** —, to raise a loan.

**enajenación,** f; alienation (of property).

**enajenamiento,** m; V. *Enajenación.*

**enajenar;** to alienate, transfer (property).

**encabezamiento,** m; heading (as for a letter, etc.), head-line; — **de factura,** bill-head.

**encaje,** m; cash reserve; — **metálico,** metallic reserve, specie in vault; — **de oro,** gold reserve, gold in vault.

**encajonar;** to pack in cases, box.

**encallar;** to run aground.

**encante,** m; auction, public sale.

**encarecer;** to raise the price.

**encarecimiento,** m; enhancement, rise in prices.

**encargar,** to order, recommend, commission, entrust, request; — **se de,** to take charge of; — **se del seguro, del envío, de la cobranza** (o **del cobro**), to care for or provide the insurance, attend to the forwarding, undertake the collection; — **se de la ejecución,** to do, carry out the execution.

**encargo,** m; charge, commission, request, order; — (o **pedido**) **de mercancías,** order for goods.

**encomendar;** to commit.

**encomienda,** f; commission, message, charge; — *(Amér.)* **postal,** parcel post.

**encontrar;** to meet, encounter; find.

**encuadernación,** f; binding; — **en rústica,** unbound, in paper covers.

**encuadernador,** m; bookbinder.

**endeudarse;** to contract debts.

**endosable,** a; indorsable, transferable by indorsement.

**endosado,** m; indorsee.

**endosante,** m; indorser.

**endosar;** to indorse; — **una letra, un giro, un conocimiento,** to indorse a bill, a cheque, a bill of lading.

**endoso,** m; indorsement; — **completo,** full indorsement; — **condicional,** qualified indorsement; — **a la orden, en blanco,** full, blank indorsement.

**enero,** m; January.

**enfardadura,** f; packing, baling.

**enfardar;** to pack, bale.

**enfermedad,** f; illness.

**enfiteusis,** m & f; *(jurisp.)* emphyteusis *(a perpetual lease of lands and tenements in consideration of annual rent and improvements thereon).*

**enfitéutico-ca,** a; emphyteutic *(held by perpetual lease);* **contrato** —, emphyteusis.

**engañar;** to deceive, cheat, swindle, trick, fool, abuse.

**engordar;** to fatten; grow fat.

**engorde,** m; fattening (hogs, etc.).

**engranaje,** m; gear, gearing.

**engrasar;** to grease, oil, lubricate.

**enjabonar;** to soap.

**enjagüe,** *m; adjudication requir-ed by the creditors of a ship.*

**enjuiciamiento,** *m; (jurisp.) act of instituting and prosecuting a judicial proceeding.*

**enjuiciar;** to bring a suit or action; prosecute a judicial proceeding, pass judgment.

**enmendar;** to amend, alter, cor-rect.

**enmienda,** *f;* e m e n d a t i o n , amendment, correction.

**enrejado,** *a & m;* railing, grating.

**enrejar;** to fence with railing or grating.

**enriquecer;** to enrich; — **se,** to grow rich.

**ensacar;** to sack, bag.

**ensayar;** to a s s a y precious metals; try, test, practise.

**ensayo,** *m;* trial, test.

**enseres,** *m, pl;* chattels, imple-ments, fixtures, goods.

**entablar;** to initiate (as a nego-tiation); bring (as a suit or action); — **se relaciones co-merciales,** to establish com-mercial relations; — **una de-manda,** to institute legal pro-ceedings.

**entender;** to understand; — **de,** to be familiar with; — **en,** to be in charge of an affair.

**entendido-da,** *a;* wise, learned, competent.

**enterar;** to inform, acquaint, ad-vise.

**entero,** *a;* whole, entire, com-plete.

**entidad,** *f;* entity.

**entrada,** *f;* entry, receipts, re-venue, incoming; *pl.* cash re-ceipts, income; — **bruta,** gross receipts; — **de un buque,** ar-rival of a ship; — **s y gastos,** receipts and expenses; **dar —,** to credit, post.

**entrante,** *a;* entering, coming, next, proximo; **el mes —,** next month.

**entrar;** to enter, go in or into, come in; — **como socio** (en una casa comercial) to join as partner, to enter into part-nership; — **en puerto** (por mal estado del mar), to run into harbo(u)r by stress of weath-er; — **en puerto** (para abaste-cerse), to put into a harbo(u)r for supplies and provisions.

**entrega,** *f;* delivery, conveyance — **a domicilio,** home delivery; — **a plazo,** future delivery; — **inmediata,** immediate delivery; — **de géneros,** delivery of goods; **falta de —,** non-deli-very; **libro de — s,** delivery-book; **nota de —,** delivery note.

**entregar;** to deliver, hand over, transfer, pay; **pagadero al —se,** payable on delivery; **para —,** to deliver, for delivery; **a —,** to be supplied or deli-vered.

**entrepuente,** *m;* steerage; *pl.* be-tween decks.

**entrevista,** *f;* interview, meeting. conference.

**enturbiar;** to muddle; — **se,** to become muddy or turbid (water, wine, etc.).

**envasar;** to cask, barrel, bottle; sack again.

**envase,** *m;* packing; cask, bot-tle, barrel.

**enviar;** to send, forward, remit, transmit, pass (as an order), hand over.

**envío,** *m;* remittance, consignment of goods, shipment; — **gratis contra recibo de giro postal,** sent free on receiving a postal money order; — **contra documentos,** remittance against documents; — **contra reembolso,** remittance payable on delivery; — **inmediato,** prompt, ready delivery; — **en tránsito,** transit conveyance.

**envoltura,** *f;* wrapper, envelope.

**envolver;** to wrap up.

**época,** *f;* epoch, era, period time; — **de pago,** time of payment.

**equipaje,** *m;* baggage, luggage. equipment.

**equipar;** to equip, furnish, fit out.

**equitativo-va,** *a;* equitable, fair, reasonable.

**equivalencia,** *f;* equivalence.

**equivalente,** *a;* equivalent.

**equivocación,** *f;* mistake, error, misunderstanding, blunder.

**equivocado-da,** *a;* mistaken; **estar —,** to be mistaken, in error.

**equivocarse;** to be mistaken, make a mistake.

**erario,** *m;* public treasury. exchequer.

**error,** *m;* error, mistake, fault; **salvo — u omisión** (S. E. u O.), errors and omissions excepted (E. & O. E.).

**esbozo,** *m;* sketch, outline.

**escafandra,** *f;* diving-dress, scaphander.

**escalera,** *f;* stair case; — **de caracol,** winding stair; — **de mano,** ladder.

**escamado-da,** *a;* fearful, distrustful.

**escamar;** to cause mistrust.

**escandallo,** *m;* cost accounting.

**escaparate,** *m;* show-window; **arreglo de — s,** window-dressing.

**escarmentado-da,** *a;* tutored by experience.

**escarmentar;** to be tutored by experience; to inflict an exemplary punishment.

**escasez,** *f;* scarcity, lack, want, poverty.

**escaso-sa,** *a;* short, scarce, limited, scanty; **andar (o estar) — de,** to be short of.

**escoger;** to choose, select.

**escribano,** *m;* actuary, notary.

**escribiente,** m; clerk.

**escribir;** to write; — **a máquina,** to typewrite; **máquina de —,** typewriter.

**escrito-ta,** *a;* written; *m;* document, manuscript.

**escritorio,** *m;* desk, office; — **americano,** roll-top desk; — **ministro,** flat-top desk; — **particular,** private office.

**escritura,** *f;* writing; deed, indenture, contract; — **pública,** registered deed (deed attested by a notary); — **social (o de constitución),** articles of association; — **de venta,** bill of sale.

**escriturar** *(jurisp.);* to bind by deed, indenture; — **se,** to sing articles (of copartnership).

**escudo,** *m;* monetary unit in Portugal.

**eslabón,** *m;* link of a chain.

**eslora,** *f;* length of a ship.

**esmalte,** *m;* enamel, smalt.

esmerar; to take pains, to use great care; — se en, to strive to.

esmeril, *m;* emery.

espacioso-sa, *a;* spacious, wide, roomy, ample, large.

especia, *f;* spice.

especial, *a;* special.

especie, *f;* kind, class, species, sort.

especificar; to specify, itemize.

específico-ca, *a;* specific; derechos — cos, specific duty.

especulación, *f;* speculation, venture.

especulador, *m;* speculator; — es a la baja, bears (stock exchange); — al alza, bulls (stock exchange).

especular; to speculate, dabble in stocks; — al alza, a la baja, to bull, to bear the market.

especulativo-va, *a;* speculative.

espera, *f;* wait, waiting; delay; en — de, waiting for.

esperanza, *f;* hope, hopefulness.

esperar; to hope, expect; await, wait.

espesar; to thicken; — se, to condensate, grow thicker.

espesante, *m;* thickning.

espeso-sa, *a;* thick, dense.

espita, *f;* tap.

esquela, *f;* note, billet, short letter.

establecer; to establish, found; — se, to establish oneself.

establecido-da, *a;* established; estar —, to be in business.

establecimiento, *m;* establishment, foundation.

estación, *f;* station; season; — de ferrocarril, railroad station;

jefe de —, station master; puesto en la —, free on rail (as goods).

estadía, *f;* stay, detention, demurrage; *cost of such a stay.*

estadística, *f;* statistics.

estado, *m;* state, condition, statement; E — s Unidos (EE. UU.) United States (U. S.); — de cuenta, statement of account; — de la plaza, market report; — de situación, state of condition; — sanitario, state of health; Ministerio de E — *(in Spain)* Secretary of State; los negocios de E —, the affairs of State; banco del E —, government, state bank; renta del E —, government annuities; empréstito del E —, state or government loan; rentas del E —, public revenue; empleado del E —, civil officer, public functionary; en buen —, in good condition.

estafador, *m;* swindler, impostor.

estafar; to swindle, deceive, defraud.

estafeta, *f;* post office branch.

estampado, *m;* cotton print, calico; impression, stamping.

estampilla, *f;* s t a m p, seal; *(Amér.)* postage stamp.

estancar; to monopolize.

estanco, *m;* repository.

estante, *m;* shelf, bookcase.

estantería, *f;* shelving.

estaño, *m;* tin.

estatuto, *m;* statute, law; *pl.* statutes, by-laws.

este, *m;* the east, the orient.

esteárico-ca, *a;* stearic; bujías — cas, stearic candles.

estenografía, f; stenography.

estercolar; to dung, manure.

esterlina, a; sterling; libra —, pound sterling.

estiba, f; stowage.

estibador, m; stevedore, longshoreman.

estibar; to stow a cargo.

estiércol, m; dung, manure.

estilo, m; style, sort, kind.

estimación, f; valuation, estimation, esteem.

estimado-da, a; esteemed; su — da (carta), your favo(u)r.

estimar; to estimate, value, appraise, esteem.

estipendio, m; stipend, salary, pay, wages.

estipular; to stipulate, contract, bargain.

estopa, f; tow; — de algodón, cotton waste.

estribor, m; starboard.

estropear; to spoil, damage.

estuco, m; stucco, plaster, scagliola.

estuche, m; case (as for jewelry), box, etui (for scissors, etc.).

estudiar; to study.

estufa, f; stove, heater.

etiqueta, f; label, tag.

evaluación, f; valuation, appraisement.

evaluar; to rate, price, value, appraise.

evaporar; to evaporate.

evasiva, f; subterfuge.

evitar; to avoid, spare.

evidencia, f; evidence, proof.

exacción, f; exaction.

exactitud, f; exactness, exactitude, accuracy.

exacto-ta, a; correct, exact, right.

examen, m; examination, investigation, analysis.

examinador, m; auditor, examiner.

examinar; to examine, investigate, analyze, inspect; — un balance, to examine (or look over) a balance.

excedente, m; surplus.

exceder; to exceed, surpass.

excepción, f; exception.

exceso, m; excess, surplus.

excluir; to exclude.

exclusion, f; exclusión, rejection, exception.

exclusiva, f; sole right, special privilege; tener la —, to be the sole agent.

excusa, f; excuse, apology, plea.

ex dividendo, m; ex dividend (without right to participate in dividends).

exención, f; exemption, immunity, privilege, franchise.

exento-ta, a; exempt, free, privileged; — de derechos, free of duties; mercancías (o mercaderías) — tas de derechos, free goods.

exhibir; to exhibit.

eximir; to exempt, except, excuse, free from.

existencia, f; existence, stock; pl. stock on hand, reserve, goods; — s al 31 de diciembre, stock on hand on the 31st. of December; agotar las — s, to exhaust the stock; — en caja, cash on hand; cash money; — en metálico, metallic reserve, reserve in bullion; — en oro, cash en hand, gold reserve; **en —,** in stock, on hand; **libro de — s,** stockbook; **mercancías en —,** goods in stock.

**existir;** to exist.

**éxito,** *m;* success; result.

**exorbitante,** *a;* exorbitant.

**expectativa,** *f;* expectation, expectancy.

**expedición,** *f;* expedition, shipping, dispatch, shipment; **gastos de —,** shipping expenses; **oficina de —,** shipping department.

**expedidor,** *m;* sender, shipper, forwarding merchant, dispatcher; **agente —,** forwarding agent.

**expediente,** *m;* expedient, measure, action, proceeding; *file of papers bearing on a case;* resource.

**expedir;** to dispatch, ship, forward, send, issue, make out (as checks, receipts, etc.).

**expender;** to expend, lay out, sell.

**expendio,** *m;* expense, outlay.

**expirar;** to expire, end.

**explicación,** *f;* explanation.

**explicar;** to explain, expound, elucidate.

**explícito-ta,** *a;* explicit, clear, categoric, manifest.

**explotación,** *f;* working, exploitation, improving, developing.

**explotar;** to work (or develop) mines, improve lands, exploit.

**exponer;** to expose, show.

**exportación,** *f;* exportation, export; **artículos de —,** exports; **géneros de —,** export goods; **comercio de —,** export trade; **derechos de —,** export duties;

**permiso de —,** permit to export; **prima de —,** drawback.

**exportador-ra,** *a;* exporting; *m.* exporter, shipper; **casa — ra,** export (or exporting) house.

**exportar;** to export.

**exposición,** *f;* exposition, exhibition, statement, explanation; **— internacional,** exhibition; **— universal,** world's show or exposition; **— de muestras (o feria de muestras),** samples show.

**expositor,** *m;* exhibitor, expositor.

**expreso-sa,** *a;* express, clear, manifest; *m.* express, special messenger, courier.

**expropiación,** *f;* expropriation.

**expropiar;** to expropriate.

**extender;** to extend, enlarge, prolong, draw up, issue (as documents, bills, etc.).

**exterior,** *a;* exterior, external; *m.* outside; foreign countries; **comercio —,** foreign trade; **deuda —,** foreign debt; **en el —,** abroad.

**extinción,** *f;* extintion, suppression; **— de un plazo,** maturity; **— de una deuda,** extintion, discharge of a debt.

**extinguir;** to extinguish, suppress, destroy: **— una deuda,** to pay, discharge, remove, cancel, sink a debt.

**extractar;** to abstract, epitomize, abridge.

**extracto,** *m;* summary, extract, statement; **hacer el — de una cuenta,** to make the statement of an account; **— de cuenta,** extract of account or statement.

**extranjero-ra,** *a;* foreign, foreigner; *m.* foreign countries, abroad; **cambio —,** foreign exchange; **fondos — ros,** foreign stocks; **valores — ros,** foreign securities; **artículos — ros (o de procedencia — ra),** foreign goods (or goods of foreign origin); **pedido del —,** foreign order; **mercado —,** foreign market.

**extrañar;** to wonder; **— se,** to wonder at.

**extrañeza,** *f;* strangeness, surprise, wonderment.

**extraño-ña,** *a;* strange, odd; rare, singular, surprising.

**extraviar;** to misplace, mislead, mislay; **— se,** to go astray, miscarry (as a letter).

**extravío,** *m;* miscarriage; **no responder de —** (o **pérdida),** not to be responsible for miscarriage (or loss).

# F

**fábrica,** *f;* factory, mill, manufacture, building; **— de gas,** gas plant; **marca de —,** trademark; **precio de —,** manufacturer's price, factory or cost price.

**fabricación,** *f;* fabrication, construction, manufacture; **de — española, americana, inglesa,** etc., made in Spain, in America, in England, etc; **— en serie,** mass production.

**fabricante,** *m;* manufacturer, constructor, maker.

**fabricar;** to build, construct, manufacture, make.

**fabril,** *a;* manufacturing.

**fácil,** *a;* easy.

**facilitar;** to facilitate, expedite; supply, deliver.

**factor,** *m;* factor, agent, commissioner; baggage master.

**factoría,** *f;* factory, agency, trading-post.

**factura,** *f;* invoice, bill, bill for goods; **— detallada,** bill of parcels; **— consular,** consular invoice; **— pagada, legalizada, simulada, de consignación,** receipted, legalized, pro forma, consignment invoice; **a deducir de la —,** to invoice back; **por el importe neto de** la **—,** for the invoice full value; **costo** (o **coste) según —,** invoice cost; **conforme a la —,** as per invoice; **formulario de —,** invoice form; **libro de — s,** invoice-book; **cubrir el importe de una —,** to cover an invoice; **extender una —,** to make out an invoice; **liquidación de — s,** settlement of invoices; **precio de —,** invoice price; **según —,** as per invoice.

**facturar;** to invoice, bill, make out an invoice; check baggage.

**facultad,** *f;* faculty, p o w e r, authority.

**facultar;** to empower, authorize, commission.

**facultativo-va,** *a;* facultative; optional.

**fajo,** *m;* bundle.

**falsificación;** *f;* falsification, adulteration, imitation; forgery, counterfeit; **cuidado con las — es,** beware of imitations.

**falsificado-da,** *a;* counterfeit, forged, falsified; **letras — das,** forged bills.

**falsificador,** *m;* adulterant, forger.

**falsificar;** to counterfeit, forge, adulterate.

**falso-sa,** *a;* false, untrue; counterfeit, forged, adulterated; **moneda — sa,** base, bad, false coin; **peso —,** light weight; **piedras — sas,** mock jewelry.

**falta,** *f;* lack, want, absence, fault, deficiency, shortage, deficiency in the weight of a coin; *(jurisp.),* default; **— de aceptación, de pago,** non-acceptance, non-payment; **sin —,** without fail, punctually.

**fallar;** to give sentence, judge.

**fallido-da,** *a & m;* bankrupt; **— culpable,** fraudulent bankrupt; **cuentas, deudas — das,** uncollect(i)able a c c o u n t s, debts; **empresa, tentativa — da,** failed undertaking, trial.

**fallo,** *m;* sentence, judgment, decision; defect; failure, breakdown.

**fama,** *f;* fame, report; reputation, repute; **gozar de buena, de mala —,** to enjoy a good a bad reputation.

**fanega,** *f; grain measure of about 1.6 bushel;* **— de tierra,** *land measure of about 1.6 acre;* **— de cacao,** *116 lbs. of cocoa.*

**fantasía,** *f;* fantasy; fancy, whim, caprice; **artículo de —,** fancy article.

**faquín,** *m;* porter, carrier.

**fardo,** *m;* bale, parcel, bundle, pack, package.

**farmacia,** *f;* drug-store, pharmacy.

**farmacéutico-ca,** *a & m;* pharmaceutical; apothecary, druggist; **productos — cos,** pharmaceutical products.

**fase,** *f;* phase.

**favor,** *m;* favo(u)r, support, protection, aid, help; service; **a**

**— de,** in favo(u)r of, on account of, on behalf of; **saldo a su —,** balance in your favo(u)r.

**favorable,** *a;* favo(u)rable, propitious; kind.

**favorecer;** to favo(u)r, oblige, help.

**fe,** *f;* faith; faithfulness, testimony, credence, confidence; certificate; **— de erratas,** errata; **— (o certificado o partida) de nacimiento, de óbito** (o **certificado** o **partida de defunción**), birth, death certificate; **— de vida,** *an official certificate that a person is living;* **de buena —,** honestly and sincerely, bona fide; **de mala —,** in bad faith, craftly, deceitfully; **por mi — (o por mi honor),** upon my hono(u)r; **dar —,** to certify, attest; **en — de lo cual,** in witness whereof; **obrar, proceder de buena —,** to act, proceed bona fide or in good faith.

**febrero,** *m;* February.

**fécula,** *f;* fecula; starch.

**fecha,** *f;* date, standing; **— del contrato, del acto,** date of the contract, of the deed; **anticipar la —,** to advance the date; **a — fija,** at fixed date; **llevar por orden de — s,** to keep according, to dates; **certificado expedido con — de,** certificate delivered under date of; **desde la — de hoy** (o **a partir de esta —**) from this or to day's date; **a quince días —,** at fifteen day's date; **con — de,** under date of; **en esta —,** under this day's date; **hasta la — de hoy,** up to this date, up to this day; **hasta la —,** to date.

**fechar;** to date.

**fehaciente,** *a;* authentic.

**felicitar;** to congratulate, felicitate.

**feliz,** *a;* happy, lucky, prosperous.

**felizmente,** *adv.;* happily, sucessfully.

**felonía,** *f;* felony, disloyalty.

**feria,** *f;* market, fair, bazar; — **de muestras,** samples show.

**feriante,** *m;* trader (at fairs).

**feriar;** to sell, buy, trade, barter.

**fermentante,** *a;* fermenting.

**fermento,** *m;* ferment, leaven.

**ferretería,** *f;* hardware - store, iron-mongery.

**ferrocarril,** *m;* railroad, railway; — **eléctrico,** electric railroad; — **aéreo,** elevated railroad; — **de cremallera,** rack railroad; — **funicular,** inclined cable railroad; — **subterráneo,** underground railroad; — **de vía estrecha (o angosta),** narrow gauge railroad; — **de vía normal,** standard gauge railroad; **los — les españoles no tienen el ancho de vía internacional,** Spanish railroads have not the standard gauge.

**festivo: día —,** holiday.

**fiado** *(pp. of fiar)* **al —,** on trust, on credit; **comprar al —,** to buy on credit; **dar —,** to give credit; **dar al —,** to sell on credit; **en —,** *(jurisp.)* upon bail.

**fiador,** *m;* guarantor, bondsman, surety; **dar (o salir) —,** to procure (or go) surety for one, vouch for; act as security, be guaranty for.

**fianza,** *f;* guaranty, surety, bail, bond; **dar —,** to bail or give security.

**fiar;** to give credit; trust, go surety, guarantee; sell on credit.

**fibra,** *f;* fiber.

**ficha,** *f;* filing card.

**fichero,** *m;* index-card system, card-catalog; file.

**fidedigno,** *m;* trustworthy, creditable.

**fideicomisario,** *m;* trustee, fiduciary.

**fideicomiso,** *m;* trust; money in trust.

**fiduciario-ria,** *a;* fiduciary; *m.* trustee, fiduciary; **circulación — ria,** paper currency; **papel —,** paper currency; **valores — rios,** fiduciary stocks; **emisión — ria,** fiduciary note issue; **préstamo —,** fiduciary loan.

**fiel,** *a;* faithful, honest, loyal, upright; true, exact, accurate; — **contraste,** official who weights and stamps metals; — **de romana (o de peso),** inspector of weights; — **de muelle,** wharfinger; **en (o en el) —,** equal weight, even balance.

**fijar;** to fix, establish, settle, post (as bills), set (a date), determine; — **carteles,** to post bills; — **un precio,** to fix or state a price.

**fijo-ja,** *a;* fixed, firm, settled, permanent, secure; **precio —,** fixed price.

**fila,** *f;* row, line, range; **primera —,** front rank; **última —,** rear rank.

**filamento,** *m;* filament; — **metálico,** metalized filament.

**filial,** *a;* filial; **casa —,** firm's branch.

**filtración,** *f;* filtration.

**fin,** *m.* & *f;* end, ending, conclusion, finish; purpose, object; — **del ejercicio,** end of the fiscal year; **a — es de año (mes, etc.),** towards the end of the year (month, etc.); **a — de,** in order that; **al —,** at last; **al — y al cabo,** after all; **por —,** finally.

**finalidad,** *f;* finality, purpose.

**finalizar;** to end, terminate.

**financiero-ra,** *a;* financial; *m.* financier.

**finca,** *f;* property (land or house), real state.

**finiquitar;** to settle or close an account; — **una operación,** to close a transaction.

**finiquito,** *m;* settlement o accounts; release, quittance.

**fino-na,** *a;* fine, pure, refined.

**firma,** *f;* signature, firm, firm name; **buena —,** house of standing; **la — social,** the signature o the firm, firm name; **dar (o llevar) la —,** to empower (or to be empowered), to sign the firm name.

**firmar;** to sign, subscribe; — **en blanco,** to sign in blank.

**firme,** *a;* firm, stable, steady, secure; **mercado —,** firm (or steady) market; **oferta —,** firm offer.

**fiscal,** *a;* fiscal; *m.* attorney-general; i n f o r m e r : **bonos — les,** exchequer bonds.

**fiscalizar;** to act as a *fiscal;* to criticise, investigate, examine.

**fisco,** *m;* national treasure, exchequer.

**flaco-ca,** *a;* thin, lean, meagre; — **de memoria,** short of memory; **es su —,** it is his weak side (or point).

**flagrante,** *a;* flagrant; **en —,** in the very act.

**fleje,** *m;* hoop, strap; — **s para aros,** hoop-poles; — **s de hierro,** iron hoops.

**fletador,** *m;* freighter.

**fletamento,** *m;* charter, charterage; **carta de —,** charter-party; **contrato de —,** charter-party; **póliza de —,** charter-party; — **por entero (o a bulto),** charter by the lump or lump-sum charter; — **a viaje,** charter by the run; — **para mercancías diversas,** charter for general cargo.

**fletante,** *m;* ship owner, charterer.

**fletar;** to freight, charter (a ship).

**flete,** *m;* freight, freightage; — **de ida,** outward freight; — **de vuelta,** homeward freight; — **de ida y vuelta (o por viaje redondo),** freight out and home (or for the round run); — **proporcional, de distancia,** pro rata, distance freight; — **entero,** full freight; — **a razón de ... por tonelada,** freight on the rate of ... per ton; — **todo comprendido (o sin caja),** freight in full; — **muerto (o falso o por espacio vacío),** dead freight; — **según convenido,** freight as per agreement, **lista de — s,** rates of freight; — **debido,** freight to be paid; **coste, seguro y —,** cost, insurance and freight (C. I. F.).

**flojo-ja,** *a;* weak, depressed, slack, dull; **mercado —,** dull market; **vino —,** thin wine.

**flor,** *f;* flower; **la flor,** superfine, extra quality of a thing.

**florín,** *m;* florin *(a silver coin of Austria and Hungary; monetary unit of Holland; silver coin of England worth 2 shillings).*

**flota,** *f;* fleet.

**flotación,** *f;* flotation, flotage; **línea de** —, water-line.

**flotante,** *a;* floating; **deuda** —, floating debt; **póliza** —, floating policy.

**fluctuación,** *f;* f l u c t u a t i o n, wavering; — **es del mercado,** market fluctuations; **expuesto a** — **es,** subject to fluctuations; **sufrir, experimentar** — **es,** to undergo, suffer fluctuations.

**fluctuar;** to fluctuate, waver, vacillate; **el precio fluctúa de** ... **a** ..., the price fluctuates from ... to ...

**flujo,** *m;* *(mar.)* flow, rising tide; — **y reflujo,** rise and fall of the tide; flux and reflux.

**fogonero,** *m;* fireman.

**foliar;** to page, folio (a book).

**folio,** *m;* folio, page (of a book).

**folleto,** *m;* booklet, pamphlet.

**fomentar;** to favo(u)r, patronize, promote, improve, develop.

**fondeadero,** *m;* anchorage.

**fondo,** *m;* fund, bottom; *pl.* funds, stocks, capital, resources, securities, money; — **social,** joint-stock capital; — **s disponibles, invertidos,** available, invested funds; **hacer (o enviar)** — **s,** to provide (or furnish) with funds; **provisión de** — **s,** remittance of funds; — **s de amortización, de previsión, de reserva,** sinking, emergency, reserve fund; — **s públicos,** public (or Government) securities; — **s ingleses,** English stocks.

**formal,** *a;* formal, regular; serious, reliable, truthful.

**formalidad,** *f;* formality, requisite, established practice, legal precedent.

**formalizar;** to formalize; to give legal form to a document, agreement, etc.

**formular;** to formulate, manifest.

**formulario,** *m;* formulary, form, blank form; — **de pedido,** order form.

**fortuito-ta,** *a;* fortuitous, unexpected.

**fortuna,** *f;* fortune, chance, wealth, capital; **probar** —, to take one's chances.

**forzar;** to compel, constrain.

**forzosamente,** *adv;* necessarily.

**forzoso - sa,** *a;* indispensable, necessary, obligatory.

**fotograbado,** *m;* photogravure.

**fotografía,** *f;* photograph; photography.

**fracaso,** *m;* failure.

**fractura,** *f;* breakage.

**frágil,** *a;* fragile, brittle, frail, breakable.

**francés,** *a;* French.

**franco-ca,** *a;* free, clear, frank, duty free, exempt, privileged; — **a bordo,** free on board (F. O. B.); — **d e p o r t e s,** postpaid; — **sobre vagón,** free on rail; — **en ésta, en almacén, en la estación, en el andén o vagón, sobre muelle, domicilio vendedor,** free here, in the warehouse, at the railroad depot, on rail (or car), on the wharf (or quay), at the seller's domicile; — **de avería, de derrame, coladura o merma de daño, de deterioro interno,** free of (or from) average, leakage, damage, intrinsic deterioration; — **de comisión (o corretaje),** free of brokerage; **puerto** —, free port.

**franco,** *m;* franc *(monetary unit of France, Belgium and Switzerland).*

**franela,** *f;* flannel.

**franquear;** to exempt, grant immunity f r o m, enfranchise, prepay postage.

**franqueo,** *m;* postage; — **concertado,** postal permit.

**franquicia,** *f;* franchise, exemption from taxes, privilege, grant.

**frasco,** *m;* flask, vial, bottle.

**fraude,** *m;* fraud, deceit, trick, imposture.

**fraudulencia,** *f;* fraudulence, trickiness, deceitfulness.

**fraudulentamente,** *adv;* fraudulently.

**fraudulento-ta,** *a;* fraudulent, deceptive, deceitful; q u i e b r a — **ta,** fraudulent failure; **manejos — tos,** fraudulent manipulations.

**fréjol,** *m;* kidney bean.

**frenar;** to brake.

**frecuente,** *a;* frequent, common.

**freno,** *m;* bridle or bit of the bridle; brake, control.

**frente,** *f;* front, face; **al** —, carried forward; **del** —, brought forward; **estar al — de un negocio,** to be the head of a firm or business; **hacer — a los compromisos,** to meet with the engagements.

**fresco-ca,** *a;* fresh, newly come, just made, finished or gathered; **agua — ca,** cool water.

**frigorífico-ca,** *a;* refrigerating, freezing.

**fríjol,** *m;* kidney bean.

**frontera,** *f;* frontier.

**frotamiento,** *m;* rubbing, friction.

**frotar;** to rub.

**fruta,** *f;* fruit.

**fruto,** *m;* fruit, produce, profit; *pl.* produce, agricultural products, staples; — **del país,** produce of a country; **mercado de — s,** produce market.

**fuente,** *f;* origin, prima source; **beber en buenas — s,** to be well-informed.

**fuerte,** *a;* strong, solid, secure, firm; **peso** —, silver dollar.

**fuerza,** *f;* force, power, strength, v i g o u r, compulsion, constraint; — **mayor,** main or superior force, act of God *(inevitable event occurring by reason of the operations of nature unaffected by human agency or human negligence),* force majeure; — **motriz,** motive power, driving force; **a — de remos,** by hard rowing; **a — de súplicas, de trabajo, de economía,** etc., by dint of entreaty, of work, of economy, etc.; **caballos de** —, horse-power; — **animal (o de sangre),** animal power; **hacer — de velas,** to crowd sail.

**fugarse;** to fly, run away, escape.

**funcionamiento,** *m;* working.

**funcionar;** to work, operate, functionate.

**funcionario,** *m;* functionary; — **público,** public official, government official.

**fundadamente,** *adv.;* with good reason, on good authority.

**fundador-ra,** *m & f;* founder.

**fundamentar;** to found, base, ground.

**fundar;** to found, establish, institute; base; — **una demanda, una reclamación,** to base a demand, a claim; — **una compañía,** to float a company, or to found a company.

**fundición,** *f;* foundry.

**fundir;** to cast, found.

**furgón,** *m;* baggage-car, freight-car.

**furor: hacer** —, to be fashionable, commonly used.

**fusil,** *m;* rifle, gun.

**fusión,** *f;* fusion, alliance, union; — **de empresas,** merger.

**fuste,** *m;* substance, importance, nerve; **hombre de** —, an important person; **una razón de** — (o **de peso),** a sound reason, a powerfull argument.

# G

**gabán,** *m;* overcoat.

**gabardina,** *f;* gabardine.

**gabarra,** *f;* lighter, barge.

**gabela,** *m;* tax.

**gacetilla,** *f;* personal news column, newspaper squib; advertisement appearing published among reading matter.

**galerada,** *f; (impr.)* galley of composition, galley-proof.

**galón,** *m;* gallon *(liquid measure, 3.78 liters).*

**ganadería,** *f;* cattle-raising, cattle-ranch, stock-farm, live stock.

**ganadero,** *m;* grazier, owner of cattle, drover, stock-farmer.

**ganado,** *m;* live stock, cattle, herd, flock; — **mayor,** cattle *(including mules and horses);* — **menor (o lanar),** sheep; — **de cerda,** swine, pigs, hogs.

**ganancia,** *f;* profit, gain, earning; — **líquida, neta, no distribuida, total (o bruta),** clear, net, undivided, gross profit; — **s y pérdidas,** profit and loss; **partirse (o repartirse) las** —**s,** to divide the profits.

**ganar;** to gain, earn, profit, clear, acquire.

**ganga,** *f;* bargain.

**garante,** *a;* responsible; *m & f,* warrantor, guarantor, surety, bondsman; **salir** —, to provide (or go) surety for one, act as security.

**garantía,** *f;* warranty, guaranty, bail, collateral security; — **hipotecaria,** mortgage on real state; — **subsidiaria,** collateral; — **por escrito, solidaria, verbal,** written, joint, verbal guaranty.

**garantizar;** to guarante, warrant, vouch for.

**garbanzo,** *m;* chick pea.

**garrafón,** *m;* carboy, demijohn.

**gasolina,** *f;* petrol, gasoline.

**gastar;** to spend.

**gasto,** *m; (see also* **derecho),** expense, outlay, charge, expenditure, disbursement, cost; *pl.* charges, costs, expenses, fees, dues, disbursements, expenditures; —**s accesorios,** additional expenses, incidental charges; —**s adelantados (o anticipados),** charges prepaid or paid in advance; —**s adicionales, extra,** additional, extra charges; —**s compensa-**

dos, charges compensated; — s considerables, heavy expenses; — s convencionales, conventional charges; — s diversos (o varios), generales, imprevistos, incurridos (o hechos), inútiles, irrecuperables, menores (o menudos), necesarios (o imprescindibles), sundrey, unforseen, incurred, useless, non recoverable, petty, necessary expenses; — s presupuestos, estimated charges; — s superfluos, superfluous charges; — s a añadirse, charges to be added; — s a deducirse, charges to be deducted; — s no aprobados (rechazados), disputed charges; — s de acarreo (o conducción), carriage, truckage; — s de administración, expenses of administration; — s de aduana, customs charges; — s de Agencia (comisión de agente), agent's fees; — s de almacén (de depósito), bonded warehouse charges; — s de almacenaje, warehouse charges; — s de almoneda (o de remate), auction charges; — s de alquiler, rent; — s de amortización, depreciation or sinking expenses; — s de amarre, mooring charges; — s de anclaje, anchorage charges; — s de arqueo, measuring charges; — s de barcaza, lighterage; — s de botero (o de batelero), boatman's fares; — s del buque, ship's expenses — s de calafateo (o carenaje), caulking expenses, careenage; — s de camión, charges for motor freight car; — s de carga, loading charges; — de clasificación (del barco), certificate fees; — s de cobro, covery, collection, cashing charges;

— s de conservación, expenses for keeping or for preservation; — s de correo, postage; — s de demora (por terminar o arreglar cualquier cosa), charges for delay or differring (due to settle or arrange something); — s de descarga, unloading charges; — s de desembargo, landing costs; — s de 'dique (seco), dry docks dues; — s de dock (dársena), docks charges; — s de embalador, packer costs; — s de embalaje, casing, packing charges; — s de embarque, shipping charges; — s de entrada y salida (de un puerto), expenses for entering and leaving a port; — s de entrega, charges of delivery; — s de entrega sobre vagón, expenses for (delivery) loading on car; — s de entrepot, bonding charges or bonded warehouse rent; — de estancia (morada o parada), expenses for stay (in a place); — s de estañador, tinker's salary; — s de estiba, costs of levelling, stowage; — s de expedición, forwarding charges; — s de explotación, working expenses; — s de faro, lighthouse dues; — s de franqueo (o de correo), postage; — s de furgón, costs of delivery van; — s de giro, bill charges; — s de grúa, cranage; — s de hospital, hospital expenses; — s de iluminación, lightening expenses; — s de inscripción, de registro, booking, registration charges; — s de inserción (de avisos, publicidad), advertising expenses, publicity, puffing charges; — s de intérprete, interpreter's fees; — s de intervención, intervention charges; — s de lastre, cost of ballast; — s de manutención (o de alimentación), cost of maintenance; — s de mediación *(a la descarga)*, metage ex ship; — s de mobiliario, cost of forniture and fittings; — s de muelle, quayage, wharfage; — s de navegación, charges of navigation; — s de oficina (o de escritorio), office expenses; — s de peones (mozos o cargadores del muelle), portage; — s de pesa, pesador o pesaje, weighing charges; — s de peritaje *(expertiticia, inspección)*, survey charges; — s de pilotaje, pilotage; — s de producción, production, expenses of production; — s de protesto, costs of protest; — s de renovación, renewal charges; — s de representación, representation fees; — s de residencia, residentiary costs; — s de retiro *(resaca de letras)*, charges on redrawing, on redrafting; — s de seguro, insurance charges; — s de sobrestadías, demurrage; — s de salvamento, salvage charges *(or* salvage money)*; — s de tinglado, shed rent; — s de tonelero, cooperage; — s de traspaso, transfer costs; — s de transbordo, transhipment charge, freight, carriage, truckage); — s de viaje, travelling expenses; — de vigilancia *(al cargamento sobre el muelle)*, expenses for watching the cargo on shore; — s del vigilante (o del guardia o del guardián), watchman's charges; — s para el cambio o reemplazo del material, costs for renewing engines, implements; — s para sacar una nave a flote, expenses for floating a vessel; — s para la liquidación de avería, expenses for making up the average statement; — s por amarrar al muelle, a una boya, a un palo, ringage, moorage, postage; — s por aventar *(cargamento de granos)*, turning or airing charges; — s por extracción de muestras, charges for sampling; afrontar — s, to incur expenses; economizar, evitar — s, to save expenses; cargar demasiado los — s, to put the charges at too high a rate; contribuir a los — s, to contribute towards the expenses; hacer los — s, to cover, meet the expenses; compensarse de los — s, to reimburse one's self of the expenses; exigir, requerir grandes — s, to demand great or heavy expenses; reembolsándose por sus — s *(a la entrega de la mercancía)*, valuing one's disbursement on the goods, charging forward the expenses; no omitir ni perdonar — s, to shrink back from no expenses; es necesario hacer — s, it is necessary to incur expenditure; originar — s, to entail, envolve expenses; reembolsarse, cubrirse de los — s *(a la entrega)*, to reimburse one's expenses, or collect charges on delivery; abonar, reembolsar, compensar los — s, to refund, reimburse, compensate the expenses; deducir, percibir, cobrar los — s, to deduct, take off, retain, cash one's expenses; cálculo de — s, estimate of costs; cuenta de — s, account bill, note of charges; cuota de — s, share of costs; devuélvase (o devolución) *(as a bill)* sin — s, (please) returning without charges; a — s comunes, at joint costs; — s a cargo del Gobierno, on Government expenses; — s a mi cargo, a su cargo, at my, at your expenses; incluso todos los — s, all charges included; con — s *(as a bill)*, with costs, *viz. with authority to protest and take legal proceedings;* libre, franco de — s, free of charges; los — s exceden a los ingresos, the issues or the outlavs exceed the income; excluidos los — s, exclusive of charges; — s de alimentación *(jurisp.)*, alimony; — s legales (o costas), legal costs; — s de notaría, notary charges; — s prejudiciales, previous costs; — s de papel sellado, costs of stamped paper; — s de las copias de sentencias, costs of judicial sentences' copies; — s de tribunal *(cuentas de justicia)*, court fees, costs of procedure; — s *(honorarios)* del abogado, d e l procurador, lawyer's, attorney's fees; compensar los — s (o las costas), to compensate the costs; condenar en — s (o en costas), to condemn to or in the costs; --s e ingresos, outlavs and incomes.

gatillo, *m;* trigger of a gun, hammer.

gelatina, *f;* gelatine, jelly.

generador, *m;* generator.

general, *a;* general, common, customary, usual.

género, *m;* goods, merchandise, cloht, kind, sort, species; *pl.* dry goods, goods; — de comercio, line of business; — de punto, knit goods, knitwear.

genuino-na, *a;* genuine, pure, natural, real, legitimate.

gerencia, *f;* managership, management.

gerente, *m;* manager; director —, managing director.

gestión, *f;* management, effort, action, work.

gestionar; to manage, negotiate, deal, promote.

gestor, *m;* manager, promoter, agent, superintendent.

girado, *m;* drawee.

girador, *m;* drawer.

girante, *m;* drawer; indorser.

girar; to draw, remit by bill of exchange; — contra o a cargo de, to draw on; — a corto, a largo plazo, to draw at short, at long date; — a la vista, a dos meses fecha, a noventa días, to draw at sight, at two months', at ninety days' date; — por saldo, to draw per appoint or for the exact balance; — en descubierto, to overdraw; — una letra, to draw a bill; — bajo la razón social (o firma) de Rodríguez & C.ª, to carry on business under the firm name of Rodríguez & C.ª.

giro, *m;* draft, drawing, exchange; specialty or line of business bulk of business; — documentado, documentary draft or bill *(bill with documents attached);* — domiciliado, domiciled bill; — a corto plazo, short bill; — a largo plazo, long bill; — postal (o mutuo), postal money-order; el — vence hoy, the draft falls due to-day; dar buena acogida, honrar, pagar un —, to protect, hono(u)r, meet a draft.

**gobierno,** *m;* government, guidance; control, management, direction.

**goleta,** *f;* schooner.

**goma,** *f;* gum, rubber; eraser.

**gozar;** to enjoy, have possession of; — **de confianza,** to enjoy credit (or reputation).

**gracias,** thanks; — **a su intervención,** thanks to your intervention.

**grado,** *m;* grade, class; **de — o por fuerza,** willingly or unwillingly *(to compel someone to acept or do something, any way).*

**gramo,** *m;* gram; *(unit of weight in the metric system).*

**grande,** *a;* big, large; great.

**granel:** a —, in bulk, loose cargo; **cargar a —,** to load in bulk.

**granero,** *m;* granary, grange grain-producing country.

**granizada,** *f;* hailstorm.

**granizar;** to hail.

**granja,** *f;* grange, farm, farmhouse.

**grano,** *m;* grain, cereal; *pl.* cereals, corn.

**gratificación,** *f;* gratuity, fee, reward, bonus, recompense, tip; — **a un empleado,** reward, recompensation to an employee; — **a un sirviente,** tip for a servant.

**gratis,** *adv.;* gratis, free, for nothing, free of charge.

**gratitud,** *f;* gratitude.

**grato-ta,** *a;* graceful, pleasing; **su — ta,** your favo(u)r; **me es —,** I have the pleasure.

**gravamen,** *m;* charge, mortgage, load, obligation, levy, lien.

**gravar;** to tax, burden, oppress; *(jurisp.)* to encumber a piece of property.

**grave,** *a;* serious; hard, difficult.

**gravoso-sa,** *a;* onerous, expensive.

**gremio,** *m;* trade union, guild, body, society, corporation.

**grúa,** *f;* crane, derrick; **derechos de —,** cranage, crane duties.

**gruesa,** *f;* gross, twelve dozens; *(jurisp.),* bottomry; **comprar, vender a la —** (o **por gruesas),** to buy, sell by the gross; **contrato a la —,** respondentia.

**grueso-sa,** *a;* bulky, gross; **avería — sa,** general average; **en —,** in bulk, wholesale.

**guardalmacén,** *m;* store-keeper, warehouseman.

**guarismo,** *m;* figure, digit; combination of figures or numerals.

**guía,** *m;* guide, cicerone; *f;* g u i d e, directory; customhouse permit; guide-book; — **comercial,** commercial directory; — **de teléfonos,** telephone directory.

**guinea,** *f;* guinea *(a gold coin, formerly current in England, value 21 shillings).*

**guisante,** *m;* pea.

**gustar;** to like; **como Vd. (Vdes.) guste(n),** as you like.

**gusto,** *m;* taste, savo(u)r; choice, fancy; pleasure, liking; **el — del día,** prevalent taste or fashion; **cosa** *(artículo)* **de —,** tasty, fancy article; **de buen —,** in good taste (as relating to the condition of eatable and all sorts of provisions); **con mucho —,** with great pleasure.

# H

84

haba, f; bean.

haber, m; fortune, assets, property, income, capital, credit (in bookeeping); **debe y —**, debit and credit; to have.

habichuela, f; kidney bean.

hábil, a; able, competent, apt, capable, expert, clever.

habilitado, m; paymaster; *a person with instructions and means to care of a business.*

habilitar, v; to qualify, enable; provide, supply, equip, furnish with means.

hacendado, m; landlord, farmer, planter, real state owner.

hacendista, m; economist; financier.

hacer; to do, make, produce, carry out, transact; **— dinero,** to make money; **— efectivo (efectiva),** to cash, collect; **— negocios (u operaciones),** to do or transact business; **— agua** *(mar.),* to make water, leak, be leaky; **— aguada,** to water the vessel; **— escala,** to call at *(a port);* **— rumbo hacia,** to sail for, steer one's course to; **— se a la mar,** to set sail, start, put to sea; **— bajar el cambio, el precio,** to bring down the exchange, the price; **— subir el cambio, el precio,** to push, run, bring up the exchange, the price; **— el balance,** to draw, strike, make the balance; **— las cuentas,** to make up (or out) the accounts; **— inventario,** to make up the inventary, to take stock; **— fe,** to bear witness, testify; **— indagaciones,** to make inquiries, researches; **— quiebra,** to fail, go into bankruptcy; **— una inspección,** to hold a survey; **— suspensión de pagos,** to stop, suspend payments; **— una selección,** to make a choice; **— justicia,** to do justice; **— oferta,** to offer a price; **— ver** *(demostrar, probar),* to show, prove, give a proof; **— todo lo posible,** to do one's best, to do the utmost; **— los pasos,** to take the steps; **— valer su derecho,** to enforce one's right; **— los gastos,** to meet, face or bear the expenses; **— protestar una letra,** to get a bill protested; **— seguir** *(la mercancía)* **en seguida,** to forward within short, forward forthwith; **— seguir los gastos,** to charge expenses forward; — **propaganda,** to make propaganda, make advertisements; — **presente,** to remind one; — **memoria,** to recollect, remember; — **producir su dinero,** to make one's money bear interest; — **se rico,** to become rich.

**hacienda,** *f;* fortune, wealth, estate; f a r m , plantation; ranch; finance; — **pública,** public treasury, finances; **Ministerio de H —,** Minister of Finance, Secretary of the Treasury.

**hallar;** to find.

**harina,** *f;* flour, meal, corn flour; breadstuffs.

**harinero-ra,** *a;* made or belonging to flour; *m.* flour-dealer; **molino —,** flour mill.

**hectárea,** *f;* hectare *(measure of surface: 2.47 acres).*

**hectogramo,** *m;* h e c t o g r a m *(about 3.53 ounces).*

**hectolitro,** *m;* hectoliter *(dry measure: about 2 bushels and 3.35 pecks; liquid measure: about 26.46 gallons).*

**hectómetro,** *m;* h e c t o m e t e r *(about 328 feet).*

**hecho,** *m;* action, fact, act.

**helada,** *f;* frost.

**hélice,** *f;* propeller; screw, spiral.

**henequén,** *m;* sisal hemp.

**heno,** *m;* hay.

**heredar;** to inherit, deed property to another.

**heredero-ra,** *m.* & *f;* heir, heiress; inheriter; — **forzoso,** general heir; — **presuntivo,** heir a p p a r e n t; — **beneficiario, natural, universal,** beneficiary,

natural, sole heir; — **testamentario,** heir by will.

**herencia,** *f;* heritage, inheritance.

**hermanar;** to mate, match.

**herrador,** *m;* farrier, horseshoer.

**herradura,** *f;* horseshoe.

**herramienta,** *f;* tool, implement, instrument.

**herrar;** to shoe a horse; to brand cattle.

**herrería,** *f;* smith's shop, forge, iron-works.

**herrero,** *m;* smith, blacksmith.

**hierro,** *m;* iron; **caja de —,** safe; **camino de —,** railroad; — **colado (o fundido),** cast-iron; — **dulce (o de fragua),** wrought iron; — **laminado (o en planchas),** sheet-iron; — **en varilla,** round iron.

**hijo,** *m;* son; junior; **el Sr. Pérez —,** Mr. Pérez Jr; **Sres. Pérez e — s,** Messrs Pérez and Sons.

**hilado,** *m;* yarn, thread; spun goods.

**hilandería,** *f;* spinning-mill, spinnery.

**hilandero-ra,** *m.* & *f;* spinner.

**hilar;** to spin.

**hilaza,** *f;* yarn, fibre (or fiber), uneven thread.

**hilo,** *m;* thread, linen, yarn, fiber (or fibre), wire, filament.

**hipoteca,** *f;* mortgage, pledge; hypothecation; **prestar dinero sobre —,** to lend money on mortgage; **redimir una —,** to pay off a mortgage; **gravado con —,** burdened (or encumbered) with mortgage; **libre de —,** clear of encumbrance; **inscribir una —,** to enter a mortgage in the records; **can-**

**celar, levantar una —,** to cancel, release a mortgage; **tomar una —,** to raise a mortgage; **registro de una —,** registration of a mortgage.

**hipotecado-da,** *a;* mortgaged.

**hipotecar;** to mortgage, hypothecate, pledge.

**hipotecario-ria,** *a;* hypothecary *(belonging or referring to a mortgage);* **acreedor —,** mortgager or mortgagee: **deudor —,** mortgagor; **crédito, débito, banco —,** mortgage credit, debit, bank; **contrato —,** mortgage deed; **certificado —,** certificate of mortgage: **título, cédula --,** mortgage (or debenture) bond; **obligación — ria,** debenture of mortgage.

**hispanoamericano-na,** *a;* Spanish American.

**hoja,** *f;* leaf: sheet (of paper or metal): **— de lata (u hojalata),** tin-plate; **— de pedidos,** order blank.

**holanda,** *f;* cambric; fine Dutch linen.

**holgazán-a,** *m* & *f;* idler, lazy.

**hombre,** *m;* man: **— bueno** *(iurisp.).* arbiter, arbitrator: **— de bien,** an honest man: **— de su palabra,** a man of his word. to be trust: **— de negocios.** business man: **— de paja,** straw man. cat's paw.

**honorario,** *m;* salary, stipend, professional fees; *a.* honorary.

**honrar;** to hono(u)r, respect; pay a draft; **— una letra,** to hono(u)r a draft.

**hora,** *f;* hour; **dar —,** to fix an hour (for a meeting, an interview, etc.); **a última —,** at the last moment; **en mala —,** in an evil moment; **—s extraordinarias** *(de trabajo),* after-hours, over - hours (of work).

**horario,** *m;* time-table.

**horma,** *f;* mould, model; shoemaker's last; hatter's block.

**hormigón,** *m;* concrete; **— hidráulico,** hydraulic mortar, beton; **— armado,** ferroconcrete.

**horno,** *m;* oven, kiln, furnace; **alto —,** blast-furnace; **— de cal,** limekiln.

**hórreo,** *m;* granary.

**hortaliza,** *f;* vegetable.

**hortelano,** *m;* gardner, orchardist, horticulturist.

**horticultura,** *f;* horticulture, gardening.

**hospedaje,** *m;* lodging; price paid for lodging.

**hospedar;** to lodge.

**hotel,** *m;* hotel.

**hotelero-ra,** *a;* hotel-keeper.

**hoyo,** *m;* hole, pit, excavation.

**hueco-ca,** *a;* hollow, concave, hole, void.

**huelga,** *f;* strike: repose, leisure; **en —,** on strike.

**huelguista,** *m;* striker.

**huella,** *f;* trace, vestige.

**huerta,** *f;* vegetable garden.

**huerto,** *m;* orchard, fruit garden.

**huésped-da,** *a;* guest, host; **casa de — es,** boarding-house.

**huevo,** *m;* egg.

**huir;** to escape, run away, elope.

**hule,** *m;* oilcloth; *(Amér.),* rubber.

**hulla,** *f;* coal, soft coal; **— blanca,** white coal, water power.

**humeante,** *a;* smoky, fuming, fumant.

**humear;** to smoke, emit smoke, fumes or vapo(u)rs.

**humedad,** *f;* humidity, dampness, moisture, moistness.

**húmedo-da,** *a;* humid, damp, wet.

**humo,** *m;* smoke.

**humor,** *m;* humo(u)r, disposition; **buen, mal —,** good, ill temper.

**humoso-sa,** *a;* smoky, fumy.

**hundimiento,** *m;* submersion, sinking; down-fall, collapse.

**hurto,** *m;* thieving; theft.

**husada,** *f;* spindleful of yarn.

**huso,** *m;* spindle, bobbin.

# I

**ida,** *f;* departure, outgoing, outward voyage; — **y vuelta,** round trip.

**idea,** *f;* idea, conception, contrivance, scheme, plan, project.

**idéntico-ca,** *a;* identic, identical, the same.

**identidad,** *f;* identity, identification, sameness; **carta de** —, letter of identification.

**identificar;** to identify.

**ignorar;** not to know, to be ignorant of.

**igual,** *a;* equal, similar, alike, same.

**igualar;** to equalize.

**ilegal,** *a;* illegal, unlawful.

**ilegible,** *a;* illegible.

**ilegítimo-ma,** *a;* illegal, unlawful.

**ilícito-ta,** illicit, unlawful.

**ilimitado-da,** *a;* u n l i m i t e d, boundless, unconditional.

**imaginar;** to imagine, fancy, suppose.

**imaginaria: ganancia** —, imaginary profit.

**imitación,** *f;* imitation, counterfeit, falsification.

**impaciencia,** *f;* impatience.

**impagable,** *a;* unpayable.

**imparcialidad,** *f;* impartiality, equitableness, justice.

**impedir;** to hinder, prevent.

**imperfecto-ta,** *a;* imperfect, defective, faulty.

**impermeable,** *a;* impermeable, *m.* water-proof, mackintosh.

**imponible,** *a;* taxable.

**importación,** *f;* importation, import; **artículos de** —, imports, articles, goods of importation; **casa de** —, import house (or firm); **comercio de** —, import trade; **derechos de** —, import duties; **hacer el comercio de** —, to do import business, deal in articles of importation.

**importador,** *m;* importer.

**importar;** to import; amount to; be important; concern, matter.

**importe,** *m;* amount, value, cost; — **bruto** (o **total**), gross amount; — **neto** (o **líquido**), net amount; — **aproximado**, rough amount; — **medio**, average amount.

**imposición,** *f;* imposition, tax, charge; money put out at interest; deposit.

**imprenta,** *f;* printing - office printing, plant; **pruebas de —** printing proofs, sheet-proofs.

**imprescindible,** *a;* essential, indispensable.

**impresión,** *f;* impression, impress, stamp, print, printing, presswork, edition, issue.

**impreso-sa,** *a; and pp. of imprimir;* printed, stamped, *m;* printed matter, pamphlet, print.

**impresor,** *m;* printer.

**imprevisto-ta,** *a;* unforeseen, unexpected; *pl.* unforeseen expenses.

**imprimir;** to print, stamp, impress.

**improbable,** *a;* unlikely, improbable.

**impropio-pia,** *a;* inappropriate, unbecoming, unsuited, unfit.

**improrrogable,** *a; that which cannot be prorrogued.*

**improviso-sa,** *a;* unexpected, unforeseen; **de —,** unexpectedly, suddenly.

**impuesto-ta,** *a; and pp. of imponer;* imposed; *m.* tax, taxation, impost, duty; **— directo, indirecto, sobre la renta,** direct, indirect, income tax; **recaudador de — s,** tax collector; **oficina de recaudación** *(de impuestos),* inland revenue office.

**impugnar;** to impugn, contradict, oppose, confute.

**impuro-ra,** *a;* adultered, unrefined.

**imputar;** to impute, accuse, *charge or credit on account.*

**inadvertencia,** *f;* carelessness, inattention; oversight; **por —,** owing to an oversight.

**inadvertido-da,** *a;* unseen, unnoticed.

**inagota , ** *a;* inexhaustible; never-failing.

**inalámbrico-ca,** *a;* wireless.

**inanalizable,** *a: that bears no analysis.*

**inapelable,** *a;* without appeal.

**inasequible,** *a;* unattainable.

**incapaz,** *a;* incapable, incompetent, unfit.

**incautar;** to seize, attach.

**incendio,** *m;* fire burning, combustion; **compañía de seguros contra —,** fire insurance company; **riesgo de —,** fire risk; **seguro contra —,** fire insurance.

**incidente,** *m;* incident.

**incierto-ta,** *a;* uncertain, insecure, unfixed, unstable.

**incluir;** to enclose, comprehend, contain; **me permito —,** I beg to enclose.

**inclusivo-va,** *a;* inclusive.

**incluso-sa,** *a;* enclosed.

**incobrable,** *a;* uncollectable; **créditos — s,** bad debts.

**incompatible,** *a;* incompatible: **ser —,** to be in conflict.

**incompetencia,** *f;* incompetency, unfitness

**incompetente,** *a;* incompetent, incapable, unqualified, unfit.

**incomunicado-da,** *a;* incommunicated, isolated.

**incontestable,** *a;* incontestable, indisputable; **póliza —,** incontestable policy.

**inconveniente,** *a;* inconvenient; *m.* objection, difficulty; obstacle, obstruction.

**inconvertible,** *a;* inconvertible.

**incremento,** *m;* increment, increase.

**incumplimiento,** *m;* unfulfil(l)ment.

**incurrir;** to incur.

**indemnización,** *f;* indemnification, reimbursement.

**indemnizar;** to indemnify, compensate.

**indicación,** *f;* indication; **por — de,** at the direction of.

**índice,** *m;* table of contents (of a book), index.

**indicio,** *m;* indication, mark, sign; trace; **— s vehementes,** circumstancial evidences *(jurisp.).*

**indirecto-ta,** *a;* indirect.

**indisciplina,** *f;* indiscipline, insubordination; want of discipline.

**indiscutible,** *a;* unquestionable.

**indispensable,** *a;* needful, indispensable.

**industria,** *f;* industry, trade; **— agrícola,** agricultural industry; **— ganadera, pecuaria,** cattle industry; **— nacional,** national, domestic industry.

**industrial,** *a;* industrial. manufacturing; *m;* manufacturer, tradesman.

**ineficaz,** *a;* ineffective, ineffectual, useless.

**inepto,** *a;* inapt, inept.

**inestabilidad,** *f;* instability.

**inferior,** *a;* inferior, common, low, poor; **calidad —,** poor in quality.

**infiel,** *a;* disloyal, faithless, false.

**inflación,** *f;* inflation.

**inflamable,** *a;* inflammable, combustive.

**influencia,** *f;* influence, prestige, efficient power.

**información,** *f;* information, report, account, investigation, *(jurisp.)* brief; **a título de —,** by way of information.

**informal,** *a;* informal, irregular unreliable, unconventional.

**informar;** to inform, advise, state, report, acquaint with, apprise of; inquire after (or about), get information.

**informe,** *m;* information, report, advice, account, statement, inquiry: **escriba para — s,** write for inquiries; **— comercial,** commercial report; **— mensual,** monthly statement.

**infracción,** *f;* breach, infringement: **— de un contrato,** breach of a contract: **— de una ley, de una regla,** infringement of a law, of a rule.

**infrascrito-ta,** *a;* undersigned, subscriber. underwritten: **yo el —, I,** the undersigned.

**ingeniería,** *f;* engineering.

**ingeniero,** *m;* engineer.

**ingenio de azúcar;** sugar-works, sugar-mill, sugar-plantation.

**ingresar;** to incase; enter.

**ingreso,** *m;* entrance; entry; **derechos de —,** entrance fees; *pl.* revenue, receipts, earnings, income, returns; **— bruto,** gross receipts.

**inhabilitar;** to disqualify, disable, render unfit.

**iniciador-ra,** *a;* initiator, starter.

**iniciativa,** *f;* initiative.

**inmediatamente,** *adv.;* immediately.

**inmigración,** *f;* immigration.

**inmigrante,** *m;* immigrant.

**inmigrar;** to immigrate.

**inmueble,** *a;* immovable (property); *m.* property (house or land), real state.

**innavegable,** *a;* innavigable, unseaworthy.

**innecesario,** *a;* unnecessary.

**innegable,** *a;* undeniable.

**innocuo-ua,** *a;* harmless, innocuos.

**inodoro-ra,** *a;* i n o d o r o u s, odo(u)rless.

**inofensivo-va,** *a;* inoffensive; harmless.

**inquebrantable,** *a;* inviolable, irrevocable.

**inquilinato,** *m;* lease, leasehold.

**inquilino-na,** *f;* tenant, lodger, inmate; *(jurisp.),* lessee.

**inquirir;** to inquire, search, investigate.

**insalubre,** *a;* unhealthy.

**inscripción,** *f;* inscription, record, register, entry, registration.

**insecticida,** *a;* insecticidal.

**inseguro-ra,** *a;* uncertain, dubious.

**inservible,** *a;* unserviceable, useless.

**insidia,** *f;* ambush, snare, contrivance.

**insinuación,** *f;* insinuation, suggestion.

**insípido-da,** *a;* insipid, lasteless, unsavo(u)ry.

**insistir;** to insist, persist.

**insoluble,** *a;* insolvable; insoluble.

**insolvencia,** *f;* insolvency.

**insolvente,** *a;* insolvent; **declararse** —, to declare oneself insolvent.

**inspección,** *f;* inspection, survey, control.

**inspeccionar;** to inspect, examine.

**inspector,** *m;* inspector, surveyor, supervisor, examiner.

**instalación,** *f;* installation, instalment; — **eléctrica,** electric plant; — **de gas,** gas-fitting; — **de un negocio,** establishment of a business.

**instalar;** to install, place, set up.

**instancia,** *f;* instance; memorial, petition; prosecution or process of a suit.

**institución,** *f;* institution, establishment; — **de crédito,** bank.

**instrumento,** *m;* instrument, document, indenture, deed; implement, appliance, utensil.

**intacto-ta,** *a;* untouched, intact, whole, entire.

**intachable,** *a;* uncensurable, blameless.

**íntegro-gra,** *a;* upright, honest, just.

**inteligencia,** *f;* i n t e l l i g e n c e, knowledge, skill, ability; **en la** —, in the understanding.

**intentar;** to try, attempt, endeavo(u)r; purpose, intend.

**interdicto,** *m;* interdiction, prohibition, judgment of summary possession.

**interés,** *m;* interest, premium, gain, profit; — **acumulativo, bancario, compuesto, simple,** cumulative, bank, compound, simple interest; — **es vencidos,** interests due; — **es atrasados,** back, outstanding in-

terests; **cuenta de — es y descuentos,** interest and discount
account; **tasa (o tipo) de —,**
rate of interest; **añadir (o
agregar) los — es al capital,**
to add the interest to the
capital; **prestar dinero a —,**
to lend, place money out at
interest; **tomar dinero a —,** to
borrow, take money at in-
t e r e s t ; **redituar, devengar
— es,** to bear interest.

**interesado-da,** *a;* interested, concerned; *m.* interested party,
associate; **los — s,** the parties
concerned.

**interior,** *a;* interior, domestic;
**cambio —,** domestic exchange.

**intermediario,** *m;* middleman, in-
termediator.

**intérprete,** *m. & f;* interpreter,
translator.

**interrumpir,** to interrupt, cut
off, breach, discontinue.

**intervenir;** to intervene, mediate,
superintend, audit accounts.

**interventor,** *m;* comptroller, inspector, superintendent, auditor.

**intestado-da,** *a;* intestate.

**intransferible,** *a;* untransferable.

**intrínseco-ca,** *a;* intrinsic, in-
trinsical, essential; **valor —,**
intrinsic value.

**inútil,** *a;* useless.

**invendible,** *a;* unsalable.

**inventariar;** to inventory, take
stock.

**inventario,** *m;* inventory, stock-
taking; **hacer —,** to make an
inventory, take stock.

**invento,** *m;* invention, discovery.

**invernada,** *f;* winter season.

**inversión,** *f;* investment; **una —
segura (de fondos),** a safe investment.

**invertir;** to invest.

**ir;** to go; **— a medias,** to go
halves.

**irredimible,** *a;* irredeemable.

**irrompible,** *a;* unbreakable.

**isla,** *f;* island.

**itinerario,** *m;* itinerary.

# J

**jabón,** *m;* soap; — **de Castilla,** Castile soap.

**jalea,** *f;* jelly.

**jamón,** *m;* ham.

**jarabe,** *m;* sirup.

**jardín,** *m;* flower-garden.

**jardinería,** *f;* gardening.

**jaspeado-da,** *a;* spotted, marbled, variegated.

**jaula,** *f;* crate; cage.

**jefe,** *m;* chief, principal, master, boss, head, superior.

**jornada,** *f;* day's journey, stage; workday, number of hours of work; one day march; journey, trip.

**jornal,** *m;* day-wages, salary; **a** —, by the day.

**jornalero,** *m;* day-laborer, journeyman.

**joyería,** *f;* jewelry; jewelry shop.

**judía,** *f;* French bean, kidney-bean.

**judicial,** *a;* judicial, juridical; **litigio** —, judicial action.

**juego,** *m;* set; gambling, play; suit, suite; sport, game; — **de Bolsa,** stock-jobbing; — **de especulación,** stock-jobbing; stock e x c h a n g e dealings (gambling); — **de libros,** set of books; — **de muebles,** set of forniture.

**jueves,** *m;* Thursday.

**juez,** *m;* judge, justice.

**juicio,** *m;* judgment, t r i a l, opinion, criterion; — **de quiebra,** judgment of bankruptcy; **pedir en** —, to sue at law.

**julio,** *m;* July.

**junio,** *m;* June.

**junta,** *f;* meeting, assembly, session, sitting, board; — **directiva,** board of trustees (or of directors or of management); — **de accionistas,** s t o c k-holders meeting; — **de acreedores,** creditors' meeting; **J** — **de Comercio,** Board of Trade; **J** — **de Sanidad,** Board of Health; **celebrar** —, to hold a meeting; **citar (o convocar) a** —, to call a meeting; — **de inspección, de vigilancia,** committee of inspection, of vigilance; — **notarial,** notarial council.

**junto-ta,** *a. and pp. of juntar;* united, joined, annexed, together.

**junto,** *adv.;* near, close, by; **de por** o **por** —, in bulk, by

the lump, wholesale; **en —,**
together, in all; **todo —,** altogether.

**jurado,** *m;* jury, juryman.

**justicia,** *f;* justice, equity, right.

**justificantes,** *a; (Amér.),* vouchers.

**justificar;** to justify, prove; **—
la confianza,** to justify the
confidence; **— los gastos hechos,** to adduce proofs of the
costs incurred; **— se,** to
justify oneself, give proofs.

**justipreciar;** to appraise, set,
value on.

**juzgado,** *m;* court, tribunal.

**juzgar;** to judge; **a — por,** judg-
ing by or from.

# K

**kilo.** *(Greek prefix, signifying a
thousandfold); m.* kilogram
*(2.20 lbs.)*

**kilográmetro,** *m;* kilogrammeter.

**kilogramo,** *m;* kilogram *(1.000
grams or 2.20 lbs.)*

**kilolitro,** *m;* kiloliter *(1.000
liters or 264.17 gallons).*

**kilómetro,** *m;* kilometer *(1.000
meters or 1.093'6 yards).*

# L

**labor,** *f;* labo(u)r, work, task; campo de —, cultivated field.

**laborable: tierra** —, plough land.

**labrador,** *m;* tiller, farmer, grower, farm-hand, peasant.

**labranza,** *f;* tillage, farming, cultivation; **útiles de** —, farming toils.

**labrar;** to till, plough, cultivate, produce.

**lacre,** *m;* sealing-wax.

**ladino-na,** *a;* sagacious, cunning.

**ladrillo,** *m;* brick.

**lagar,** *m;* wine-press.

**lago,** *m;* lake.

**laguna,** *f;* pond, lagoon, basin.

**laminado-da,** *a;* laminated.

**laminador,** *m;* rolling - press, plateroller.

**lana,** *f;* wool, fleece; *pl.* woolens; **artículos de** —, worsted.

**lanar: ganado** —, sheep.

**lance,** *m;* critical moment, chance; **de** —, cheap, second hand deal.

**lancha,** *f;* lighter, launch, boat.

**lanchaje,** *m;* lighterage.

**langosta,** *f;* locust; lobster.

**lanzadera,** *f;* shuttle.

**lanzar;** to launch (a new product); to throw.

**lápiz,** *m;* pencil.

**lapso,** *m;* lapse.

**largo-ga,** *a;* long, extended, prolonged, large; *m.* lenth; **a la** — **ga,** in the long run; **a lo** — **de la costa,** along the shore.

**lástima,** *f;* pity; **es** — **que,** it is a pity that; **¡qué** — **!,** what a pity!

**lastre,** *m;* ballast, lastage, weight.

**lata,** *f;* tin can; **hoja de** —, tin plate.

**latamente,** *adv.;* largely, amply.

**lato-ta,** *a;* large, diffuse, extensive.

**latón,** *m;* brass, sheet-brass.

**lavable,** *a;* washable.

**leche,** *f;* milk; **vaca de** — (o **lechera),** milk-cow.

**lechería,** *f;* cow-house; lactary.

**lechón,** *m;* sucking pig.

**legado,** *m;* legacy.

**legajo,** *m;* file, docket, bundle of papers.

**legal,** *a;* legal, lawful, legitimate; **moneda —** (o **moneda de curso —**), legal currency.

**legalizar;** to legalize, authorize.

**legatario-ria,** *m;* legatee, legatary.

**legible,** *a;* legible, readable.

**legitimidad,** *f;* legitimacy, legality.

**legítimo-ma,** *a;* genuine, legal, lawful.

**legua,** *f;* league *(measure of distance, 6.160 yards).*

**legumbres,** *f;* vegetables.

**lencería,** *f;* linen goods, linen draper's shop, linen trade.

**lenteja,** *f;* lentil.

**lentitud,** *f;* slowness.

**letra,** *f;* letter *(of the alphabet),* bill of exchange, draft; **— a cobrar,** bill receivable; **— a la vista,** sight draft; **— a pagar,** bill payable; **— a presentación,** demand draft; **— de cambio,** bill of exchange; **— sobre el exterior** (o **el extranjero),** foreign bill; **— sobre el interior,** domestic bill; **aceptar, afianzar** (o **garantizar** o **avalar), descontar, pagar, protestar, recoger una —,** to accept, guarantee, discount, hono(u)r, protest, hono(u)r (or pay) a bill; **dar aviso de haber girado una —,** to advise a draft; **desatender, rehusar el pago de una —,** to dishono(u)r, refuse payment of a draft; **girar una —,** to draw a draft; **hacer la provisión de fondos de una —,** to provide for a draft; **endosar una —,** to indorse a draft; **negociar una —,** to negotiate a draft; **— (o giro) documentado,** documentary draft or bill with documents attached; **— domiciliada,** adressed or domiciled bill; **— de favor** o **ficticia** (o **"pelota")** a draft which does not obey to a real commercial transaction, being the object of which to cash money by discounting it at a bank.

**letrado,** *m;* lawyer, counsellor.

**letrero,** *m;* placard, notice, poster, sign, label.

**leu,** *m; monetary unit of Roumania.*

**leva,** *m; monetary unit of Bulgaria.*

**levadura,** *f;* ferment, leaven, yeast.

**levantar,** *v;* to raise, lift up, build up, promote, encourage.

**levar;** *(mar.)* to weigh anchor, set sail.

**ley,** *f;* law, bill, decree, ordinance, standard, statute; **— de fino,** fineness *(the quantity of an alloy as expressed fractionally or in carats);* **— del embudo,** severity for others, indulgence for ourselves; **— del timbre,** revenue stamp-tax; **peso de —,** standard weight; **plata de —,** sterling silver; **de buena —,** sterling; **según la —** (o **por la —),** by law.

**libertad,** *f;* liberty, freedom, license; **— de comercio,** free-trade; **— provisional,** liberation on bail; **poner en —,** to set at liberty; **— de acción,** freedom of action.

**libra,** *f;* pound *(lb. unit of weight, 450 grams);* English gold coin; **— egipcia,** *monetary unit of Egypt;* **esterlina,** pound sterling *(monetary unit of England);* **— peruana,**

Peruvian gold coin of ten soles.

**librado,** *m;* drawee.

**librador,** *m;* drawer.

**librante,** *m;* drawer.

**libranza,** *m;* draft, bill of exchange.

**librar;** to draw (as a draft), deliver; — **a cargo,** to draw on; — **a favor,** to draw in favo(u)r of; — **contra,** to draw on.

**libre,** *a;* free, exempt, privileged; vacant; — **a bordo,** free on board (F. O. B.); — **cambio,** free trade; — **de derechos,** duty free; — **de gastos,** free of charges; **comercio** —, free commerce; **entrada** —, free admission; **entrega** — **de gastos,** delivered free; **puerto** —, free port; **tener mano** —, to be at liberty, have free hand.

**librecambista,** *m. & f;* freetrader.

**librería,** *f;* book-store, book-trade.

**libreta,** *f;* small blank book; — **de cheques,** check-book; — **de depósitos** (o **de bancos**), passbook, bank-note.

**libro,** *m;* book; — **borrador,** memorandum book, blotter; — **copiador,** letter-book; — **diario,** day book, journal; — **mayor,** ledger; — **talonario,** stub-book; — **de actas,** minute-book; — **de almacén** (o **de existencias**), stock-book; — **de balances,** balance-book; — **de banco,** bank-book, passbook; — **de caja,** cash-book; — **de cheques,** check-book; — **de facturas** (o **de cuentas**), invoice book; — **de inventarios,** inventory-book; — **de minutas** (o **notas**), minute-

book; — **de pedidos** (o **de órdenes**), order-book; — **de recibos,** receipt-book; — **de vencimientos,** maturity book, due date book; — **de aceptaciones,** acceptances bills book; — **de cuentas corrientes,** account current book; — **de carga,** cargo book; — **de entrada, de salida** (*de género*), receiving, delivery stock book; — **de direcciones,** directory or address book; — **de efectos a pagar, a cobrar,** payable, receivable bills book; — **de ventas,** sales book; — **de informes,** information or character book; — **de ganancias y pérdidas,** profit and loss book; — **en blanco,** blank-book; **abrir los** — **s,** to open the books; **cierre de** — **s,** closing the books; **tenedor de** — **s,** bookkeeper; **teneduría de** — **s,** bookeeping.

**licencia,** *f;* permission, license, leave, permit.

**licenciar;** to license, allow, permit.

**licitación,** *f;* bid at auction.

**licitador,** *m;* bidder.

**licitar;** to bid at auction.

**lícito-ta,** *a;* lawful, licit.

**lienzo,** *m;* linen, linen cloth.

**liga,** *f;* league, coalition, alloy.

**limitado-da,** *a;* limited; **compañía de responsabilidad** — **da,** limited liability company; **negocios** — **dos** (o **escasos**), limited transactions; **medios** (o **recursos**) — **dos,** limited or narrow means (or resources).

**limitar;** to limit, restrict, restrain; — **precios,** to limit the prices, the cost; — (o **restrin-**

gir) la **emisión de acciones,** to restrict or limit the issue of bonds, shares, etc.

**límite,** *m;* limit, bound; confine, boundery; **poner, imponer, fijar un —,** to set, asign, fix a limit; **pasar, traspasar, exceder el —,** to go beyond, overstep, exceed the limit; **mantenerse dentro de los — s,** to keep within the limits.

**limpio-pia,** *a;* clean, neat, net, stainless, spotless, clear, pure; **juego —,** fair play; **poner en —,** to make a fair copy (as a letter, etc.).

**lindar;** to border, abut, be contiguous.

**lindero-ra,** *a;* limit, boundary, landmark.

**línea,** *f;* line; **— de vapores, de ferrocarril, telegráfica,** steamship, railway, telegraphic line; **pasar el Ecuador** *(la línea del Ecuador),* to cross the line; **dejar una — en blanco,** to leave a blank line.

**lingote,** *m;* ingot.

**lino,** *m;* flax, linen.

**liquidación,** *f;* liquidation, settlement, clearance sale; **— de averías,** average or appraisement of average; **— de daños,** assessment of damages; **— de facturas,** settlement of invoices.

**liquidador,** *m;* public or chartered accounted, bankrupcy adjuster, liquidator; **— de avería,** average adjuster, stater, loss assessor, claiming setting agent; **— judicial,** liquidator.

**liquidar;** to liquidate, sell off, set the accounts; **— cuentas,** to liquidate accounts; **— las**

**existencias,** to sell off; **— los negocios,** to l i q u i d a t e a business; **— judicialmente, voluntariamente,** to wind up or liquidate by the court, voluntarily.

**líquido-da,** *a;* liquid, net, clear; **beneficio —,** net profit; **entradas — das,** net receipts; **saldo —,** net balance; **utilidad — da,** clear profit; **suma — da** *(debida, vencida),* sum due; **producto —,** net proceeds; **— imponible,** taxable net.

**lira,** *f;* lira *(Italian monetary unit).*

**lista,** *f;* list, line, schedule, file, catalogue; **— de correos,** poste restante, general delivery; **— de precios,** list of prices; **hacer una — (o una nota),** to make out a list; **— del sorteo** *(de la lotería)* drawing list (of the lottery).

**litigante,** *m;* pleader.

**litigar;** to plead.

**litigio,** *m;* litigation, lawsuit, dispute; **— judicial,** judicial action.

**litro,** *m;* liter *(dry measure, about 0,91 of a quart; liquid measure, 1,06 quarts).*

**local,** *a;* local; *m.* place, site, premises.

**locatario,** *m;* lessee, tenant.

**lograr;** to gain, obtain, procure, attain.

**logrero-ra,** *m. f;* userer.

**lomo: llevar, cargar a —** *(de mula),* to carry on mules.

**lona,** *f;* canvas.

**lonja,** *f;* exchange, salesroom.

**lote,** *m;* lot, allotment.

**lotería,** *f;* lottery, raffle; — **nacional,** state lottery.

**loza,** *f;* crockery, earthenware.

**lubricante,** *a;* lubricant, lubricating.

**lubricar;** to lubricate.

**lubrificante.** *V. Lubricante.*

**lubrificar.** *V. Lubricar.*

**lucrativo-va,** *a;* lucrative, profitable.

**lucro,** *m;* profit, gain, utility — **s y daños,** profit and loss; **por — cesado y daño derivante,** for ceased benefit and damage accruing.

**lugar,** *m;* place, spot, situation, site, position; — **de descarga,** loading, discharging place; — **de salida, de destino, de origen,** place of departure, of destination, of origin; **hallarse en el —** (o **en el sitio),** to be on the spot; **dar — a que,** to give reason for; **en — de,** instead of; **en primer —,** in the first place; **no ha —,** petition refused; **tener —,** to take place.

**lujo,** *m;* luxury; **artículos de —,** luxuries; **edición de —,** edition de luxe.

**lunes,** *m;* Monday.

**lustre,** *m;* gloss, lustre, polish.

**luto,** *m;* mourning; *pl.* mourning clothes, draperies; **medio —,** half mourning.

**luz,** *f;* light, clearness, clarity; — **eléctrica,** electric light; *pl.* **luces de situación** *(mar.),* running lights.

# LL

**llama,** *f;* flame, glaze; llama, guanaco.

**llamador** *(de una puerta),* *m;* knocker of a door.

**llamamiento,** *m;* calling, call, convocation.

**llamar;** to call, summon, call upon, name, knock, ring (as a bell).

**llano-na,** *a;* plain, even, level, smooth; *m.* plain, flat, level field.

**llanta,** *f;* tire (of a wheel).

**llave,** *f;* key.

**llavero,** *m;* key-ring.

**llavín,** *m;* latch-key.

**llegada,** *f;* arrival, coming.

**llegar;** to arrive, come, reach, amount to; — a saber, to find out, be informed of.

**llenar;** to fill, fill up, pack.

**lleno-na,** *a;* full, filled, complete.

**llevar;** to carry, transport, bear, wear, take charge of, carry on account; — **la delantera,** to lead, be ahead; — **se bien o mal** *(con alguien),* to be on good, bad terms (with someone); — **los libros** (o **la contabilidad**), to keep the books (or the accounting); — **la caja,** to keep the cash.

**llover;** to rain, shower.

**lluvioso-sa,** *a;* rainy, wet.

**Lloyd,** *m;* Lloyd's; the Lloyd; — **alemán,** North German Lloyd; **el agente del** —, Lloyd's agent; **el registro del** —, Lloyd's register.

# M

**maceración,** *f;* maceration, infusion, steeping.

**macerar;** macerate, soak, steep; digest.

**macizo-za,** *a;* solid, massive, compact.

**madeja,** *f;* hank or skein.

**madera,** *f;* wood, timber, lumber; — **de construcción,** timber for ship or house-building; — **de corazón,** heartwood.

**maderaje,** *m;* timber; woodwork.

**maderamen,** *m;* V. *Maderaje.*

**maderero,** *m;* timber-merchant, lumber dealer.

**madre,** *f;* basis, origin; mother (of vinegar), lees, dregs; bed of a river; **cloaca** → (o **maestra** o **principal**), main sewer.

**madurar;** to ripen, grow ripe.

**maestro-tra,** *a;* masterly; main; trained, learned; — **de obras,** builder, constructor; **pared** — **tra,** main wall.

**maíz,** *m;* maize, Indian corn.

**mal,** *a; contraction of malo;* — **de mi grado,** unwillingly; **del** — **el menos,** the least of two evils; — **que le pese,** in spite of him; **de** — **en peor,** worse and worse.

**mala,** *f;* mail, post, letter-bag; **día de** — (o **de correo**), mail-day.

**malaconsejado-da,** *a;* ill-advised.

**malear** *(un negocio);* to spoil, cripple, corrupt a business.

**malecón,** *m;* quay, dike, pier; breakwater.

**maleta,** *f;* valise, portmanteau.

**malgastar;** to misspend, waste, squander.

**malo,** *a;* bad; poor; evil; **lo** — **es que,** the trouble is that.

**malvender;** to sell with loss, undersell, underquote.

**malversación,** *f;* malversation.

**malversador-ra,** *m & f; one who misapplies funds.*

**malversar;** to misapply funds, waste.

**mancomún: de** —, jointly, in common.

**mancomunadamente,** *adv.;* conjointly, jointly and severally.

**mancomunado-da,** *a;* joint and several.

**mandado,** *m;* mandate, order, errand, message; **mozo de — s (o mandadero),** errand boy.

**mandante,** *m;* constituent, mandator *(one who gives a mandate or commission).*

**mandar;** to order, transmit command, forward, send; **— pagar,** to order to be paid, cause to be paid.

**mandatario,** *m;* attorney, agent, mandatory.

**mandato,** *m;* mandate, order, injuction, contract of bailment; writ.

**mandril,** *m;* mandril, chuck, spindle.

**manejar;** to manage, handle, conduct, govern; **— dinero,** to handle money.

**manejo,** *m;* handling, management, administration; stratagem, devise.

**manera,** *f;* manner; way.

**mangonear;** to loaf, pry, intermeddle.

**manguera,** *f;* hose.

**manifestar;** to state, declare, manifest.

**manifiesto,** *m;* manifest, custom-house manifest; **— de carga,** manifest of cargo.

**maniobrar;** *(mar.)* to work a ship; seek the means of effecting anything.

**mano,** *f;* hand; **untar las — s,** to bribe; **bajo —,** secretly, underhandedly; **me lavo las — s (en un asunto),** I wash my hands of it; **a — s llenas,** largely, plentifully, abundantly; **de segunda —,** second hand; **— de obra,** hand work.

**mansalva,** *adv.;* dangerless.

**manso-sa,** *a;* tame, mild, quiet; *m.* bell-cow, bell-mare.

**manteca,** *f;* lard, fat, butter.

**mantener;** to maintain, keep up, hold up, sustain or defend (an opinion); **— correspondencia,** to keep up a correspondence.

**mantequilla,** *f;* butter.

**manual,** *a;* manual, handy; *m.* manual, note-book, portable book.

**manufactura,** *f;* manufacture.

**manufacturar;** to manufacture.

**manufacturero-ra,** *a;* manufacturing; *m.* manufacturer.

**mapa,** *m;* map, chart.

**máquina,** *f;* machine, engine, apparatus; **— de calcular,** adding-machine; **— de coser,** sewing-machine; **— de escribir,** typewriter, writing-machine; **— de vapor,** steam-machine.

**maquinaria,** *f;* machinery, applied mechanics, engineering; **— agrícola,** agricultural machinery.

**mar,** *m. & f;* sea; **alta —,** the high sea; **bajamar,** low-water, ebbtide; **pleamar,** high-water, tide; **arar en el —,** to labo(u)r in vain; **hacerse a la —,** to set sail; **salir a la —,** to put to sea; **caer a la —,** to fall overboard; **estar a merced de la —,** to be in the through of the sea; **ser arrebatado por la —,** to be washed overboard; **echar o arrojar al —,** to throw overboard; **recibir un golpe de —,** to ship a sea; **— de leva,** rough sea; **luchar con la —,** to struggle with the waves; **en estado de hacerse o de no hacerse a la —,** seaworthy or unseaworthy; **avería de —,**

sea damage; **riesgos de la —,** perils, risks of the sea; **riesgos de —,** maritime risks; **transporte** (o **conducción) por —,** sea, marine transport; **puerto de —,** sea port; **viaje por —,** sea voyage.

**marbete,** *m;* label.

**marca,** *f;* mark, stamp, impress, brand, label, tag, ticket; **— comercial,** trade-mark; **— de fábrica,** trade-mark, brand; **— depositada** (o **registrada),** registered trade-mark; **vinos y licores de las mejores —s,** wines and liquors of the best brands; **pídase la — verdadera,** ask for the actual mark; **— de fantasía,** fancy mark; **— de control** (*metales preciosos*), hall mark; **— a fuego de las cajas** (*de vinos, licores,* etc.), brand of cases.

**marcar;** to mark, stamp, impress, brand, label.

**marco,** *m;* mark, gold and silver weight, standard (*of weight*); mark (*monetary unit of Germany*).

**marconigrama,** *m;* wireless, marconigram.

**marchamo,** *m;* custom-house mark on goods; custom seals. (*V. Plomo.*)

**marchante,** *m;* customer, client, buyer; shopkeeper, dealer.

**marea,** *f;* tide; **— alta,** high-tide, high-water; **— baja,** low-tide, low-water; **— creciente,** flood-tide; **— menguante,** ebb-tide.

**marejada,** *f;* swell, head sea, surf.

**mareo,** *m;* sea-sickness.

**margen,** *m;* margin.

**marina,** *f;* seamanship, marine; **milla —,** nautical, sea mile; **M — mercante,** commercial navy, merchant service; **Ministerio de —,** Admiralty, Navy Department.

**marinería,** *f;* seamanship; ship's crew.

**marinero,** *m;* seaman, sailor, mariner.

**marítimo-ma,** *a;* maritime, marine; **asuntos, negocios — mos,** maritime affairs, shipping trade; **accidentes, siniestros — mos,** sea accident, fortune of the sea; **agente —,** ship broker; **expedidor** (o **comisionista) —,** custom-house or forwading agent; **asegurador —,** maritime insurer or underwriter; **seguro —,** marine or sea insurance; **costumbres — mas,** maritime usages; **tráfico, comercio —,** maritime trade, sea traffic.

**martes,** *m;* Tuesday.

**martillero,** *m;* (*Amér.*), auctioneer.

**martillo,** *m;* hammer; auction rooms.

**marzo,** *m;* March.

**masa,** *f;* mass, volume.

**materia,** *f;* material, matter, subject, stuff; **— prima,** raw material; **ser competente en la —** (o **el asunto),** to be competent in the case (or in the matter or in the business).

**material,** *m;* material, equipment, ingredient, stuff; **— agrícola,** agricultural implements; **— eléctrico,** electrical apparatus; **— rodante** (o **móvil),** rolling-stock; **— de construcción,** building material; **— de explotación,** working material or stock; **— de ferrocarril,** railroad conveyance stock; **— industrial** (*máquinas de una fábrica*), machinery.

matiz, *m;* tint, hue, shade.

matrícula, *f;* register, list, matricula, matriculation; — **de mar,** mariner's register.

matricular; to matriculate, register, enroll.

matriz, *a;* first, principal; mould, matrix, die; **casa** —, head-office; — **(de un libro o talón),** stump of a counterpart register.

matute, *m;* smuggling, smuggled goods.

matutear; to smuggle goods.

matutero, *m;* smuggler.

máximo, *a;* maximum, top.

mayo, *m;* May.

mayor, *a;* greater, larger, bigger; older, senior; greatest, largest; — **en antigüedad,** senior; **balance del libro** —, ledger balance; **casa al por** —, wholesale house; **llevar el libro** —, to keep the ledger; **pasar las partidas al libro** —, to post the ledger; **por** —, by wholesale, by the lump; **ganado** —, cattle, mules and horses; **palo** —, mainmast.

mayordomo, *m;* steward, butler, majordomo, superintendent.

mayorista, *m;* wholesaler.

mayúscula, *(impr.)* capital (upper case) letter.

mecanografía, *f;* typewriting.

mecanógrafo-fa, *m & f;* typist.

mecanotaquígrafo-fa, *m & f;* short-hand-typist, stenographer.

mediación, *f;* mediation, intervention; **por — de,** through.

mediador-a, *m & f;* mediator, intercessor.

mediados: **a — de** *(mes),* about the middle of (the month).

mediante, *adv.;* by means of, by virtue of, through.

mediar; to mediate, intervene, intercede.

medida, *f;* measure, measurement; — **legal,** s t a n d a r d measure; **cortar a** — (un traje), to make on measure; **vender, comprar a la** —, to sell, purchase by measure; **fuera de** —, beyond measure; **pasar, exceder la** —, to exceed the bounds.

medio-dia, *a;* half, partial, mid, middle, intermediate; **precio** —, average price; **término** —, average; **vencimiento** —, average due date; **ir a — dias,** to go halves; *m.* —, **circulante,** circulating medium; *pl.* means, resources, rents, income, revenue, fortune.

medir; to measure, weigh, gauge, compare, judge, act with prudence; — **los gastos,** to reduce the expenses; — **las palabras,** to be careful when speaking.

medrar; to prosper, improve.

mejor: *a comparative of bueno;* better, finer, preferable; — **postor,** highest bidder; **lo** —, the best.

mejora, *f;* improvement, amelioration, advance, increase.

melocotón, *m;* peach.

melocotonero, *m;* peach-tree.

membrete, *m;* letter-head, heading; **papel con** —, paper with letter-head.

memorándum, *m;* memorandum; note-book.

memoria, *f;* report, record, statement, memory, memorandum, note.

**menaje,** *m;* household furniture, movables, housestuff.

**mención,** *f;* mention, reference, notice.

**menestral,** *m;* mechanic, workman.

**mengua,** *f;* diminution, shortcoming.

**menor:** *a comparative of pequeño;* smaller, lesser, minor, younger; — **de edad,** minor, under age; **al por** —, retail; **almacén al por** —, retail store; **gastos** — **es,** petty expenses; **libro de caja para gastos** — **es,** petty cash book.

**menoscabar;** to impair, lessen, deteriorate.

**menoscabo,** *m;* i m p a i r m e n t, damage, deterioration, loss.

**menospreciar;** to underrate, undervalue; despise.

**mensaje,** *m;* message, errand, dispatch.

**mensajero,** *m;* messenger, carrier.

**mensual,** *a;* monthly, mensual; **arreglo** —, monthly settlement; **cuotas (o pagos)** — **es,** monthly instalments; **sueldo, salario** —, month's wages; **informe** —, monthly report.

**mensualmente,** *adv.;* monthly.

**menudeo,** *m;* retail; **comprar, vender al** —, to buy, sell at retail.

**mercachifle,** *m;* hawker, huckster, peddler; petty, jobber.

**mercader,** *m;* merchant, trader, dealer, tradesman.

**mercadería,** *f;* merchandise; *pl.* wares, goods, commodities; — **s en almacén,** stock on hand; — **en consignación,** goods on sale and return; —

**cargada a granel,** goods laden in bulk; — **alterable (o perecedera),** perishable goods; — **de contrabando,** smuggled merchandise; — **de fácil** o **de difícil venta,** articles of easy or difficult sale; — **en bruto, elaborada,** raw, w r o u g h t goods; — **no embarcada,** goods short shipped; — **en balas,** goods packed up in bales; — **en barriles, botellas, cajas, latas, sacos,** goods in barrels, bottles, cases, tins (or canisters), bags; — **echada al agua** *(al mar),* jettison or sacrificed goods; — **aduanada,** duty paid goods; — **sujeta a pérdida, mengua, derrame,** merchandise subject to leakage or shortweight; — **entregada franco a bordo, en estación, sobre muelle,** goods delivered free on board, at the station, on quay; **enviar** — **por pequeña, por gran velocidad,** to forward or send merchandise by slow, by fast train; **retirar (o recoger) la** —, to take delivery of the goods; **tren de** — **(o mercancías)** *(tren de carga),* goods train; **vagón de carga** o **de** —, freight or luggage car; **escasez de** — **(o de género),** shortage of merchandises.

**mercado,** *m;* market-place; **el** — **está animado, firme** o **sostenido, calmado, flojo, desanimado, deprimido, pesado, parado, oscilante, inseguro, provisto, desprovisto,** the market is animated or brisk, firm or steady, calm or quiet, weak, depressed or dull, heavy, flat, oscilating, unsteady, supplied, deprived or bare; — **monetario,** money market; — **de**

**abastecimiento,** provision market; — **de frutos,** produce market; — **de ganado,** cattle market; — **de valores,** stock-market; **día de** —, market day; **precio, cotización del** —, market price, rate; **reseña, revista, boletín del** —, market report, statement of the market; **sobrecargar, inundar el** —, to encumber, block, swamp the market; **conveniente, apropiado para el** —, suitable, fit for the market; **lanzar al** —, to put or thrust upon the market.

**mercancía,** f; m e r c h a n d i s e, wares, salable goods, commodity (V. *Mercadería*).

**mercante,** m; dealer, trader; a. mercantile, commercial; **buque** —, trading vessel.

**mercantil,** a; commercial, mercantile.

**mercería,** f; small wares, haberdashery, notions store, dry goods store, *(in Chile)* hardware store.

**mercero,** m; haberdasher, mercer.

**meritorio-ria,** a; m e r i t o r i u s, worthy, deserving; m. employee without salary.

**merma,** f; leakage, loss, shrinkage, diminution.

**mes,** m; month; **el** — **corriente, en curso, presente,** the current or present month; **la primera quincena del** —, the first fortnight of the month; **a fines del** —, at the end of the month; **a mediados del** —, about the middle of the month; **a principios del** —, at the beginning of the month or early in the month; **a dos, tres, etcétera** — **es fecha,** at

two, three, etc. month's date; **el** — **entrante (o próximo), pasado (o último),** next, last or past month.

**metal,** m; metal; — **es preciosos,** precious metals.

**metálico-ca,** a; metallic; m. specie, hard cash, metallic money; — **en caja,** cash on hand; **en** —, in specie, in hard money; **encaje** —, metallic reserve; **valor en** —, value in cash.

**metalúrgico-ca,** a; metallurgic, metallurgical, m. metallurgist.

**meter,** to put, place.

**métrico-ca,** a; metric, metrical; **sistema** —, metric system.

**metro,** m; meter *(unit of length in the metric system, about 39.37 inches);* — **cuadrado, cúbico,** square, cubic meter.

**mezcla,** f; mixture, blend, compound.

**miel,** f; honey.

**mientras,** adv. & conj.; while; whereas; — **tanto,** meanwhile, in the meantime.

**miércoles,** m; Wednesday.

**mil,** m; one thousand; **por** —, per thousand, by the thousand.

**miligramo,** m; miligram *(about 0.0154 g r a i n s, avoirdupois weight; 0.0153 troy weight).*

**mililitro,** m; milliter *(about 0.061 cubic inch; 2.705 fluid drams, liquid measure).*

**milímetro,** m; millimeter *(about 0.0394 inch).*

**milreis,** m; milreis *(monetary unit of Brazil and Portugal).*

**milla,** f; mile; *(mar.),* knot.

**millón,** m; million.

**mina**, *f;* mine; — **de carbón,** coal mine or colliery.

**mineral**, *a;* mineral; *m.* mineral, ore; — **virgen,** native ore; — **bruto,** raw, rough ore.

**minería**, *f;* mining.

**minero-ra**, *a;* mining *(pertaining to mining); m.* miner.

**mínimo**, *a;* minimum, smallest.

**ministerio**, *m;* ministry, cabinet; each department of the government; **M** — **de Relaciones Exteriores,** Department of Foreign Affairs, State Department; **M** — **de la Gobernación** *(in Spain),* **M** — **del Interior** *(in Amér.),* Department of the Interior; **M** — **de Hacienda,** Treasury Department; **M** — **de la Guerra,** The War Office; **M** — **de Justicia,** Attorney-general or Secretary of Justice Department.

**ministro**, *m;* minister; **M** — **de Relaciones Exteriores,** Secretary of State; **M** — **de la Gobernación** *(in Spain),* **M** — **del Interior** *(in Amér.),* Secretary of the Interior; **M** — **de Hacienda, de la Guerra, de Justicia,** Secretary of the Treasury, of the War Office, of Justice or Attorney-general.

**minúscula,** *(impr.)* lower-case letter.

**minuta**, *f;* minute, first draft; memorandum, a g e n d u m; lawyer's bill; *pl.* minutes, agenda; **libro de** —, minute-book.

**mira**, *f;* sight *(of fire-arms and topographical instruments);* design, purpose, intention; **es-**

**tar a la** —, to be on the watch, on the look out.

**misión**, *f;* mission, errand, commission.

**mismo**, *a, pron. indef.;* same; own; **yo** —, I myself; **así** —, likewise, also; **lo** —, the same thing; **ahora** —, right now.

**mitad**, *f;* half, middle, center; — **y** —, half and half; **por** — **des,** by halves; **cuenta a** —, joint account.

**mobiliario-ria**, *a;* movable *(applied to unregistered bonds and securities) m.* furniture, household goods and chattels.

**moblaje**, *m;* household furniture.

**mochuelo: cargar con el** —, to get the worst part of an undertaking.

**moda**, *f;* fashion, mode, style.

**modelo**, *m;* model, pattern, standard.

**módico-ca**, *a;* moderate *(in price);* **precio** —, moderate price.

**modo**, *m;* mode, manner, way; **de ese** —, at that rate; **del mismo** — **que,** in the same way as; **de** — **que,** so that; **de ningún** —, by no means; **de todos** — **s,** anyhow, at any rate.

**módulo**, *m;* size of coins and medals.

**mofa**, *f;* mockery, scoff, sneer, ridicule.

**mohoso-sa**, *a;* mouldy, mossy, rusty.

**mojón**, *m;* landmark, milestone.

**molde**, *m;* mo(u)ld, form.

**moldura**, *f;* mo(u)lding.

**moledor-a**, *m. & f;* grinder; powdering m i l l; crushing cylinder in sugar mill.

**molestar;** to annoy, disturb, trouble, bother, vex.

**molienda,** *f;* grinding, milling; season of grinding the sugar cane or the olives.

**molinero-ra,** *m & f;* miller, grinder.

**molino,** *m;* mill.

**momento,** *m;* moment; **al —,** at once.

**momio,** *m;* extra allowance; **de —,** gratis.

**moneda,** *f;* coin, money, currency, specie; **— corriente, divisionaria (o divisional), falsa, fiduciaria,** currency, fractional, counterfeit, paper money; **— legal,** legal tender, currency; **— metálica,** h a r d money, specie; **— sencilla (o menudo),** pocket money; **— contante y sonante,** ready m o n e y; **— suelta,** small change; **— de curso forzoso,** fiat money; **— de oro, plata, níquel, cobre (o calderilla),** gold, silver, nickel, copper coin; **papel —,** paper money; **casa de la —,** mint; **acuñar —,** to coin money.

**monetario-ria,** *a;* m o n e t a r y, financial; **crisis — ria,** financial crisis; **mercado —,** monetary market; **sistema —,** monetary system; **unidad — ria,** monetary unit.

**monometalismo,** *m;* monometallism.

**monopolio,** *m;* monopoly.

**monopolista,** *m. f;* monopolist, forestaller.

**monopolizar;** to monopolize, forestall.

**monta,** *f;* amount, sum, total, value, worth, price; **cosas de poca —,** small matters.

**montaje,** *m;* engine-fittings.

**montante,** *m;* amount, sum.

**montar;** to amount.

**monte,** *m;* mountain; **— de piedad,** pawnshop.

**montepío,** *m;* pawnshop, *gratuity fund for widows and orphans.*

**monto,** *m;* amount, sum.

**mora,** *f; (jurisp.)* delay, mora.

**morada,** *f;* abode, residence; stay, sojourn.

**morador-a,** *m & f;* inhabitant, resident.

**moralmente,** *adv.;* morally; practically.

**moratoria,** *f;* moratorium, extension.

**mordiente,** *m;* mordant.

**moroso,** *a;* slow, tardy.

**mostrador,** *m;* counter, stand.

**mostrenco-ca,** *a;* unowed; **bienes — cos,** lands in abeyance.

**mostrar;** to show, exhibit, explain.

**motivo,** *m;* m o t i v e, cause, reason; **con — de,** owing to, by reason of.

**mover;** to move; **— a alguien a,** to prompt someone to.

**mozo: — de cordel (o de cuerda),** porter.

**mucho,** *a, pron.;* much, a lot of, a great deal of; **—s,** many; **ni — menos,** not by any means; **por — que,** however much; **sentir —,** to be very sorry.

**mudarse;** to move.

**mueble,** *a;* movable; *m;* piece of furniture; *pl.* furniture, chattels; **— y útiles,** furniture and fixtures; **bienes —s,** goods and chattels.

muellaje, *m;* wharfage, dockage.

muelle, *m;* pier, quay, wharf; **derechos de puerto y** —, harbour and dock dues; **puestos en el** —, free on pier, ex pier.

muestra, *f;* sample, specimen; design, pattern, model; — s **sin valor,** samples without value.

muestrario, *m;* collection of samples, sample line, specimen-book.

multa, *f;* fine, forfeit, penalty; **imponer, una** —, to impose a fine.

multar; to fine.

multiplicar; to increase, multiply.

múltiplo-pla, *a;* multiple.

mutualidad, *f;* system of mutual insurance, mutuality.

mutuo-tua, *a;* mutual, reciprocal; *m. (jurisp.)* loan.

muy, *adv.;* very; — **señor mío,** dear Sir.

# N

**nacional,** *a;* national, native, domestic, home; **industria** —, domestic manufacture; **producción** —, home products.

**nada,** *pron. indef.;* nothing; — **menos que,** not less than.

**nadie,** *pron. indef.;* nobody, no one.

**naranja,** *f;* orange.

**naturalmente,** *adv.;* naturally, of course.

**naufragar;** to sink, be stranded or shipwrecked.

**naufragio,** *m;* shipwreck, disaster, calamity.

**náufrago-ga,** *a;* shipwrecked person, wrecked.

**navaja,** *f;* knife; — **de afeitar,** razor.

**nave,** *f;* ship, vessel; — **aérea,** airship.

**navegable,** *a;* navigable.

**navegación,** *f;* navigation.

**naviero,** *m;* ship owner; *a.* **compañía** — **ra,** shipping company.

**necesario-ria,** *a;* necessary.

**necesidad,** *f;* necessity, need, want, requirement; **en caso de** —, in case of need, if required, necessary, needful.

**negar;** to deny, refuse.

**negociable,** *a;* negotiable; **documentos** — **s,** negotiable documents; **no** —, not negotiable.

**negociador,** *m;* negotiator, business agent.

**negociante,** *m;* business man, merchant, dealer, trader.

**negociar;** to negotiate *(as drafts, treaties, etc.);* trade, deal, traffic; do, transact business.

**negocio,** *m;* business, affair, trade, commercial transaction; business house; *pl.* business, deal; — **pendiente,** pending business; **un buen (o mal)** —, a good or bad bargain, business, affair.

**neto-ta,** *a;* net, clean, clear; **peso** —, net weight; **precio** —, net price; **producto** —, net proceeds.

**neumático,** *a;* pneumatic; *m.* tire *(of an automobile, etc.).*

**ni,** *conj.;* neither, nor; **ni... ni,** neither... nor; — **siquiera,** not even.

**niebla,** *f;* fog, mist.

**níquel,** *m;* nickel.

**niquelado,** *a;* nickel-plated.

**nivel,** *m;* level, levelness; — **de agua,** water-level.

**nivelación,** *f;* levelling, grading.

**no,** *adv.;* no, not; — **bien,** no sooner; — **sea que,** lest; — **ya,** not only.

**noche,** *f;* night, evening, **prima** —, evening; **de** —, at night; **anoche,** last night; **es de** —, it is n i g h t; **nochebuena,** Christmas-eve.

**nombramiento,** *m;* appointment.

**nombrar;** to nominate, appoint.

**nombre,** *m;* name; — **y apellido,** full name; **conocer de** —, to know by name; **hacerse un** —, to get a reputation.

**nomenclatura,** *f;* nomenclature, terminology.

**nómina,** *f;* list, roll; pay roll.

**nominal,** *a;* nominal; **valor** —, nominal or face value.

**nominativo,** *a;* personal, registered *(as bonds.)*

**non,** *a;* odd, uneven.

**norma,** *f;* standard, norma, rule.

**norte,** *m;* north; rule, guide.

**nota,** *f;* note, sign, account, bill, statement, schedule, price-list, memorandum; *pl.* records of a notary; — **de entrega,** delivery note; — **de pedido,** purchase order; **tomar** — **de un pedido,** to note, take note of, book an order; — **de venta,** sale note; — **de precios,** pricelist; — **de pesos,** weight-list; — **de pedidos,** order form; **libro de** — s, note-book; **tomar buena** — **de,** to take due note of.

**notar;** to remark, observe, take notice of.

**notario,** *m;* notary; — **público,** notary public; **otorgar ante** —, to draw up before a notary.

**notarial,** *a;* notarial; **escritura, acta, poder** —, notarial act, proxy.

**notificación,** *f;* notification, official notice.

**notificar;** to notify, inform, announce.

**novedad,** *f;* novelty, fancy-goods; latest news *(or* fashion), fad; **sin** —, all right, without mishap, as usual.

**novela,** *f;* novel, story, tale; falsehood, fiction.

**noventa,** *a;* ninety.

**noviembre,** *m;* November.

**nudo,** *m;* knot *(1,15 mile).*

**nuevamente,** *adv.;* newly, recently, freshly.

**nueve,** *a;* nine.

**nulidad,** *f;* nullity, inability, incompetency.

**nulo-la,** *a;* null, void.

**numerar;** to number, enumerate, calculate, reckon.

**numerario-ria,** *a;* numerary; *m.* cash, coin, money, specie; **en** —, in cash.

**número,** *m;* number, figure, cipher, copy *(of a newspaper);* — **par,** even number; — **impar,** odd number; — **atrasado,** back number; — **de orden, progresivo,** number of order, running number; — **de registro, de referencia,** number of register, reference numeral.

**nunca,** *adv.;* never; — **jamás,** nevermore.

# O

obcecación, *f;* obfuscation, blindness.

obcecado-da, *a;* blind, obfuscated.

obedecer; to obey, yield to.

objeción, *f;* objection, opposition, exception; **hacer —,** to make, raise, have objection.

objetar; to object, oppose, remonstrate.

objeto, *m;* object, thing; purpose, end, aim; subject-matter.

obligación, *f;* obligation, duty, debt, bill, bond, debenture, liability; **— es diferidas, municipales, de ferrocarril,** deferred, municipal, railroad bonds; **— es por cobrar,** bills receivable; **emisión de — es,** issue of bonds; **anular una —,** to cancel a bond; **desairar una —,** to dishono(u)r a bill; **— salida en el sorteo para reembolsarse,** drawn bond or debenture to be redeemed; **cumplir con sus — es,** to perform one's duties.

obligacionista, *m. f;* bondholder.

obligar; to oblige, compel, force; **— se,** to obligate or bind oneself.

obligatorio-ria, *a;* obligatory, binding, compulsory; **franqueo —,** compulsory prepayment; **seguro —,** obligatory insurance; **pilotaje —,** compulsory pilotage; **servicio —,** obligatory service.

obra, *f;* building, work, construction.

obrar; to work, operate, act, construct, build.

obrero-ra, *m & f;* worker, workman, day-labo(u)rer; **— a destajo,** jobber.

observación, *f;* observation, remark, note.

observar; to observe, notice, remark; obey, follow; look into, watch; **— la altura** *(mar.),* to take the meridian altitude.

obstáculo *m;* obstacle, impediment, obstruction, check, hindrance.

obstante, *a;* standing in the way; *m. adv.* however, nevertheless, notwithstanding.

obstrucción, *f;* obstruction, stoppage.

obstruir; to obstruct, choke up.

obtener; to obtain, attain, procure; **— crédito,** to obtain credit.

**obturador,** *m;* plug, stopper, shuter.

**obturar;** to obturate, stop up, plug.

**ocasión,** *f;* occasion, opportunity, chance; **de** —, second hand; **aprovechar la** —, to take advantage of an opportunity.

**occidente,** *m;* occident, the west.

**octavo-va,** *a;* eighth; *m.* one eighth, octavo; **en** — *(impr.),* in octavo.

**octubre,** *m;* October.

**ocupación,** *f;* occupation, business, employment, pursuit.

**ocurrir;** to happen, take place, occur; apply to.

**ochenta,** *a;* eighty.

**ocho,** *a;* eight.

**oeste,** *m;* west.

**oferta,** *f;* offer, supply, tender, bid; — **y demanda,** supply and demand.

**oficial,** *a;* official; *m.* officer, workman, artificer, journeyman; workmaster; clerk in a public office; — **mayor,** chief clerk; — **de derrota,** navigating officer; — **de guardia,** watch officer; **primero, segundo** — *(de a bordo),* first, second to the ship; **informe** —, official report.

**oficina,** *f;* office, bureau; — **central de correos,** general postoffice; — **de ajustes, de inscripción, de registro, del timbre, consular, del Registro Civil, de contribuciones, de patentes, de telégrafos,** adjustment, booking, registry, stamp, consular, registrar's, tax or collector, patent, telegraph office; — **s del gobierno,** government offices; **horas de** —, office hours.

**oficio,** *m;* work, occupation, employ, business, trade, office; *pl.* **por mediación de sus buenos** — **s,** through your friendly interference.

**ofrecer;** to bid, offer.

**oliva,** *f;* olive.

**olvidar;** to forget.

**omisión,** *f;* omission, carelesness, neglect, negligence; **salvo error u** — *(S. E. u O.),* errors and omissions excepted *(E. & O. E.).*

**once,** *a;* eleven.

**oneroso-sa,** *a;* onerous, burdensome.

**onza,** *f;* ounce *(28,81 grams);* — **de oro,** Spanish gold coin *($ 16).*

**operación,** *f;* operation, transaction, venture; — **comercial,** commercial transaction; — **es marítimas,** shipping trade or business; — **es pendientes,** pending business; — **es de banca,** banking business; — **es de Bolsa,** stock exchange transactions.

**operar;** to operate, act, work, deal in stocks.

**operario-ria,** *m.* & *f;* working man, working woman, operator, laborer; — **a destajo,** jobber.

**opinar;** to argue, judge, be of opinion, think, hold.

**opinión,** *f;* opinion, mind, view; **tener una** —, to entertain, hold an opinion; **ser de** —, to be of opinion; **en mi** —, in my opinion, to my mind.

**oponer;** to object, be against, face, make opposition, be opposit to.

**oportuno-na,** *a;* c o n v e n i e n t, proper, opportune, seasonable;

en tiempo —, in due time; creer, considerar, juzgar — (o conveniente, o a propósito), to think proper, advisable or fit, consider or judge convenient, opportune.

orden, *m;* order, rank, class, system, regime; *f.* order, mandate, command; — de pago, order of payment; a la —, to the order; de primer —, first class A₁; en —, in order, in an orderly manner; por — y cuenta de, by order and account of; por — de, by order, at the request of; hasta nueva —, till further advise or order; — de entrega, delivery order; anular, revocar una —, to cancel, withdraw an order; por — (o por su —), in their turn; estar en —, to be in order; dar — es (o instrucciones), to order, give instructions; seguir las — es punto por punto, to follow up strictly the orders (or instructions) in every respect.

ordenar; to order, instruct; put in order, arrange, regulate; command.

ordinario-ria, *a;* ordinary, usual, common, customary; coarse, vulgar; mercancía de calidad — ria (o común o corriente), c o m m o n goods; acciones — rias, common stock; asamblea — ria, regular meeting; dividendo —, periodical dividend.

organización, *f;* organization, order, arrangement; tener una

— perfecta, to dispose of a perfect organization.

oriente, *m;* east.

orificio, *m;* orifice, hole, aperture.

origen, *m;* origin, cause, source.

original, *m;* original, first-copy.

orilla, *f;* border, edge, shore (of the sea), bank (of a river).

orillar; to arrange, settle difficulties, disentangle different matters.

ornamentar; to adorn, decorate.

oro, *m;* gold; — acuñado, gold coin; — de 18 quilates, 18 carat gold; — en pasta, virgen, en bruto, gold bullion; — falto de peso, light weight gold; moneda de —, gold currency; peso —, gold dollar; hojas (o panes) de —, gold-leaves; lingotes (o tejos) de —, gold ingots; no es — todo lo que reluce, all that glitters is not gold.

orquesta, *f;* orchestra.

orquestar; to score.

orujo, *m;* bagasse or dry refuse of grapes and olives.

oscilación, *f;* oscillation.

oscilar; to oscillate, waver.

otoño, *m;* autumn, fall.

otro, *a;* other, another.

otorgante, *m & f;* granter, maker of a deed.

otorgar; to consent, stipulate, e x e c u t e, give, convenant, grant.

oveja, *f;* ewe, female sheep.

ovillo, *m;* clew.

# P

**pabellón,** *m;* flag, banner.

**pacotilla,** *f;* venture; **de** —, of poor quality.

**pacotillero-ra,** *m.* & *f;* peddler, hawker.

**pacto,** *m;* agreement, pact.

**padecer;** to sufer, endure.

**padre,** *m;* father, senior; **el señor Pérez, padre,** Mr. Pérez, Sr.

**paga,** *f;* payment, fee, wages, salary, pay.

**pagadero-ra,** *a;* payable; — **a la orden,** payable to order; — **al portador,** payable to bearer; — **a la vista, en efectivo, a tres meses, al año, en buenas letras de cambio,** payable at sight, in cash, at three months date, in one year, in good bills; — **a la entrega, a la llegada, a destino, a presentación, al vencimiento,** payable on delivery, on or upon arrival, at destination, on presentation or on demand, at maturity or when due; — **por trimestres,** payable quarterly.

**pagado-da,** *a; and pp. of pagar,* paid, satisfied; — **adelantado,** prepaid.

**pagador,** *m;* payer, paymaster, paying teller.

**pagar;** to pay; — **por adelantado (o por anticipado),** to prepay, pay beforehand, in advance, in anticipation; — **a cuenta,** to pay on account; — **al contado, en dinero contante,** to pay cash down or ready cash; — **a la presentación,** to pay on demand; — **a la vista, a plazos (o por cuotas o por entregas parciales),** to pay at sight, by instalments; — **al vencimiento,** to pay when due; — **por daño y gastos, capital e intereses,** to pay damages and charges, principal and interests; — **por daños y perjuicios,** to pay damages; — **íntegramente,** to pay in full; — **hasta el último céntimo;** to pay the last farthing; **páguese a la orden del Sr. M. valor recibido, en cuenta, entendido,** pay to Mr. M. on order. value received, in account, agreed; **a** —, payable; **efectos a** —, bills payable.

**pagaré,** *m;* promissory note, note of hand, I. O. U.; — **no pagado,** dishono(u)red note.

**página,** *f;* page, folio.

**pago,** *m;* payment, pay, retribution, reward; — **por adelantado,** prepayment; — **prorrogado (o aplazado),** deferred payment; — **al contado, en efectivo,** cash payment; — **en metálico,** payment in specie; — **de saldo,** settlement; **estar atrasado en el** —, to be in arrear with the payment; **hacer un** — **a cuenta,** to make a part payment; **protesto por falta de** —, protest for non-payment; **suspensión de** — **s,** suspension of payment; **día de** —, day of payment.

**pairo,** *m; (mar.)* lying with all sail set; **al** —, lying to.

**país,** *m;* country, land, region.

**paja,** *f;* straw.

**palabra,** *f;* word, affirmation, promise, offer; **dar** —, to pledge one's word; **tener, cumplir la** —, to keep one's word; **faltar a su** —, to fail off or break one's word; **retractarse, retirar su** —, to eat, take back one's word.

**paladar,** *m;* palate, taste, relish.

**palmo,** *m; measure of length (8 inches)*

**palo,** *m; (mar.);* — **mayor, de mesana, de trinquete,** main, mizen, fore mast; — **bauprés,** bowsprit; — **de respeto,** jury, spare mast.

**pampero-ra,** *a;* dweller of the Pampas; *m; (Amér.),* violent south-west wind.

**pan,** *f;* bread.

**pana,** *f;* plush, woolen velvet.

**panadería,** *f;* bakery, baker's shop.

**pandectas,** *f;* index book.

**pánico,** *m;* panic, fright.

**panificación,** *f;* panification, making of bread.

**paño,** *m;* cloth.

**papel,** *m;* paper, bill, document, obligation; — **carbón, impermeable, secante, sellado,** carbon, water - proof, blotting, stamped paper; — **de cartas, de comercio, (o comercial), de envolver, de lija, de barba,** writing (or letter), commercial, wrapping, sand, document paper; — **de entapizar,** wallpaper, paper-hanging; — **de seda,** tissue paper; — **de estaño,** tin-foil; — **del Estado,** government bonds; — **moneda,** bills; **fábrica de** —, papermill.

**papelería,** *f;* stationery.

**paquebote,** *m;* packet, packet-boat, steam-packet.

**paquete,** *m;* small packet, parcel, package.

**par,** *m;* couple, pair; *f.* par; **a la** —, at par; **bajo la** —, below par; **cambio a la** —, par of exchange, exchange at par; **sobre la** —, above par; **vender a** — **es,** to sell by pairs, by couples.

**parado,** *a;* unemployed, out of work.

**paralización,** *f;* stagnancy, stagnation.

**parar;** to stop, check, restrain; — **mientes,** to consider carefully; **no** — **se en pelillos,** not to stop at triffles.

**parcial,** *a;* partial, not general, incomplete; partisan, one-sided, prejudiced.

**parecer;** to appear, seem, resemble, look like; **por el bien** —, to save appearances; **al** —, to all appearances, seemingly.

**pared,** *f;* wall; — **medianera,** party-wall; — **maestra,** main wall; **entre la espada y la** —, between the devil and the deep sea.

**paridad,** *f;* parity, equality; — **monetaria,** the parity.

**paro,** *m;* suspension of work; strike.

**párrafo,** *m;* paragraph.

**parroquiano,** *m;* c u s t o m e r, client.

**parte,** *f;* part, portion, share, allowance, cause, party; *m.* communication, dispatch, telegram; **de** — **de,** on the side of; **en ninguna** —, nowhere; **la mayor** —, most; **por mi** —, on my part; **por otra** —, on the other hand; **por todas** — **s,** everywhere; — **telefónico,** telephone message; — **telegráfico,** telegram.

**participación,** *f;* participation, share, advice, announcement, copartnership; **cuenta en** —, joint account.

**participar;** to participate, partake, share; give notice, notify, inform, acquaint.

**partícipe,** *m;* partner, p a r t owner.

**particular,** *a;* particular, personal, private; **correspondencia** —, personal mail; **secretario** —, private secretary.

**partida,** *f;* departure, starting, leaving; consignment, parcel, ammount, lot, shipment, entry, item in an account; — **doble,** double entry; — **simple** (o **sencilla),** single entry; — **de géneros,** parcel, lot of goods; **comprar, vender por** — **s,** to purchase, sell in or by lots; **contra** —, counter (reserve or offsetting or cross) entry; **anular una** —, to cancel an item; **sentar una** —, to enter an item.

**pasaje,** *m;* passage, voyage, journey, passage-money, fare.

**pasajero-ra,** *m* & *f;* passenger, traveler.

**pasaporte,** *m;* passport.

**pasar;** to pass, surpass, excel; omit, overlook, spend (as time), dry (as fruits); happen; enter; — *(una partida)* **al mayor,** to enter an item into the ledger; — **por alto** *(un asiento),* to overlook an item; **debo saber todo lo que pasa,** I must know everything that happens.

**pasavante,** *m;* permit, *(mar.)* safeconduct.

**pase,** *m;* permit, license, passcheck.

**pasivo,** *m;* liability, liabilities.

**paso,** *m;* step; measure, diligence, agency; **salir del** —, to get out of a difficulty; **a ese** —, at that rate; — **de tornillo, de hélice,** screw-thread.

**pasto,** *m;* pasture, grazing; grass for feed.

**patata,** *a;* potato.

**patente,** *f;* patent, bill, license, exclusive, privilege; — **de sanidad limpia, sucia, sospechosa,** cleam, foul, suspected bill of health; — **de invención,** bill of invention; **derechos de** —, royalty paid to patentee; **Oficina de P** — **s,** Patent Office; **poseedor de** —, patentee; **sacar** —, to patent.

**patrimonio,** *m;* patrimony, inheritance, possessions.

**patrón,** *m;* master, master of a ship, landlord, owner; standard, sample, model, pattern.

**paz,** f; peace; **estar en —,** to be quits.

**pecuario-ria,** a; pertaining to cattle.

**peculio,** m; private purse or property, (mar.) peculium.

**pecuniario-ria,** a; p e c u n i a r y, monetary.

**pechar,** v; to pay taxes.

**pedazo,** m; piece, fragment, bit; **a o en — s,** in bits, in fragments.

**pedido,** m; order (for goods) demand, purchase; **hacer un —,** to place an order; **hoja de —,** order-sheet; **nota de —,** purchase note; **servir, despachar, cumplir un —,** to attend to, execute, fill, discharge an order; **anular, revocar un —,** to cancel, withdraw an order.

**pedimento: a —,** at the instance, on petition.

**pedir;** to ask, beg, demand, claim, request, order (for goods); **— crédito,** to demand credit; **— prestado,** to borrow; **— el permiso,** to ask the permission; **— informes,** to request informations; **— una bonificación,** to claim a compensation; **— perdón,** to beg pardon.

**pedrisco,** m; hail-storm.

**peletería,** f; furriery, peltry.

**peligro,** m; danger, risk; **estar en —,** to be in danger, in distress. (V. Riesgo.)

**pendiente,** a; pendent, pending, outstanding; **asunto —,** pending matter (or affair); **cuenta —,** unsettled (or outstanding) account; **deuda —,** umpaid (or outstanding) debt; **pleito (proceso) —,** pending lawsuit.

**penique,** m; penny (English copper money).

**pensión,** f; pension, annuity; **caja de — es,** annuity cash, superannuation fund; **— a la vejez,** old age pension.

**peón,** m; day-labo(u)rer, labo(u)rer.

**peonaje,** m; gang of labo(u)rers.

**peor,** adv.; worse; worst.

**pepita,** f; nugget; **— de oro,** gold nugget.

**pequeño,** a; little, small.

**percibir,** v; to receive, perceive, comprehend, collect; **— interés,** to receive interest; **— la renta,** to collect the rent.

**perder;** to lose, be deprived of, forfeit; **— dinero,** to lose money; **— el tren,** to miss the train; **— el tiempo,** to waste time.

**pérdida,** f; loss, waste, shortage, damage; **ganancias y — s,** profit and loss; **ser una verdadera —,** to be a dead or clear loss; **— con recobro,** salvage loss.

**perfeccionar;** to improve, perfect, complete, finish.

**perforador,** m; perforator; **— de cheques,** check punch.

**periódico,** m; newspaper, periodical, journal; **— de sucesos,** gutter journal; **— diario,** newspaper, daily.

**perito-ta,** a; skilful, able, experienced; m. expert; **— agrónomo,** agronomist, expert in agriculture; **— calígrafo,** expert penman; **— mercantil,** expert accountant.

**perjudicado-da,** a. and pp. of perjudicar; injured, damaged.

**perjudicar;** to prejudice, injure, damage, hurt, impair.

**perjudicial,** *a;* prejudicial, damaging, pernicious.

**perjuicio,** *m;* damage, injury, detriment, prejudice; **daños y — s,** damages.

**permiso,** *m;* permission, permit, leave, license; **— de exportación,** permit to export; license outward.

**permitir;** to permit, allow, consent, let.

**permuta,** *a;* permutation, barter, exchange of commodities.

**permutable,** *a;* permutable.

**permutar;** to barter, exchange, interchange, trade.

**personal,** *a;* personal, private; *m.* personnel, staff.

**personalidad,** *f;* personality, person, legal capacity; **— jurídica,** legal capacity. (V. *Personería.)*

**personería,** *f;* solicitorship; **— jurídica** *(Amér.),* legal capacity. (V. *Personalidad.)*

**pertenecer;** to belong, pertain, concern.

**pesa,** *f;* weight; **—s y medidas,** weights and measures.

**pesacartas,** *m;* letter-weight, letter-scales.

**pesada,** *f;* quantity weighed at once.

**pesar,** *v;* to weight, examine, consider, ponder; *m,* sorrow, regret; **a — de,** in spite of.

**pesca,** *f;* fishing.

**pescado,** *m;* fish (that has been caught).

**peseta,** *f; Spanish monetary unit.*

**peso,** *m; monetary unit of Argentine, C h i l e, Colombia,* Cuba, Guatemala, Honduras, México, Nicaragua, Paraguay, Salvador, Uruguay; weight; importance, consequence; **— fuerte,** silver dollar; **— aproximado,** approximate weight; **— bruto, neto, muerto, justo, medio, de ley,** gross, net, dead, full, average, standard weight.

**petardear;** to cheat, trick.

**petición,** *f;* petition, claim, demand, request.

**petróleo,** *m;* petroleum, mineral oil.

**petrolífero-ra,** *a;* petroliferous, oily.

**pez,** *m;* fish.

**pfening,** *m; the one-hundredth part of a mark.*

**pícaro,** *m;* rascal, rogue, knave.

**pico,** *m;* fraction of money or time, odd amount; **no cobro los — s** *(de centavos* o *de céntimos),* I do not collect the odd pennies; **son las diez y —,** it is a few minutes after ten.

**pie,** *m;* foot; **al — de la letra,** literally, accurately; **dar —,** to give occasion.

**piedra,** *f;* stone, block; **— preciosa,** precious stone; **— de amolar** (o **afilar),** grinding-stone.

**piel,** *f;* fur; skin.

**pienso,** *m;* feed, feeding.

**pieza,** *f;* piece, fragment; coin; room (in a house); **— de autos,** records of pleadings; **—s justificativas,** vouchers, proofs.

**pignoración,** *f; p i g n o r a t i o n,* hypotecation *(act of pledging or pawning).*

**pignorar;** to pledge, pignorate, pawn, hipothecate.

**pignoraticio-cia,** *a;* pignorative; **crédito —,** hypothecary credit.

**pilotaje,** *m; (mar.),* pilotage.

**piloto,** *m;* sailing master, first mate; **— práctico (o de costa),** coast-pilot; **— de puerto,** pilot.

**pimentón,** *m;* Cayenne or red pepper; paprika.

**pimienta,** *f;* pepper.

**piñón,** *m;* pinion, small gear-wheel; spring-nut of a gun; **— cónico,** bevel- pinion.

**pipa,** *f;* cask, pipe, hogshead, butt.

**pique,** *m;* pique, resentment; **irse a — *(mar.),*** to founder; **echar a —,** to sink a ship.

**pisapapeles,** *m;* paper weight.

**piscicultor,** *m;* pisciculturist.

**piscicultura,** *f;* pisciculture, fish culture.

**pito: no me importa un —,** I don't care a straw; **no tocar —,** to have no share in any business; **no vale un —,** not worth a straw.

**pizarra,** *f;* slate; black-board.

**plan,** *m;* plan, project, design.

**plantío,** *m;* plantation, planting, garden-bed.

**plástico,** *a & m;* plastic.

**plata,** *f;* silver; *(Amér.),* money, wealth; **hablar en —,** to speak clearly; **— de ley,** sterling silver.

**plátano,** *m;* banana.

**platero,** *m;* silversmith; jeweller.

**platillo,** *m;* basin or pan of a balance.

**platina,** *f;* ore of platinum; plate, platen, bed-plate.

**platino,** *m;* platinum.

**plaza,** *f;* market, city, town place; square; place, position; **— de abastos,** market-place, street-market; **el uso, la costumbre de la —,** usage, custom, practice of the place; **conocimiento de la —,** local knowledge.

**plazo,** *m;* term, time, time limit, delay, period, date of payment, instalment, credit; **a —,** on credit; **a — fijo,** for a fixed (or definite) period; **a largo, a corto —,** at long, at short term (date or notice); **comprar a —,** to buy on credit; **vencimiento del —,** expiration of term; **prorrogar el —,** to extend the time; **contrato a —** (o **a entrega),** bargain for the account; **contrato** *(para entrega a determinado)* **—,** bargain for future delivery; **a — s,** on easy payments.

**plegable,** *a;* pliable, folding.

**plegador-a,** *a;* folding; *m.* folder, plaiter, folding-machine, plaiting-machine.

**pleitear;** to plead, litigate, sue, contend.

**pleito,** *m;* lawsuit, litigation, cause, legal process, judicial action, proceedings in a cause, controversy, contest; **— de acreedores,** proceedings under a commission of bankruptcy; **ganar, perder un —,** to win, lose or carry an action or suit; **ver un —,** to try a cause.

**plétora,** *f;* plethora, superabundance.

**pliego,** *m;* sheet (of paper); specifications (documents desclosing conditions), tender, bid.

**plomo,** *m;* lead; **poner el** — (o **el sello de** — o **el marchamo) a las mercancías,** to close with or put on the lead sealing; **ir (o andar) con pies de** —, to proceed with the utmost circumspection.

**pluma,** *f;* feather, plume; pen; — **estilográfica,** fountain pen; **a vuela** —, written in haste.

**plusvalía,** *f;* increased value.

**población,** *f;* population, number of inhabitants; city, town; — **flotante,** floating population.

**poco,** *a & adv.;* little; — **s,** few: **a** — **de,** shortly after; **otro** —, a little more; — **a** —, little by little.

**poder,** *m;* power, procuration, power of attorney, authority, faculty; proxy, possession, tenure; **por** — **(p. p.),** by proxy, per procuration *(p. p. or per proc.);* — **general,** general power of attorney.

**póliza,** *f;* policy, custom-house permit; — **abierta,** open policy; — **dotal,** endowment policy; — **flotante,** floating policy; — **a la gruesa,** respondentia policy; — **a prima fija,** fixed premium policy; — **a término** (o **a plazo fijo),** time policy; — **de fletamento,** charterparty; — **de seguro** (de vida, de incendio, marítimo), insurance (life, fire or sea) policy; **tenedor de** —, policyholder.

**polvo,** *m;* dust; powder; — **s dentífricos,** tooth powder; **limpio de** — **y paja,** free from all charges.

**pólvora,** *f;* powder, gunpowder;

— **sin humo,** s m o k e l e s s powder.

**poner;** to put, place, lay, set; — **en claro,** to clear up, explain.

**poniente,** *m;* the west; *(mar.),* west wind.

**pontón,** *m;* nud-scow, lighter, dredge; — **flotante,** raft, float.

**popa,** *f;* poop, stern.

**por,** *prep.;* per, by, for, about, through; at; — **año,** per annum; — **ciento,** per cent (%); — **día,** per diem; — **mil,** per thousand; — **docena,** by the dozen; — **5 pesetas,** for 5 pesetas; — **Navidad,** a b o u t Christmas; **arrojó la carta** — **la ventana,** he threw the letter through the window; **vende al** — **mayor,** he sells at wholesale; **vende al** — **menor,** he sells by retail.

**porcentaje,** *m;* percentage.

**pormenor,** *m;* detail, particular.

**porque,** *conj.;* because.

**portador-a,** *m & f;* bearer, carrier, porter; holder, bearer, payee; — **de una letra,** holder of a bill; **al** —, to bearer.

**portafolio,** *m;* portfolio.

**portamonedas,** *m;* pocket-book, purse.

**portaplacas,** *m;* dark slide, plateholder, chassis.

**porte,** *m;* postage, freight (cost of transportation), carriage, portage, charges; — **debido,** charges collect, due; — **pagado** (o **cobrado),** charges prepaid, postpaid; **carta** (o **nota) de** —, railroad bill of landing; **franco de** —, postage *or* carriage free.

**porteador-a,** *a;* carrying; **empresa — a,** carrying *(or* transport) company; *m.* carrier.

**portear;** to carry, convey, transport.

**portero-ra,** *m* & *f;* janitor, janitress, porter.

**posdata,** *f; P. D.*

**poseedor-a,** *m* & *f;* possessor, owner, holder.

**poseer;** to possess, own, hold.

**posible,** *a;* possible, feasible; *pl.* personal means.

**poso,** *m;* sediment, dregs, lees.

**postal,** *a;* postal; **ahorro —,** postal saving system; **paquete, bulto** (*Amér.* **encomienda**) **—,** parcel post; **giro —,** money-order; **reglamento —,** postal regulations; **servicio —,** postal service; **tarjeta —,** postal card; **apartado** (*Amér.* **casilla**) **—,** P. O. box.

**postscriptum,** *m; P. S.*

**postor,** *m;* bidder; **mejor —,** highest bidder.

**postulante,** *m;* applicant.

**postura,** *f;* bid, offer, stake in betting.

**potestad,** *f;* power, dominion, command, jurisdiction; **patria —,** paternal jurisdiction.

**potrero,** *m;* pasture ground; *(Amér.),* cattle ranch.

**pozo,** *m;* well; whirlpool; shaft; pit; **— artesiano,** artesian well; **— de una mina,** shaft of a mine.

**práctico-ca,** *·a;* practical, experienced, skilful, expert; *m.* pilot; *f.* practice, exercise, habit, method.

**practicón,** *m;* practician *(one person possessing but prac-*

*tical knowledge and experience).*

**pradera,** *f;* meadow, pasture-ground, prairie.

**prado,** *m;* lason, field, grass-plott, paddock, p a s t u r e ground.

**precaución,** *f;* precaution, vigilance, guard; **medidas de —,** measure of precaution *or* precautionary measures.

**precinto,** *m;* strapping; sealed strap, binding; seal.

**precio,** *m;* price, cost, value; **— bajo,** low price; **— corriente,** current price; market price; **— elevado** (o **alto**), high price; **— fijo,** fixed price; **— medio,** average price; **— neto, bruto,** net, gross price; **— nominal, real, reducido, cotizado, fijado, predominante, regulador, oscilante, variable, estacionario, variable, ventajoso,** nominal, real, reduced, quoted, set, ruling, standard, oscillating, variable, stationary, advantageous price; **— de costo, de fábrica, de compra, de venta, de primera oferta, de última hora, de competencia, de especulación, de compensación, de catálogo, de factura,** cost, prime cost, buying, selling, upset, closing, competitive, speculative, making up, list, invoice price; **— del cambio,** exchange rate; **diferencia, fluctuación, cotización de — s,** difference, fluctuation, quotation (or quoting) of prices; **subida, bajada de —·s,** rise (or enhancement), decline (or fall) of prices; **marcha de los — s,** course of prices; **variar el — de ... a ...,** to range the price from ... to ...; **producir, causar una baja en el —,** to produce, cause a decline in price; **pedir, exigir, pretender un —,** to ask, demand, claim a price; **cotizar un —,** to quote a price; **tenerse a un —,** to stick to a price; **vender a mejor —,** to sell at a better price; **concertarse en el —,** to agree on the price; **hacer una rebaja de —,** to make an allowance (or a reduction) on price; **— de origen,** price of origin; **— en globo (o por junto),** lump price; **a cualquier —,** at any price; **a vil —,** at rock bottom price (or dog or dirt cheap price); **— sin derechos** *(de aduana)* **pagados,** price in bond (or short price); **— con derechos** *(de aduana)* **pagados,** price free of duty (or long price); **— al contado,** cash price; **— que deja pérdida (o perdiendo),** l o s i n g price; **aumentar el —,** to overcharge, increase, advance the price; **reducir el —,** to cheapen, cut, reduce the price.

**precisar;** to state precisely, specify; need, be necessary, be urgent.

**preciso,** *a;* accurate, correct, necessary.

**predecir;** to foretell, anticipate, predict.

**preferencia,** *f;* p r e f e r e n c e, choice; **de —,** preferably.

**premio,** *m;* premium, recompense, reward, remuneration, interest; **— de seguro,** insurance premium; **estar a —,** to be at premium; **— de ahorro de combustible,** f u e l s p a r i n g money; **— de auxilio,** assistance money; **obtener, ganar un —,** to carry off a price.

**prenda,** *f;* pledge, security,

pawn, guaranty; **dar en —,** to pledge.

**prensa,** *f;* press; press, journalism; **— asociada,** associated press; **— de copiar,** copying-press; **dar a la —,** to publish.

**prescripción,** *f;* prescription.

**presentación,** *f;* presentation, exhibition, display; introduction; **a —,** on presentation, on demand, at sight.

**presentar;** to present, introduce; exhibit, display; **— a la aceptación, al descuento, al pago, al cobro,** to present for acceptance, for discount, for payment, for collection; **— perspectivas favorables,** to promise well; **— una reclamación,** to put in a claim (or to make a reclamation); **— una relación,** to give an account, present a report; **— la proa al mar,** to bow (or head) the sea; **— el billete a solicitud,** to show the ticket whenever requested.

**presente,** *a;* present, actual, instant, current; **el 13 del —,** the 13th. inst; **la —,** the present writing, *these presents;* **tener —,** to bear in mind; **hacer —,** to remind.

**presidente,** *m;* president, chairman.

**prestador,** *m;* lender.

**prestamista,** *m & f;* money-lender, pawnbroker; **— sobre prendas,** pawnbroker.

**préstamo,** *m;* loan; **— hipotecario,** mortgage loan; **— sobre valores, títulos,** collateral loan, loan upon values, deeds or securities; **— a la gruesa,** respondentia; bottomry loan; **casa de —s,** pawnbroker's shop, pawnshop; **hacer un —,**

to raise a loan; **dar, tomar dinero a** —, to lend out, borrow money.

**prestar;** to lend, loan, aid, assist; — **un servicio,** to render a service, do a favo(u)r; — **atención,** to pay attention.

**prestatario,** *m;* borrower.

**presupuesto,** *m;* estimate, calculation, budget; — **aproximado,** approximate estimate.

**previsión,** *f;* prevision, foresight; forecast; — **social,** social security.

**prima,** *f;* premium; — **de seguro,** insurance premium; — **al alza, a la baja,** option at call, option to put; — **a dar, a recibir,** premium for the call, for the put; **comprar, vender a** —, to buy (or purchase) for option, sell at option; **tomador, dador de** —**s,** option taker, option giver; **hacer negocios, operaciones a** —, to deal in options, make optional bargains.

**primero-ra,** *a;* first, former, chief, principal; — **ra de cambio,** first of exchange; **de** — **ra,** superior quality, highest grade; **casa de** — **ra,** a first-rate house.

**principal,** *a;* principal, chief, senior; *m.* capital, stock, principal, head (or chief) of a commercial establishment; **agencia** —, principal or general agency; **artículo, producto** — **de un país o de un mercado,** staple, leading, chief article or commodity of a country or market.

**principio,** *m;* start, beginning; **al** —, at first.

**prisa,** *f;* hurry, haste, urgency, speed; **correr** —, to be urgent.

**privado-da,** *a;* private, secret, personal.

**privilegiado-da,** *a;* privileged; **títulos** — **dos,** preferential shares, bonds, etc.

**privilegio,** *m;* privilege, grant, concession, immunity, exemption, patent, copyright; — **de invención,** patent.

**proa,** *f;* bow, prow.

**probar;** to try, experiment, test; prove, justify; attempt, endeavour; taste.

**probatorio-ria,** *a;* probatory; *f.* (jurisp.), time allowed for producing evidence.

**probidad,** *f;* integrity, probity, uprightness.

**procedencia,** *f;* origin, place of sailing.

**proceder;** to proceed, go on; behave, deal; — **al embargo,** to proceed to the distraint; — **contra alguien** (judicialmente), to take proceeding or legal steps against one.

**procesado-da,** *a;* prosecuted, indicted.

**proceso,** *m;* action at law, lawsuit.

**procuración,** *f;* care, diligence, careful management, proxy power (or letter) of attorney.

**procurador,** *m;* attorney, solicitor, — **fiscal,** public prosecutor; — **general,** attorney-general.

**procurar;** to procure, solicit, obtain, endeavour, try; act as attorney.

**producción,** *f;* production, produce, growth, crop, yield; **centro, lugar de** —, place of product; — **en serie,** mass production.

**producir;** to produce, yield, bring forth.

**productivo - va,** *a;* productive, profitable, fruitful; **capital —,** productive capital.

**producto,** *m;* product, growth, amount, proceeds; *pl.* produce; **— bruto,** gross proceeds; **— líquido** (o **neto**), net proceeds; **—s del país, extranjeros,** home (or domestic), foreign produce; **— s elaborados,** manufactures; **— alimenticio,** food stuff.

**productor-a,** *a;* producer, grower, maker, manufacturer; **casa — a,** manufacturing firm.

**prohibir;** to prohibit, forbid, restrain.

**promedio,** *m;* average.

**prometer;** to promise, give promise.

**promover;** to promote, further.

**pronto,** *a;* quick, s p e e d y; prompt; ready; *adv.,* soon, promptly; **de —,** suddenly; **por lo —,** for the present, provisionally.

**prontuario,** *m;* notebook.

**propaganda,** *f;* propaganda, advertising.

**propiedad,** *f;* ownership; property; landed state; **— literaria,** copyright.

**propietario-ria,** *a;* proprietary; *m,* proprietary, proprietor, owner, landlord, freeholder.

**propio,** *a;* proper, suitable; peculiar, characteristic; own.

**propina,** *f;* fee, tip, gratuity.

**proponer;** to propose, plan, resolve.

**proporción,** *f;* proportion, average, ratio, share, chance, offer; **a —,** proportionally.

**proporcionar;** to supply, furnish, provide with.

**propósito,** *m;* purpose, design, intention, aim, object; **de —,** on purpose.

**propuesta,** *f;* proposal, proposition, offer.

**prorrata,** *f;* quota, apportionment; **a —,** pro rata, in proportion.

**prorratear;** to apportion, prorate.

**prorrateo,** *m;* division i n t o shares, average.

**prórroga,** *f;* prorogation, respite, renewal, extension.

**prorrogar;** to prorogate, extend. adjourn, defer, renew; **— una aceptación,** to prolong a bill.

**prospecto,** *m;* prospectus, announcement.

**próspero,** *a;* prosperous.

**proteccionismo,** *m;* protectionism.

**proteccionista,** *f;* protectionist.

**protesta,** *f;* protestation, protest.

**protestar;** to protest, menace; **— una letra,** to protest a bill of exchange; **hacer — un giro,** to have a bill protested.

**protesto,** *m;* protest of a bill; **— por falta de aceptación, de pago,** protest for non-acceptance, for non-payment, **aceptar bajo —,** to accept under or supra protest; **gastos de —,** protest charges; **hacer el —,** to protest; **sacar —,** to levy protest.

**provecho,** *m;* profit, gain, utility, benefit, advantage; **en su —,** in his (her, your, their) favo(u)r.

**proveedor-a,** *m & f;* purveyor; **— de buque,** ship-chandler.

**proveeduría,** *f;* storehouse for provisions, office of purveyor.

**proveer;** to supply with provisions, provide, furnish, stock.

**provisión,** *f;* supply, provision, stock, victuals, food; remittance of funds.

**próximo-ma,** *a;* proximo, next, nearest; — **pasado,** last month; **el 1.º del mes** —, the first proximo; **estar** — **al vencimiento,** to be about falling due.

**proyecto,** *m;* project; — **de ley,** bill.

**prueba,** *f;* proof, evidence; trial, test; **a** —, on trial; **a** — **de agua, de fuego,** water-proof, fire-proof.

**publicidad,** *f;* publicity, advertising; **agencia de** — (o **de anuncios),** advertising agency; **material de** — (o **de propaganda),** puffing material, material of propaganda, of publicity, advertising material.

**público-ca,** *a;* public, common, general; *m.* public.

**puerto,** *m;* harbour, port; — **franco,** free port.

**puesto-ta,** *pp. of poner; a.* placed, put, set; *m.* place, space occupied; employment, position; — **al costado del buque,** free alongside. (F.A.S.)

**puja,** *f;* outbidding at a public sale, highest bid.

**pujar;** to outbid, bid.

**pulgada,** *f;* inch, twelfth part of a foot.

**pulpa,** *f;* pulp; — **de fruta** pulp of fruit.

**pulpería,** *f; (Amér.),* general country store; retail grocery store.

**pulpero,** *m; (Amér.),* owner of a general country store; retail grocer.

**punto,** *m;* point, place; detail particular, point; sight *(in fire arms);* — **de media,** knit work; **en** —, exactly, sharp; **por** — **general,** as a rule; **hasta cierto** —, to a certain point; **estar a** —, to be ready, be about to happen.

**puntualidad,** *f;* punctuality, accuracy, exactness; **pagar con** —, to meet payments with punctuality.

**puño,** *m;* fist; cuff, handle (of an umbrella, etc.).

**pupila,** *f;* pupil of the eye; **tener** —, to be sharp, not easily deceived.

**pupitre,** *m;* writing desk, writing-case.

**puro-ra,** *a;* pure, genuine, sterling; *m.* cigar.

# Q

**q. e. s. m.;** *abrev. de* que estrecha su mano.

**quebradizo,** *a;* breakable.

**quebrado-da,** *a;* bankrupt.

**quebranto,** *m;* damage, loss.

**quebrar;** to become bankrupt, fail, break, suspend payment.

**quedar;** to remain; stay; be left; — **a deber,** to remain owing; — **en,** to agree on; — **con,** to keep, take.

**queja,** *f;* complaint, dispute.

**quejarse;** to complain, dispute.

**querella,** *f;* lawsuit, plaint, dispute.

**querer;** to wish, want, desire.

**queso,** *m;* cheese.

**quiebra,** *f;* failure, bankruptcy; — **casual, culpable, fraudulenta,** accidental, culpable, fraudulent bankruptcy; — **simple,** failure, bankruptcy; **declararse en —,** to declare oneself bankrupt; **hacer —,** to become bankrupt.

**quilate,** *m;* carat *(weight of 3,17 grains).*

**quilla,** *f;* keel.

**químico-ca,** *a;* chemical; *m.* chemist.

**quincallería,** *f;* hardware, hardware factory, hardware store.

**quincena,** *f;* fortnight, half a month.

**quintal,** *m;* quintal, hundredweight.

**quintalada,** *f; (mar.),* primage or hat money *(2 1/2 per cent on the freights).*

**quisto-ta,** *pp. irregular of querer,* only used with «*bien*» and «*mal*»; **bien —,** generally beloved, esteemed; **mal —,** disliked.

**quita: de — y pon,** adjustable, removable.

**quince,** *a;* fifteen.

**quitar;** to remove, take away, clear (the table).

**quizá, quizás,** *adv.;* maybe, perhaps.

# R

**rada,** *f;* bay.

**radiador,** *m;* radiator.

**radiodifusión,** *f;* broadcasting; **estación emisora de —,** broadcasting station.

**radiograma,** *m;* radiogram, aerogram, wireless message.

**raíz,** *f;* root, base, foundation; **cortar de —,** to nip in the bud; *pl.* **bienes raíces,** landed property, real state.

**rama: en —,** crude, raw; in the grain; *bookbinding:* in sheets, unbound; **seda en —,** raw silk; **tabaco en —,** leaf tobacco.

**ramo,** *m;* line of business; branch *(of trade or of study).*

**rancio-cia,** *a;* rank, rancid, stale; long kept, old; **vino —,** fine old wine.

**rancho,** *m;* small farm, ranch; hut.

**raro-ra,** *a;* rare, scarce; uncommon; extraordinary, queer, odd.

**rasgo,** *m;* trait, characteristic; **a grandes — s,** in bold strokes.

**raspadura,** *f;* erasure, scraping.

**ratificar;** to ratify, confirm, approve.

**razón,** *f;* reason, cause, motive; firm, name; rate, ratio; **tener —,** to be right; **tener la —,** to be in the right; **— directa,** direct ratio; **— inversa,** inverse ratio; **— social (o comercial),** firm name, name of a concern; **a — de,** at the rate of; **en —,** with regard to; **la extinguida — social,** the late firm.

**real,** *a;* real, actual, positive; true, genuine; royal; *m.* silver coin.

**realidad,** *f;* reality; **en —,** truly, really.

**realizable,** *a;* saleable.

**realización,** *f;* sale, bargain sale; clearance sale; realization, fulfilment.

**realizar;** to realize, carry out, convert into money, sell, fulfil; **capital realizado,** paid-up capital.

**reasegurar;** to reinsure.

**rebaja,** *f;* rebate, reduction, deduction, abatement, allowance; **hacer una —,** to make an allowance.

**rebaño,** *m;* flock, herd.

**rebasar;** to exceed, go beyond, trespass.

**rebatir;** to refuse, repel, rebut.

**recambio,** *m;* re-exchange; **piezas de —,** supplies, spare pieces, duplicate.

**recargo,** *m;* surcharge, overcharge, additional charge.

**recaudación,** *f;* collection; collector's office.

**recaudador,** *m;* tax-collector, receiver, collector.

**recaudar,** to collect taxes, rents, etc.

**recaudo,** *m; collection of rents or taxes,* bond, bail.

**receptor-a,** *a;* recipient; *m.* receiver, *actuary commissioned by a tribunal of justice to.*

**receptoría,** *f;* receiver's or treasurer's office, receiver-ship.

**recibir;** to receive; **al —,** on receipt of.

**recibo,** *m;* receipt, acquittance, voucher; **acusar —,** to acknowledge receipt; **— de expedición,** forwarding receipt; **— de entrega,** acknowledgement of delivery.

**reciente,** *a;* recent.

**recipiente,** *m;* vessel, canister, pot, barrel, cask, can, tin, container, recipient.

**reclamación,** *f;* reclamation, complaint, claim, objection.

**reclamar;** to reclaim, claim, demand.

**reclamo,** *m;* reclamation, claim, advertising, advertisement.

**recolección,** *f;* compilation, summary; harvest, crop, gathering, collection of taxes.

**recolectar;** to gather, collect.

**recomendación,** *f;* recomendation; **carta de —,** letter of recommendation.

**recomendar;** to r e c o m m e n d, commend.

**recompensar;** to remunerate, compensate, reward; to repair, mend.

**reconocer;** to recognize, accept, admit, inspect, examine closely, acknowledge; **— una deuda, la exactitud o conformidad de una cuenta, la legalidad de una demanda,** to acknowledge a debt, the corretness or conformity of an account, the legality of a claim.

**reconocimiento,** *m;* acknowledgement, examination, inspection; recognition, gratitude.

**recordar;** to remind; **—se,** to remember.

**recorte,** *m;* cutting, clipping.

**recreo,** *m;* recreation, amusement; place of amusement.

**rectamente,** *adv.;* rightly, honestly, fairly; in a straight line, directly.

**rectificar;** to rectify, correct, amend.

**recuperar;** to recover, regain; recuperate.

**recurrir;** to apply to, resort to.

**recurso,** *m;* recourse, appeal, resource; *pl.* resources, means.

**rechazar;** to reject.

**redactar,** to word, draw up.

**redención de censo:** paying off a mortgage.

**redescuento,** *m;* rediscount.

**redimible,** *a;* redeemable.

**redimir;** to redeem, pay off.

**rédito,** *v;* interest, revenue, rent, profit, yield, proceeds.

**redituar;** to yield, produce; — **intereses,** to yield interest.

**redondear;** to settle, ultimate; make round.

**redondo-da,** *a;* round, circular, cylindrical; *m.* **negocio** —, square deal.

**reducción,** *f;* decrease, rebate, reduction; **hacer una** —, to make a reduction, a rebate.

**reducir;** to reduce, diminish, decrease.

**reembarcar;** to reship, re-embark.

**reembarco,** *m;* reshipment, re-embarkation.

**reembolsable,** *a;* payable.

**reembolsar;** to reimburse, refund, repay.

**reembolso,** *m;* reimbursement, refunding; **a** —, cash on delivery.

**reemplazar;** to substitute, replace.

**reexpedición,** *f;* re-forwarding.

**reexpedir;** to reforward, despatch *(transit goods).*

**referencia,** *f;* reference; account, report.

**refinar;** to refine, purify.

**refinería,** *f;* refinery, distillery.

**refino,** *m;* refining, refinement.

**reforzar;** to strengthen, thicken.

**refrendar;** to countersing, legalize, visé.

**regatear;** to chaffer, haggle, bargain.

**regateo,** *m;* haggling.

**registrar;** to register, record, inspect, examine, investigate.

**registro,** *m;* inspection, examination, registration, register, registry, enrollment; — **de accionistas,** stock journal: stock transfer book; — **de efectos a cobrar, a pagar,** bills receivable book, bills payable book.

**regla,** *f;* rule, norma, method, standard, order, form; **en** —, in due form, in order; — **fija,** standard.

**reglamento,** *m;* rules, by-laws, ordinance, regulations.

**rehabilitación,** *f;* rehabilitation.

**rehabilitado,** *m;* discharged bankrupt.

**rehabilitar;** to rehabilitate, reinstate; restore, refit.

**rehuir;** to decline, avoid, withdraw.

**rehusar;** to refuse, turn down.

**reimpresión,** *f;* reimpression, reprint, reissue.

**reimprimir;** to reprint.

**reinante,** *a;* prevailing, reigning.

**reincidencia,** *f;* backsliding.

**reincidente,** *a;* backslider.

**reincidir;** to backslide.

**reingresar;** to reënter.

**reingreso,** *m;* reëntrance; incoming.

**reinstalación,** *f;* reinstalment.

**reinstalar;** to reinstal.

**reis,** *m;* (*imaginary coin of the Portuguese and Brazilian systems. See milreis and conto).*

**reiteradamente,** *adv.;* repeatedly.

**reivindicación,** *f;* recovery, replevin.

**reivindicar;** to regain possession, recover, replevy.

**relación,** *f;* relation, report, statement, narrative, memoir; connection, communication, correspondence, intercourse; *pl.* relations, acquaintances, connections; — **detallada, jurada,** detailed, sworn statement;

— **es comerciales,** commercial connections; **establecer — es,** to enter into business relations or establish business connections.

**relevar;** to exonerante, release, for give, acquit, free; — **de un compromiso,** to release from an engagement.

**remanente,** *m;* remnant, remainder, r e s i d u e, balance, rest.

**rematador,** *m;* auctioneer.

**rematar;** to auction.

**remate,** *m;* public sale, auction; — **feria,** fair-auction; — **judicial,** judicial auction; — **de cuentas,** closing of accounts.

**remediar;** to remedy.

**remedio,** *m;* remedy; **no hay más** —, it can't be helped.

**remendar;** to patch, mend, repair.

**remesa,** *f;* shipment; remittance of money; **hacer una** —, to make a remittance.

**remesar;** to remit, send, ship.

**remisión,** *f; act of sending or remitting.*

**remitente,** *m;* remitter, sender, shipper.

**remitir;** to send, forward, remit.

**remolacha,** *f;* beet.

**remolcador,** *m;* tug, tugboat, towboat.

**remolcar;** to tow, take in tow.

**remolque,** *m;* towage, towing; **a** —, in tow; **dar** —, to tow; **coche** o **carro** —, trailer.

**rémora,** *f;* cause of delay.

**remuneración,** *f;* remuneration, recompense, reward, gratuity.

**remunerar;** to remunerate, reward, recompense.

**rendimiento,** *m;* yield, rent, income, product, yearly produce.

**rendir;** to produce, render, yield, bear; — **cuentas,** to render account; — **intereses,** to bear interest; — **mucho, poco,** to yield a good, a bad return.

**renglón,** *m;* written or printed line; line of business, item, staple.

**renovación,** *f;* renovation, reform, renewal; — **de arrendamiento (o de arriendo),** renewal of a bill.

**renovar;** to renew, r e f o r m, change; — **las calderas, las máquinas,** to re-boilder, re-engine; — **un negocio, una operación,** to carry over, continue a bargain.

**renta,** *f;* income, rent, tax, revenue, profit, annuity; — **diferida,** deferred annuity; — **española,** Spanish Government bonds; — **vitalicia,** life pension, life annuity; — **de supervivencia,** survival income; — **del Estado,** Government annuities; — **amortizable,** redeemable state funds; — **consolidada,** consolidated funds, consols; — **nominativa,** registered securities; — **s públicas,** public revenue.

**rentista,** *m;* bondholder, rentier; *one who drives his income from invested capital;* man of independent means.

**renuncia,** *f;* renuntiation, abandonment, resignation.

**renunciante,** *m;* renouncer, waiving party.

**renunciar;** to renounce, resign, give up, relinquish, abandon, waive.

**reparación,** *f;* reparation, restoration, repair; compensation, indemnity; satisfaction.

**reparo,** *m;* remark, objection, advice, repair, reparation, restoration.

**repartición,** *f;* distribution, partition, division.

**repartimiento,** *m;* allotment, apportionment, allocation.

**repartir;** to distribute, apportion, divide, share, allot, asses taxes.

**reparto,** *m;* distribution, partition, division.

**repente: de —,** suddenly.

**representante,** *m & f;* representative; **— comercial,** commercial representative.

**representar;** to represent, perform, set forth, express; *represent another as agent or attorney.*

**repuesto,** *m;* stock, supply; **de —,** spare, extra.

**reputación,** *f;* reputation, credit, character, repute; **buena —,** good reputation, well-established credit; **mala —,** bad credit; **mediana —,** doubtful credit.

**requerir;** to request, require; intimate, notify.

**requisa,** *f;* tour of inspection, round.

**requisito,** *m;* requirement, requisite.

**res,** *f;* head of cattle; *pl.* cattle.

**resaca,** *f;* redraft.

**resarcible,** *a;* indemnifiable.

**resarcimiento,** *m;* indemnity, compensation, reparation.

**resarcir;** to compensate, indemnify, make amends for; **— una pérdida,** to compensate a loss.

**rescatar;** to redeem.

**rescate,** *m;* redemption.

**rescindir;** to rescind, annul, cancel.

**rescisión,** *f;* rescission, abrogation.

**reserva,** *f;* reserve, reservation, secret; **capital de —,** reserve fund; **— facultative, obligatoria, estatutaria,** optional, obligatory, statutory reserve fund; **de —,** extra, spare, in store for future use.

**resguardo,** *m;* voucher, security, guaranty; frontier guard; **— de depósito,** warrant; **talón —,** shipping recepit, railroad bill of lading.

**resistencia,** *f;* r e s i s t e n c e, strength; opposition; **— de los materiales,** strength of materials; **— a la rotura,** resistence to breaking; **— a la tracción,** tensile strength.

**resolución,** *f;* resolution, determination, decision.

**resolver;** to resolve, determine, decide, solve, find out, settle.

**respaldar;** to indorse, guarantee, back.

**respecto: con — a;** with regard to.

**respiro,** *m;* extension, time.

**responder;** to answer, reply; yield, produce; be responsible for, guarantee.

**responsabilidad,** *f;* responsability, liability; **— solidaria,** joint liability.

**respuesta,** *f;* answer, reply, response; **— pagada,** reply paid.

**restablecer;** to reinstate, restore, re-establish.

**restar;** to subtract, deduct, be left, remain.

**restituir;** to restore, return, give back, refund; — **los gastos,** to deduct expenses.

**restitución,** *f;* restitution, restoring.

**resto,** *m;* rest, remainder, residue, remnant, balance.

**restringir;** to restrict, limit, confine.

**resultado,** *a. m;* result, issue, consequence, outcome, effect.

**resumen,** *m;* summary, extract, abridgment, résumé; **en —,** briefly, in short.

**retardar;** to retard, defer, delay.

**retardo,** *m;* delay.

**retasar;** to reappraise.

**retazo,** *m;* piece, remnant, fragment, cutting, portion.

**retirar;** to withdraw, take out, call in, revoke.

**retrasar;** to defer, delay, put off.

**retraso,** *m;* delay.

**retribución,** *f;* retribution, reward, recompense, tip, fee, remuneration.

**retrovender;** to revert, sell back to the grantor.

**retrovendición,** *f;* selling back to vender.

**retroventa,** *f;* sale on reversion or on approval.

**reunión,** *f;* meeting, reunion, junta, assembly, congregation; una — **de acreedores, de accionistas,** a meeting of creditors, of share-holders.

**revalorizar;** to revalue.

**revendedor,** *m;* retailer, peddler.

**revender;** to resell, retail, peddle.

**reventa,** *f;* resale, retail.

**reverso,** *m;* reverse, back; **el —** **de un cheque,** the back of a check; **el — de la medalla,** the opposite in every respect.

**revés,** *m;* reverse, back.

**revisar;** to audit, revise, examine, review; — **las cuentas,** to audit accounts.

**revisión,** *f;* checking, revision, reviewing; — **de cuentas,** audit of accounts.

**revisor,** *m;* reviewer, overseer, auditor; — **de cuentas,** auditor, accountant.

**revista,** *f;* review, magazine.

**revocación,** *f;* revocation, abrogation; — **de una sentencia,** reversal.

**revocar;** to revoke, annul, cancel, repeal, abolish, countermand.

**riego,** *m;* irrigation.

**riel,** *m;* rail.

**riesgo,** *m;* risk, danger, peril; — **de incendio, de inundación, de mar** (o **marítimo),** fire, overflow risk, marine risk or risk of the sea; — **sobre mercancías, sobre casco y aparejos,** risk on goods, risk on hull; **contra todo —,** against all risk; **por cuenta y — de,** for account and risk of; **correr —,** to run a risk; **asumir el —,** to take up, bear the risk.

**rifa,** *f;* raffle, lottery.

**rígido-da,** *a;* rigid, stiff; rigorous, inflexible.

**rigor,** *m;* rigour, severity, strictness; **en —,** strictly; **ser de —,** to be precise.

**rimero,** *m;* heap, pile.

**rincón,** *m;* corner, angle; remote place.

**río,** *m;* river; **navegar — abajo,** to descend, go up the river.

**riqueza,** *f;* riches, wealth, abundance.

**ristra,** *f;* string of onions or garlic; string, row, file.

**rivalidad,** *f;* rivalry, competition.

**robo,** *m;* robbery, theft.

**rociador,** *m;* atomizer, sprinkler, sprayer.

**rociar;** to sprinkle, spray.

**rodeo,** *m;* round-up, inclosure for cattle, stock-yard; *pl.* circumlocution.

**rodillo,** *m;* roll, roller.

**roedor,** *m;* rodent; **gusano —,** gnawing worm.

**rogar;** to ask; beg; pray; entreat; request; solicit.

**rol,** *m;* list, roll.

**rollo,** *m;* roll, rouleau, roller; **— de película cinematográfica,** reel.

**romana,** *f;* weighing-scale, steelyard.

**romper;** to break, smash, tear; **— un contrato,** to break a contract.

**ropa,** *f;* fabric, cloth, dry-goods; **— blanca,** linen; **— hecha,** ready made clothing; **— vieja,** cast off clothing.

**rosca,** *f;* screw and nut; **— (or**

**paso) de tornillo,** thread of screw.

**rotular;** to label, ticket, letter, mark, stamp.

**rótulo,** *m;* ticket, label, sign, mark, placard.

**rotura,** *f;* rupture, breakage, smash.

**rublo,** *m;* ruble *(monetary unit of Rusia).*

**rúbrica,** *f;* rubric *(distinguishing mark or flourish after a person's signature).*

**rubricante,** *m;* signer.

**rubricar;** to rubricate, subscribe, sign and seal a writing.

**rueda,** *f;* wheel, caster; circle of persons; *(Amér.),* meeting of brokers at the stock exchange.

**ruego,** *m;* request, petition; **a — de,** at the request of.

**ruina,** *f;* ruin, downfall, decline, destruction.

**rumbo,** *m;* course, direction, route, way; **hacer —,** to lie the course.

**rupia,** *f;* rupee *(monetary unit of India).*

**rural,** *a;* rural, country, rustic.

**rústico-ca,** *a;* rustic, rural; coarse; **a la** *o* **en — ca,** unbound, in paper covers.

**ruta,** *f;* route, itinerary, way.

**rutinario-ria,** *a;* routinary; *m.* routinist.

# S

SAB 135 SAL

**sábado,** *m;* Saturday.

**sabana,** *f;* (*Amér.*), savannah, plain.

**sabanear;** (*Amér.*), to scour the plain.

**saber;** to know, know how to, be able to, be aware of; learn; taste; **hacer —,** to notify; **no —· cómo,** to not know how to, to be at a loss to; **— a,** to taste of, to taste like.

**sabiendas: a —,** knowingly, consciously.

**sabor,** *m;* relish; taste, savour, flavour.

**sabroso-sa,** *a;* savoury, tasty, palatable; pleasant.

**sacar;** to draw, draw out, extract, take out; **— en claro** (o **en limpio),** to find out, come to a conclusion.

**saco,** *m;* sack, bag; coat; **por —,** by the sack.

**sacrificio,** *m;* sacrifice; **no omitir —,** to shrink back from no sacrifice, to spare, mind no sacrifice.

**sal,** *f;* salt.

**sala,** *f;* hall, parlor; **— de espera,** waiting-room.

**saladero,** *m;* salting-place.

**salar;** to salt, season or preserve with salt; brine; **— cueros, carne,** to cure or corn raw hides, meat.

**salario,** *m;* salary, wages, pay.

**salazón,** *f;* salting; salted meats, fish or hides.

**saldar;** to settle, balance, liquidate, close an account; **— la cuenta de caja,** to balance the cash.

**saldo,** *m;* balance, settlement; **— acreedor, deudor, líquido,** credit, debit, net balance; **— al haber,** credit balance; **— de cuenta,** balance of account; **— anterior** (o **de la cuenta precedente),** balance of former account; **— en caja,** cash balance; **pasar el — a cuenta nueva,** to bring the balance forward to new account; **venta de —s,** bargain sale; **— a su favor,** balance in your favo(u)r.

**salida,** *f;* starting, leaving departure, sailing; outlet, outlay; exit; salability; expenditure, disbursement; pretext, subterfuge; **hora de —,** time of departure; **lugar, estación de** —, starting place, starting station; **no queda otra** —, there are no other means left.

**salina,** f; salt-mine, salt-works.

**salir;** to start, leave, depart, set out, quit, sail; — **se con la suya,** to accomplish one's end, have one's way; — **bien,** to be successful.

**salitre,** m; salpeter, nitre.

**salmuera,** f; brine.

**salto de agua;** waterfall.

**saludo,** m; greeting.

**salvaguardar;** to protect, watch over, take care of one's interest.

**salvamento,** m; salvage, **contrato de** —, salvage agreement or bond; **derechos de** —, salvage money.

**salvavidas,** m; life-belt; **bote** —, life-boat.

**salvedad,** f; reservation, excuse, exception.

**salvo,** irr. pp. of salvar; saved, expected, omitted; — **error u omisión (S. E. u O.),** errors and omissions excepted (E. & O. E.); — **que,** unless.

**salvoconducto,** m; safe-conduct, passport, license.

**sanidad,** f; soundness, health; **Junta de** —, Board of health; **patente de** —, bill of health.

**sardina,** f; sardine.

**sartén,** f; frying-pan; **tener la — por el mango,** to have the command or advantage in a situation, business, etc.

**sastre,** m; tailor.

**satisfacción,** f; satisfaction, apology, excuse; **a** —, fully, according to one's wishes.

**satisfacer;** to satisfy, pay in full, setle, repay, make amends, comply with, fulfil, meet; — **una letra,** to hono(u)r a draft; — **una deuda,** to cancel a debt.

**sazón,** f; maturity, ripeness; **en** —, seasonably; **a la** —, then, at that time.

**secadero,** m; drying shed, room or floor; drier.

**secado al sol;** sun-dried (as fruits, hides).

**secar;** to dry; desiccate; decay, wither, fade.

**sección,** f; section, department, portion, division; — **de anuncios, de cambio extranjero, de crédito, de exportación, de importación, de intervención, de préstamos, de traducciones, de ventas,** advertising, foreign exchange, credit, export, import, auditing, l o a n, translation, sales department.

**secretaría,** f; secretary's office, secretaryship.

**secretario-ria,** m & f; secretary; — **general, particular,** general, private secretary.

**secuestrar;** to sequestrate, embargo.

**secuestro,** m; sequestration.

**secundar;** to second, aid, favo(u)r.

**seda,** f; silk (fibre, yarn and fabric); — **cocida, cruda, en rama, floja, torcida,** soft, hard, raw, floss, twisted silk; — **vegetal, artificial,** silk cotton, artificial silk; rayon.

**sedimento,** m; sediment, dregs, deposit, lees, dross.

**sedoso-sa,** a; silky, silk-like.

**segador-ra,** *m & f;* mower, harvester, reaper; *f.* mowingmachine.

**segar;** to mow, reap, crop, harvest.

**seguidamente,** *adv.;* at once, immediately.

**seguir;** to follow; pursue; go on; **como sigue,** as follows.

**según,** *adv.;* according to, as per; **— aviso,** as per advice; **— contrato,** according to (or as per) contract.

**segundo-da,** *a;* second; **—da de cambio,** second of exchange; **no habiéndolo hecho por la — da o tercera,** second and third being unpaid; **de —da mano,** second hand.

**seguridad,** *f;* security, custody, safety, surety, certainty, bail; **cajas de —,** safe-deposit boxes.

**seguro-ra,** *a;* safe, sure, secure, certain, positive, sound, solvent; *m.* insurance, assurance; **— marítimo, mutuo, contra incendio, contra accidente, contra robo, contra todo riesgo,** marine, mutual, fire, accident, burglary, against all risks insurance; **— de (o sobre la) vida,** life insurance; **contrato de —,** insurance contract; **póliza de —,** policy of insurance; **tipo de —,** rate of insurance; **póliza de — sobre la vida,** life insurance policy; **compañía de —s, agente de —s, corredor de —s,** insurance company, insurance agent, insurance broker; **prima de —,** insurance premium; **sobre —,** without risk.

**selección,** *f;* selection, choice.

**selecto-ta,** *a;* select, excellent, choice.

**sellado,** *m;* stamping, cancellation; *pp.* stamped; **oro —** (o **acuñado),** gold coin; **papel —,** stamped paper.

**sellar;** to stamp, seal.

**sello,** *m;* stamp, seal, signet; **— de aduana,** cocket (customhouse seal); **— de caucho,** rubber stamp; **— de correo, de ingreso, de recibo,** postage, revenue, receipt stamp; **bajo firma y —,** under hand and seal.

**semana,** *f;* week, **a fines de —,** towards the end of the week; **a mediados de —,** about the midle of the week; **a principios de —,** at the beginning of the week; **la — entrante** (o **próxima),** next week, coming week; **la — pasada,** last week.

**semanal,** *a;* weekly; **liquidación** (o **arreglo) —,** weekly settlement; **salario —,** week's wages.

**semanalmente,** *adv.;* weekly, by the week; **pagar —,** to pay weekly.

**sembrado,** *m;* corn-field, sown ground.

**sembrador-ra,** *m & f;* sower, seeder; *f. (Amér.),* seeder, sowing-machine.

**sembrar;** to sow, seed.

**semejante,** *a;* similar, like, resembling.

**semental,** *m;* stalion.

**sementera,** *f;* land sown, seedfield.

**semestral,** *a;* semiannual, halfyearly; **amortización —,** semiannual payment of debts.

**semestre,** *m;* semester, half a year.

**semilla,** *f;* seed.

**semillero,** *m;* seed-bed, seed-plot.

**semoviente,** *a;* moving of itself; **bienes — s,** livestock, cattle.

**sencillo,** *a;* simple, plain.

**sensato-ta,** *a;* sensible, judicious, reasonable, wise.

**sentar;** to enter (as in a book), note down, fit, suit; **— en cuenta,** to enter to the account; **— en los libros,** to enter in the books; **— una partida,** to post an entry.

**sentencia,** *a;* sentence, verdict, judgment; **casar una —,** to quash a judgment; **notificar una —,** to serve a judgment; **pronunciar la —,** to pass judgment.

**sentido,** *m;* sense, meaning; **en tal —,** to this effect; **sin —,** meaningless.

**sentir;** to regret, be sorry; *m.* feeling, opinion; **común —,** general opinion.

**seña,** *f;* sign, mark, token; *pl.* address.

**señal,** *f;* sign, mark, signal, land-mark, trace, vestige, trail; **código de — es,** signed code; **en —,** in proof of; **dejar paga y —,** to leave a deposit, a sum.

**señalar;** to point out, show, note, suggest, appoint, name, indicate.

**señor,** *m; (abbreviated:* **Sr.),** sir, Mr. gentleman; **el — X hijo,** Mr. X Jr.; **el — X padre,** Mr. X. *pl. (abbreviated:* **Sres.),** Messrs.

**señorita,** *f;* young lady, miss.

**separado: por —,** separately; under separate cover.

**separar;** to separate, detach.

**septiembre,** *m;* September.

**sequía,** *f;* long drought.

**ser;** to be; **a no — por,** if it were not for; **a no — que,** unless; **no sea que,** lest.

**sericultura,** *f;* silk culture, seri-culture.

**serie,** *f;* series, sequence, suit, order; **de —,** stock; **en —,** mass (production).

**servicio,** *m;* service, favo(u)r, good turn.

**servir;** to serve, be of service, be useful or fit for; **— se de,** to use, employ; **sírvase decirme,** pray tell me, please tell me, let me know.

**sesenta,** *a;* sixty.

**sesteadero,** *m;* resting place for cattle.

**setenta,** *a;* seventy.

**si,** *conj.;* if (on the condition); whether (which of two alter-natives, followed by "or"); **como —,** as if, as though; **— acaso,** if by chance; **— no,** otherwise.

**siega,** *f;* reaping, mowing, har-vest.

**siembra,** *f;* seed-time, sowing, seeding.

**siempre,** *adv.;* always; **— que,** provided; whenever.

**siete,** *a;* seven.

**siglo,** *m;* century.

**siguiente,** *a;* following, next.

**silo,** *m;* silo.

**simiente,** *f;* seed.

**simulado-da,** *a;* feigned, pro-for-ma; **cuenta de venta — da,** pro-forma sales account; **fac-tura — da,** pro-forma invoice.

**sincerar;** to exculpate; **— se,** to excuse, vindicate one's self.

**sincero-ra,** *a;* sincere, true, honest.

**sindicato,** *m;* syndicate, ring; **formar un — algodonero,** to form a cotton ring.

**síndico,** *m;* syndic, trustee, assignee, official, receiver, accountant in bankruptcy.

**siniestro,** *m;* accident, catastrophe; disaster, shipwreck; damage, loss at sea.

**sisa,** *m;* excise.

**sisero,** *m;* excise officer.

**sistema,** *m;* system; **— de la continuidad,** follow-up system.

**situación,** *f;* situation, state, position, *(mar.)* bearing.

**soberano,** *m;* sovereign, pound sterling.

**sobordo,** *m;* freight-list, manifest of cargo.

**sobornar;** to suborn, bribe.

**soborno,** *m;* bribe, bribery.

**sobra,** *f;* excess, surplus; **de —,** plenty, in excess.

**sobrante,** *a;* surplus, remaining, excessive; *m.* surplus, remainder.

**sobrar;** to remain in excess, be left, exceed, surpass.

**sobre,** *m;* envelope.

**sobrecarga,** *f;* overweight, overload, surcharge.

**sobrecargo,** *m;* purser, (on a ship) supercargo.

**sobrecubierta,** *f;* cover, wrap or or envelope; *(mar.),* upper deck.

**sobrenombre,** *m;* surname; nickname.

**sobrepaga,** *f;* extra pay.

**sobrescrito,** *m;* address *(on an envelope).*

**sobrestada.** (V. *Sobrestadía.)*

**sobrestadía,** *f;* demurrage.

**sobrestante,** *m;* foreman, overseer.

**sobresueldo,** *m;* extra wages.

**sobreviviente,** *m;* survivor.

**sobrexcedente,** *a;* surpassing, exceeding.

**social,** *a;* social, relating or belonging to a partnership; **capital —,** capital of the firm; **contrato —,** contract of partnership; **domicilio —,** firm's place of business; **razón —,** firm name.

**sociedad,** *f;* society, company, partnership, association, corporation; **— anónima,** joint-stock company; corporation, limited liability company; **— bancaria anónima,** joint-stock bank; **— cooperativa,** co-operative partnership; **— regular colectiva,** general partnership, copartnership; **— en comandita** (o **comanditaria),** limited (or silent) partnership; **— en participación,** joint company, partnership; **— mutua,** mutual society; **— (a responsabilidad) limitada,** limited company; **entrar en —,** to enter into partnership; **escritura de —,** articles of partnership or of association.

**socio,** *m;* partner, associate, member; **— activo,** active (or working) partner; **— capitalista,** financial, moneyed, silent partner; **— comanditario,** silent, dormant, nominal partner; **— gerente** (o **gestor),** managing partner; **— industrial,** industrial partner; **— menor,** junior partner; **— principal,** senior (or chief) partner; **— único,** sole partner; **— solidario,** jointly liable partner; — **responsable**, responsible partner; — **tácito**, secret partner.

**socorro**, *m;* aid, assistance, help; — **marítimo**, m a r i n e assistance *(in case of distress at sea).*

**sol**, *m;* sun; *Peruvian silver coin and monetary unit.*

**solera**, *f;* less or mother-liquor of wine; *pl.* cellar.

**solicitado-da**, *a;* in demand.

**solicitar;** to solicit, request, entreat, seek.

**solicitud**, *f;* solicitude, application; petition, demand.

**solidariamente**, *adv.;* in solidum, for the whole.

**solidaridad**, *f;* joint and separate responsability, solidarity.

**solidario-ria**, *a;* jointly liable, solidary; **responsabilidad** —**ria**, joint liability.

**sólido-da**, *a;* solid, firm, solvent, safe.

**solvencia**, *f;* solvency.

**solvente**, *a;* solvent.

**sondar;** *(mar.),* to sound (as the depth of the sea, the pumps of the vessel); taste, inspect (as bags with a proof stick); sound another's intentions.

**sondear.** (V. *Sondar.)*

**soportar;** to support, bear, hold up; suffer, endure.

**sorpresa**, *f;* surprise.

**sortear;** to draw or cast lots, raffle, elude, overcome.

**sorteo**, *m;* casting lots, drawing, raffle.

**subalterno-na**, *a;* inferior, subordinate.

**subarrendar;** to sublet, sublease, underlet.

**subarrendatario**, *m;* undertenant.

**subasta**, *f;* auction, public sale; **sacar a pública** —, to sell at public auction.

**subastación**, *f;* auction, auction sale.

**subastador**, *m;* auctioneer.

**subdirector**, *m;* assistant manager, assistant director.

**subgerente**, *m;* sub-manager.

**subida**, *f;* ascension; rise of price.

**subir;** to rise, climb, ascend, amount; raise the price.

**subrayar;** to underline, emphasize.

**subrogar;** to subrogate.

**subsanable**, *a;* mendable.

**subsanar;** to mend, repair, correct.

**subscribir;** to subscribe, agree to.

**subscripción**, *f;* subscription.

**subsecretario**, *m;* assistant secretary.

**subsidio**, *m;* subsidy, pecuniary aid, tax.

**substitución**, *f;* substitution, replacement.

**substraer;** to subtract, deduct; — **se**, to elude, withdraw one's self.

**subsuelo**, *m;* subsoil, undersoil.

**subvención**, *a;* subvention, grant, pecuniary aid.

**sucesivamente**, *adv.;* successively; **y así** —, and so on.

**sucesivo: en lo** —, in the future.

**sucre**, *m;* sucre *(monetary unit of Ecuador).*

**sucursal**, *f;* branch *(of a business house).*

**sud,** *m;* south; **Sudamérica,** South America.

**sudamericano - na,** *a;* South American.

**sueldo,** *m;* salary, wages, income, stipend.

**suerte,** *f;* luck, fortune, chance; **de — que,** so that.

**suficiente,** *a;* sufficient, enough; apt, capable, competent.

**sufragar;** to defray, aid, assist.

**sugerencia,** *f;* suggestion.

**sugerir;** to suggest, inspire, insinuate.

**suma,** *f;* sum, quantity, amount, aggregate, addition, total, sum of money; **— del frente (o de la vuelta),** brought forward; **— y sigue (o a la vuelta),** carried forward; **en —,** finally, in short; **hasta la — de,** up to the amount of.

**sumamente,** *adv.;* extremely, exceedingly.

**sumar;** to sum up, add, amount to; recapitulate.

**suministrar;** to supply, provide, furnish, purvey.

**suministro,** *m;* supply, providing, furnishing.

**supeditar;** to subject, subdue; oppress, overpower.

**superávit,** *m;* surplus, residue, exceess, profits.

**superchería,** *f;* fraud, deceit, trickery.

**suplicar;** to request, pray, entreat; **a súplica de,** by request of.

**suplir;** to supply, provide, furnish; to act as substitute.

**supresión,** *f;* suppression, omission.

**suprimir;** to suppress, cut out, abolish, omit.

**supuesto,** *a;* supposed, assumed, hypothetical; **— que,** since, inasmuch as; *m,* assumption; **dar por —,** to take for granted; **por —,** of course, naturally.

**sur,** *m;* south; **América del Sur,** South America.

**surtido-da,** *a;* assorted; *m.* assortment, stock, supply.

**surtir;** to supply, provide, furnish, purvey; **— efecto,** to have the desired effect.

**suscribir;** to subscribe, agree to.

**suscripción,** *f;* subscription.

**susodicho-cha,** *a;* aforesaid, above mentioned.

**suspender;** to suspend, stop, adjourn *(as a meeting);* **— pagos,** to stop payment.

**suspenso-sa,** *a;* hung, suspended; **en —,** in suspense, in abeyance.

**suyo,** *a. y pron. pos.;* his, hers, yours, theirs, its, one's; **— seguro servidor,** yours respectfully.

# T

TAB                    142                    TAN

**tabaco,** *m;* tobacco; cigar; — **en rama,** leaf tobaco; — **colorado,** mild tobacco; — **maduro,** strong tobacco; — **picadura,** cut tobacco.

**tabla,** *f;* table, index, list, catalogue; — **de cálculos,** ready reckoner; — **de intereses,** interest table; — **de mortalidad,** table of mortality.

**tael,** *m;* tael *(Chinese monetary unit).*

**tal** *(pl. tales), a;* such, so, as, thus; — **vez,** perhaps; **con — que,** provided that; **un —,** one (so called); **quien escribe es un — X,** he who writes is an X; **Sr. Fulano de T —,** Mr. So and So.

**talabartería,** *f;* saddlery.

**talabartero,** *m;* saddler, harnessmaker.

**taladrador-ra,** *m;* borer, piercer, drill.

**taladro,** *m;* drill, borer, bit, auger; bore, drill-hole; — **de roca,** rockdrill.

**talega,** *f;* bag, sack, money-bag.

**talón,** *m; part of a document detached from a stub-book, sightdraft or check;* counterfoil, coupon.

**talonario,** *m;* stub-book; — **de cheques,** check-book; — **de letras,** bill-book; **libro —,** stub-book.

**talla,** *f;* carving; **obra de —,** carved work; **media —,** half-relief.

**tallado-da,** *a;* cut, carved, engraved.

**tallador,** *m;* engraver, carver.

**taller,** *m;* shop, workship; mill, factory.

**tambor,** *m;* drum, cylinder, tumbler, band-pulley, rope-barrel.

**tamizar;** to sift.

**tanteo,** *m;* reckoning, calculation, computation.

**tanto-ta,** *a;* so much, as much; very great; *pl.* so many, as many; odd *(denoting an indeterminate number or amount, as* **treinta y tantos),** thirty odd, — **por ciento** (%), percentage, rate per cent *(interest, commission, etc., on a hundred);* — **por mil,** rate per thousand; — **por —,** at the same price, on a par; **estar al —,** to be on the lookout, posted on; **en o entre —,** in the meantime; **por lo**

—, therefore; — **uno como otro,** both one and the other, both of them.

**tapete,** *m;* small carpet, rug; **estar sobre el —,** to be on the tapis.

**tapicería,** *f;* tapestry, upholstery; shop where tapestries are sold.

**tapicero,** *m;* upholsterer, carpet layer.

**tapiz,** *m;* tapestry.

**tapón,** *m;* cork, stopper, plug.

**taquigrafía,** *f;* shorthand, stenography.

**taquígrafo-fa,** *m & f;* stenographer, shorthand-writer.

**taquimecanógrafo-fa,** *m & f;* short-hand-typist.

**taquilla,** *f;* letter-file, ticket-rack, ticket-office.

**tara,** *f;* tare; **rebajar la —,** to rebate the tare.

**tarea,** *f;* task, stint, day's work.

**tarifa,** *f;* tariff, price-list, fare, rate; list or schedule of charges; **— de ferrocarril,** railroad tariff.

**tarjeta,** *f;* card; **— postal,** postal card.

**tasa,** *f;* rate, valuation, appraisement; **— de descuento,** rate of discount; **— de interés,** rate of interest.

**tasación,** *f;* valuation, appraisement.

**tasador,** *m;* valuer, appraiser.

**tasar;** to appraise, price, estimate, value.

**técnico-ca,** *a;* technical.

**techar;** to roof.

**techo,** *m;* roof, ceiling.

**tejedor,** *m;* weaver.

**tejedora,** *f;* weaveress.

**tejer;** to knit, weave.

**tejido,** *m;* textile, fabric, texture, weaving.

**tela,** *f;* cloth, stuff, fabric.

**telar,** *m;* loom, frame.

**teléfono,** *m;* telephone; **guía (o listín) de — s,** telephone book.

**telegrafía,** *f;* telegraphy; **— sin hilos (o inalámbrica),** wireless telegraphy.

**telegrafiar,** *v;* to telegraph, wire, cable.

**telegráfico-ca,** *a;* telegraphic; **código —,** telegraphic code; **despacho —,** telegraphic message; **dirección — ca,** telegraphic *(or* cable) address.

**telegrafista,** *m;* telegraph operator.

**telégrafo,** *m;* telegraph; **— sin hilos,** wireless telegraph; **oficina de — s,** telegraph office.

**telegrama,** *m;* telegram; **— cifrado,** cipher telegram.

**temer;** to fear, be afraid; suspect.

**temerario-ria,** *a;* i m p r u d e n t; groundless, unfounded.

**temeridad,** *f;* temerity, imprudence.

**temple,** *m;* temper.

**temporada,** *f;* season, spell.

**temporal,** *a;* temporary, provisional, temporal; *m.* tempest, storm.

**temporario-ria,** *a; (Amér.),* temporary, provisional, transient.

**temprano,** *a.* y *adv.;* early, soon.

**tender;** to spread; **— a,** tend to.

**tendero,** *m;* shopkeeper.

**tenedor,** *m;* holder keeper; **— de libros,** bookkeeper; **— de una letra,** holder of a bill; **— por**

**endoso,** indorsee; — **es de bonos,** bond-holders.

**teneduría,** f; position of book-keeper; — **de libros,** book-keeping.

**tener;** to have, own, posses, hold; — **crédito,** to enjoy credit; — **lugar,** to take place; — **razón,** to be right; — **gana,** to have a mind, an inclination; be hungry; — **en cuenta,** to take account; — **que,** to have to, must; **no tenerlas todas consigo,** to be afraid.

**tenería,** f; tannery, tan-yard.

**tenor,** m; tenor, purport, literal contents, text; **a — de,** pursuant to, in compliance with; **del mismo — y fecha,** of the same tenor and date.

**tentativa,** f; attempt, trial, essay, experiment.

**teñir;** to dye; — **en rama,** to dye in grain.

**tercería,** f; arbitration.

**tercero-ra,** a; third; m. third person, third party, mediator, arbitrator, umpire; — **ra de cambio,** third of exchange; — **en discordia,** referee, arbitrator.

**tercio,** m; one third (1/3).

**terciopelo,** m; velvet, **terciopelado,** velvet-like stuff.

**tergiversar;** to tergiversate, misrepresent.

**terminante,** a; clear, precise, conclusive, definite.

**término,** m; end, term, time, limit; — **medio,** average.

**terna,** f; ternary, triad, tern.

**tesorería,** f; treasury, treasurer's office, exchequer; **bonos de la —,** exchequer bonds.

**tesorero,** m; treasurer.

**tesoro,** m; treasure, wealth, riches, exchequer, treasury; — **público,** public treasury; exchequer, Treasury Department, public revenue; **bonos del —,** treasury bonds; **cédulas del —,** treasury bill.

**testaferro,** m; figure-head, dummy, straw man.

**testamento,** m; will, testament.

**testigo,** m & f; witness; m. testimony, proof, evidence.

**testimonio,** m; testimony, affidavit; **en — de lo cual,** in witness whereof.

**textil,** a; textile, fibrous.

**tiempo,** m; t i m e; weather; season; **a —,** timely, in time; **en todo —,** at all times; — **atrás,** some time ago; **a su debido —,** at the proper time, in due time.

**tienda,** f; shop, store; — **de departamentos,** department store.

**timar;** to cheat, swindle.

**timbrar;** to stamp a seal.

**timbre,** m; seal, stamp; **derecho de —,** stamp-duty.

**timón,** m; helm, rudder.

**timonel,** m; helmsman, steersman.

**tinglado,** m; shed, shed-roof.

**tiniebla,** f; total darkness; **estar en —s,** to be in utter ignorance.

**tino,** m; skill, tact, prudence, dexterity.

**tinta,** f; ink; **saber de buena —,** to know from good authority or sound source.

**tintero,** m; inkstand; **dejarse en el —,** to forget, overlook.

**tintorería,** f; dyer's shop.

**tintorero-ra,** m & f; dyer.

**tintura,** *f;* tincture; extract; colour, tint, dyeing.

**tipo,** *m;* rate; type, standard, style, pattern, model; — **de cambio,** rate of exchange; — **de descuento,** rate of dis count; — **del banco,** bank rate; *(impr.)* — **de adorno,** display type; — **más grande,** larger type; — **más pequeño,** smaller type; — **cuerpo 4** *(diamante),* 5 *(parisina),* 6 *(nonpareil),* 7 *(miñona o blosilla),* 8 *(gallarda o breviario),* 11 *(entredós o filosofía),* 12 *(lectura o cícero),* 14 *(texto),* 16 *(texto gordo),* 18 *(parangona),* 4 1/2 points *(Diamond),* 5 points *(Pearl),* 6 points *(Nonpareil),* 7 points *(Minion),* 8 points *(Brevier),* 11 points *(Small Pica),* 12 points *(Pica),* 14 points *(English),* 16 points *(Columbian),* 18 points *(Great Premier)* size type.

**tipómetro,** *m;* type measure.

**tirada,** *f; (impr.),* edition, issue.

**tirado-da,** *a;* very cheap, given away.

**tiraje,** *m; (impr.)* issue, number of copies.

**tiro,** *m;* shot; range; charge of a gun; length of a piece of drygoods; draught of chimney; **pistola de seis — s,** six barrelled revolver.

**título,** *m;* title, certificate, bond; *pl.* securities, stocks; — **nominativo,** registered bond; — **s diferidos, de la deuda** *(del Gobierno o del Estado),* defferred, Government bonds; — **al portador,** bond payable to bearer; — **de propiedad,** legal title (to property) bill of sale; — **en depósito,** deposited titledead; — **de renta,** title-dead of income; — **reembolsable,** redeemable bond; — **hipotecario,** (title-dead of a) claim due on mortgage; — **privilegiado,** privileged claim; **a — de ensayo (o prueba),** by way of a trial; **a — de,** on pretence, in the quality of.

**tocino,** *m;* bacon; salt pork.

**todo,** *a;* all, whole, every; any; *m.* whole; **ante —,** first of all; **con —,** still, however; **del —,** wholly, entirely; **sobre —,** above all, especially.

**tomador,** *m;* taker, receiver, payee.

**tomar;** to take, understand, get, receive, copy, imitate; — **se,** to get rusty (as metals); — **cuentas,** to audit accounts or to take and examine accounts; — **una resolución,** to resolve; — **razón,** to register, take a memorandum; — **nota,** to take note; — **en consideración,** to take into consideration.

**tomo,** *m;* volume, book, tome.

**tonel,** *m;* cask, barrel.

**tonelada,** *f;* ton; — **de arqueo,** ton of capacity; — **de desplazamiento,** ton of displacement; — **métrica,** metric ton (2.204,6 lbs.).

**tonelaje,** *m;* tonnage, capacity; tonnage dues.

**tornaguía,** *f;* return receipt.

**total,** *a;* total, whole, *m.* total, sum, whole.

**trabajador,** *a;* laborious, painstaking; *m & f.* laborer, worker, operator.

**trabajar;** to work, labo(u)r.

**trabajo,** *m;* work, labo(u)r, task toil, occupation.

**traductor-ra,** *m* & *f;* translator.

**traficante,** *a. m;* merchant, trader, dealer, jobber, tradesman.

**traficar;** to traffic, deal, trade.

**tráfico,** *m;* traffic, commerce, trade; —· **marítimo,** shipping.

**tramitación,** *f;* procedure.

**tramitar;** to transact, execute, carry through.

**trampa,** *f;* fraud, deceit, malpractice, bad debt.

**trampear;** to cheat.

**tramposo-sa,** *a;* tricky, deceitful, swindling; *m.* & *f.* cheater, swindler, trickster.

**trance: a todo —,** resolutely, at any risk.

**transacción,** *f;* transaction, negotiation.

**transar;** *(Amér.),* to accommodate differences, compromise, compound.

**tra(n)sbordar;** to transport, transship, change trains, transfer.

**tra(n)sbordo,** *m;* transportation, transfer, transhipment.

**tra(n)sferencia,** *f;* transference, transfer; — **telegráfica,** cable transfer.

**tra(n)sferible,** *a;* transferable.

**tra(n)sferidor,** *m;* assignor.

**tra(n)sferir;** to transfer, transport, convey, alienate.

**tra(n)sgresión,** *f;* transgression, law-breaking.

**transigir;** to settle differences, compromise.

**tránsito,** *m;* transit, passage, transition; **en —,** in transit; **de —,** in transit; **mercancías de —,** goods in transit; **puerto de —,** port of transit; **comercio de —,** transit trade.

**tra(n)smitir:** to transfer, transmit, convey, forward, pass (as an order).

**tra(n)sparente,** *a;* transparent, clear, limpid; translucent; *m.* window-shade.

**tra(n)sportar;** to transport, carry, convey.

**tra(n)sporte,** *m;* transport, conveyance, transportation, carriage; transport-ship; **compañía de —** express, forwarding company; **medios de —** means of conveyance, of transportation; **condiciones de —,** terms of conveyance.

**tranvía,** *m;* tramway, street-car,

**trapiche,** *m; (Amér.),* sugar-mill, cane-mill.

**trapisondista,** *m* & *f;* brawler.

**trasanteayer,** *adv.;* three days ago.

**trascendencia,** *f;* transcendency, result, consequence.

**trascender;** to transcend; smell, emit, exhale; leak out (as· a secret).

**trasladar;** to transfer, remove, postpone, adjourn, transcribe.

**traspapelarse;** to be mislaid among other papers.

**traspasar;** to alienate, assign.

**traspaso,** *m;* alienation, assignation.

**trasplantar;** to transplant.

**trastada,** *f;* inconsiderate act.

**trastear;** *(coll.),* to manage with tact a person or a business.

**trastienda,** *f;* back room behind a shop; forecast, prudence, precaution.

**trastorno,** *m;* disturbance, hindrance, trouble, reverse.

**trasvasar;** to rask (liquids).

**tratado,** *m;* treaty, agreement, compact, convention.

**tratante,** *m;* dealer, trader, merchant, jobber; — **en ganado,** cattle dealer; — **de provisiones marítimas,** ship-chandler.

**tratar;** to treat, discuss; trade, deal, trafic, handle, negociate; entertain (as a friendly intercourse); — **de,** to try, endeavour, discourse upon.

**trato,** *m;* trade, deal, trafic, dealing, treatment, bargain, pact, agreement; **cerrar un** —, to close a bargain; **entrar en — con,** to enter into negotiations with.

**travesía,** *f;* passage, sea voyage.

**trayecto,** *m;* distance, r u n, sweep, course.

**traza,** *f;* outline, plan, appearance, aspect, prospect.

**trazumarse;** to leak, ooze, transude.

**trece,** *a;* thirteen.

**tregua,** *f;* respite, recess, intermission.

**treinta,** *a;* thirty.

**tren,** *m;* train; — **correo,** mail train; — **directo,** through train; — **expreso, mixto, nocturno,** express, mixed, night train; — **ordinario, rápido, de carga, de pasajeros, de recreo,** local, ordinary, fast, freight, passenger, excursion train; — *(de vida),* way of living; **perder el** —, to miss one's train.

**tres,** *a;* three.

**tribunal** *m;* tribunal, court of justice; **T — de Comercio,** Board of Trade; **T — de Cuentas,** State Audit Office; **T — Supremo,** High Court of Justice; **T— de Marina,** Naval Court; **demandar ante los**

— **es,** to summon, cite at court; **comparecer ante los — es,** to appear in court, before the judge; **entablar una acción ante el** —, to bring in an action, put a claim before the tribunal; **recurrir al** —, to have recourse to law.

**tributación,** *f;* tribute, taxation, contribution.

**tributar;** to pay taxes or contributions.

**tributario-ria,** *m & f;* taxpayer.

**trigal,** *m;* wheat-field.

**trigo,** *m;* wheat; *pl.* crops.

**trillador-ra,** *m & f;* thrasher. thrashing-machine.

**trillón,** *m;* a million billions (1.000.000.000.000.000.000; *in United States and France:* 1.000.000.000.000).

**trimestral,** *a;* trimestral, trimensual, quarterly.

**trimestre,** *m;* trimester, quarter *(space of three months).*

**triplicado-da,** *a;* triplicate; **por** —, in triplicate.

**triplo-pla,** *a;* treble, triplicate, triple.

**tripulación,** *f;* crew *(of a ship).*

**tripular;** to man *(a ship),* fit out, equip.

**trituradora,** *f;* triturator, grinder.

**tronada,** *f;* thunder-storm.

**tronar;** to thunder; fail in business; **por lo que pueda** —, for what may happen.

**tropiezo,** *m;* obstacle, impediment, difficulty, embarrassment.

**troza,** *f;* log (of wood).

**trueco,** *m;* exchange, barter; **a** (**o en**) —, in exchange.

trueque, *m;* (V. *Trueco*).

truhán, *m;* rascal, scoundrel.

trust, *m;* trust.

tuntún: al —, at random, heedlessly.

turismo, *m;* tourism.

turista, *m* & *f;* tourist.

turnar; to alternate, go or work by turns.

tutela, *f;* guardianship, tutelage, protection.

tutor, *m;* tutor, instructor, guardian.

tutoría, *f;* tutelage, guardianship.

# U

**ubicación,** *f;* ubiety, situation, location.

**ulterior,** *a;* ulterior, posterior, farther.

**ultimado-da,** *a;* ended, finished, ultimate.

**últimamente,** *adv.;* recently, finally, lastly. (V. *Por último.*)

**ultimar;** to end, finish, close.

**último-ma,** *a;* last, late, latest, latter, finish, terminal, extreme; ultimo; a **— mos de mes, de semana, de año,** towards the end of the month, of the week, of the year; **por —,** finally, lastly; **su carta de julio —,** your letter of July ultimo.

**ultramarinos,** *m;* articles brought from beyond the sea, imported groceries; *(Spain),* **tienda de —,** grocery store.

**unánimemente,** *adv.;* unanimously.

**unanimidad,** *f;* unanimity; **por —,** unanimously.

**único-ca,** *a;* single, sole, only, alone, unique; **— ca de cambio,** single bill of exchange, sole bill; **— agente** (o **exclusivo**), sole agent.

**unidad,** *f;* unit, unity; **— monetaria,** monetary unit.

**unilateral,** *a;* unilateral; **contrato —,** unilateral contract.

**unión,** *f;* union, conformity, fusion, agreement, concord, cooperation, consolidation.

**unir;** to join, unite, bind, connect, attach, adhere, concur; consolidate, merge, combine; mix.

**uno-na,** *pron.;* one; **— por —,** one by one; **— y otro,** both; **— u otro,** one or the other.

**urdimbre,** *f;* warp, warping-chain.

**urgente,** *a;* urgent, pressing.

**usar;** to use, wear.

**uso,** *m;* use, employment, service, custom, style, fashion, mode, wear, practice.

**usual,** *a;* usual, customary, ordinary.

**usufructo,** *m;* usufruct, profit.

**usura,** *f;* usury, gain, profit.

**usurario-ria,** *a;* usurious; **intereses — rios,** usurious interest.

**usurero,** *m;* usurer, money-lender.

**utensilio,** *m;* utensil, tool, device; *pl.* implements, tools; **cuenta de muebles y — s,** furniture and fixture account.

**útil,** *a;* useful, serviceable, profitable; lawful, legal (time) *pl. m;* utensils, tools; **— es de escritorio,** stationery.

**utilidad,** *f;* utility, profit, expediency, convenience, usefulness; **— líquida,** net profit; **— pública,** public utility; **— total (o bruta),** gross profit; **— del ejercicio,** profit for the fiscal year.

# V

**vacación,** *f;* vacation; *pl.* holidays.

**vacante,** *a;* vacant, disengaged, unoccupied; *f;* vacancy of a post or employment; vacation.

**vaciar;** to empty, evacuate, pour out; cast, mould.

**vacilante,** *a;* vacillating, hesitating, irresolute; unstable.

**vacío-cía,** *a;* void, empty; unoccupied, untenanted, uninhabited; *m.* void, empty, space; **en —,** in vacuo; **freno al —,** vacuumbrake; **filtro al —,** vacuum-filter; **bomba al —,** vacuum-pomp.

**vacuna,** *f;* vaccine.

**vacuno-na,** *a;* bovine *(belonging to or referring to cattle);* **animales — os,** o **ganado —,** cattle.

**vado,** *m;* ford of a river; **al — o a la puente,** choose one way or the other.

**vagón,** *m;* wagon, passenger-car, freight-car; **— cama,** sleeping-car; **— restaurante,** dining-car; **— cerrado,** box-car; **— cisterna,** tank car; **— cuadra,** cattle van; **— de carga,** freight car; **— de cola,** caboose; **— de plataforma,** flatcar; **— tol-** va, hopper-bottom car; **— volquete,** dump car.

**vale,** *m;* promisory note, voucher.

**valedero-ra,** *a;* valid, binding.

**valer;** to be worth, be valued at, yield, bring, produce; **— se de,** to have recourse to, employ; **— su precio,** to be worth the money; **vale la pena, vale la pena de,** it is worth while, worth the trouble of; **no vale nada,** good for nothing.

**validar;** to validate.

**válido-da,** *a;* valid, binding, legally secured.

**valija,** *f;* mail-bag.

**valor,** *m;* value, worth, amount, price; *pl.* securities stocks, bonds; **— declarado** *(Spain),* insured value; **— efectivo, entendido, convencional, declarado, ficticio, intrínseco, de rescate, nominal, comercial, actual (o real),** stipulated (or agreed upon), conventional, declared, fictive (or fictious), intrinsic, surrender, nominal, commercial value; **— fiduciario,** fiduciary value; **— recibido,** value received; **— es extranjeros,** foreign securities; **— es negociables,** negotiable bills; — es ordinarios (o corrientes), common stock; — es de prioridad (o preferentes), preferred stocks; acciones, títulos que no tienen —, worthless paper, valueless stocks; debajo del — actual, beneath its market value; paquete o sobre con — declarado, value parcel; — a (o al) 15 de marzo, value as of March 15th; — en cuenta, (value) drawn on account.

valorar; to value, appraise, price, rate.

valoración, f; valuation, appraisement, apprisal.

valorización. (V. Valoración.)

valuación. (V. Valoración.)

valuar. (V. Valorar.)

vapor, m; vapour, steam; steamer, steamboat; — correo, mail-steamer, steam-packet; — de carga, freight-steamer — cisterna (o tanque), tank vessel; — de combustión líquida, oil burning steamer; — de río, ferry-boat; compañía de — es, steamship company; al — o a todo —, full speed.

vaporizador, m; vaporizer, atomizer.

vaquería, f; milk-dairy.

vara, f; yardstick for measuring, yard measure (2.78 ft.).

varar; to be stranded, run aground.

varillaje, m; set of ribs of a fan, umbrella or parasol.

vario-ria, a; sundry, diverse, various; pl. some, several, a few; gastos —, sundry expenses.

vasija, f; vessel, receptacle, container.

vaticinio, m; vaticination, prediction.

vegetal, a; vegetal; vegetable.

veinte, a; twenty.

vela, f; sail, ship, sheet, velarium; buque de (o a la) —, sailing-vessel; hacerse a la —, to set sail, sail.

velamen, m; set of sails, canvas.

velero, m; sailing-vessel; sailmaker.

velocidad, f; velocity, speed; por gran —, by fast train; por pequeña —, by slow train.

vellón, m; fleece; copper and silver alloy; real de —, subsidiary coin, small coin worth 5 cents.

vencer; to conquer, overcome, surpass, fall due, mature; — un plazo, to become due, expire.

vencido-da, a; matured, due, payable; documentos —, matured bills.

vencimiento, m; maturity, due date, term; expiration; — fijo, indeterminado, fixed, indeterminate time of maturity; — a corto, a largo plazo, short, long term or date; — común, medio, average due date; al —, at maturity.

vendedor, m; salesman, seller, vender, clerk.

vender; to sell; — a menos del costo, to sell under cost; — a menos precio, to undersell; — a plazo, to sell on time, sell futures; — a plazos, to sell on easy terms, on instalments; — al descubierto, to sell uncovered; — al contado, to sell for cash; — al crédito (o al fiado), to sell on credit; — al peso, to sell by the pound; —

**al por mayor, al por menor, a
la medida, con** (facultad de)
**devolución, con pérdida, con
provecho,** to sell at wholesale,
at retail; by measure, by the
yard, on approval, at a loss,
at a profit; — **contra reembolso,** to sell (amount payable)
on delivery; — **contra documentos** o **contra presentación
de documentos,** to sell against
documents or on presentation
of documents; — **en remate**
(o **en pública subasta**), to sell
at auction; — **en conjunto,
por junto, a ojo, en globo,** to
sell by the lump; — **para entrega futura,** to sell for future
delivery; — **por cuenta** (de
tercero), to sell for account (of
someone).

**vendible,** *a;* salable, marketable.

**vendimia,** *f;* vintage.

**venida,** *f;* arrival, return, regress,
coming; overflow of a river.

**venir;** to come, fit; — **de perilla, a pelo,** to fit the case.

**venta,** *f;* sale; — **al contado, a
crédito, a plazos, a plazo fijo,**
sale for cash, on credit (or
trust), on easy terms, on a fixed term (or date); — **al por
mayor, al por menor,** sale at
wholesale, by retail; — **a plazo,** time bargain; — **con** (facultad de) **rescate,** sale with
equity or faculty of redemption; — **a su entrega,** sale on
delivery; — **contra documentos,** sale against documents; —
**forzosa,** compulsory sale; **a la
—,** for sale, on sale; **contrato
de —,** bill of sale; **cuenta de
—,** account sales; **libro de
— s,** sales-book; **precio de —,**
sale price; **estar en — en,** to
be on sale at.

**ventajoso-sa,** *a;* advantageous,
profitable.

**ventisca,** *f;* snow-storm, blizzard.

**ver;** to see; **a mi —,** in my opinion; **no tener nada que —
con,** to have nothing to do
with.

**verano,** *m;* summer.

**verbal,** *a;* verbal; **copia —,** literal
copy.

**verdad,** *f;* truth.

**vergüenza,** *f;* shame.

**verificación,** *f;* verification, confirmation; — **de créditos,** verification of credits; — **de cuentas,** audit of accounts.

**verificar;** to verify, check, examine, confirm, prove, fulfil,
accomplish, carry out; — **se,**
to take place; — **un cobro,**
to collect; — **se un alza, una
baja en los precios,** to take
place a rise, a reduction in
prices.

**vez,** *f;* turn, time; **una —,** once;
**dos veces,** twice; **tres veces,**
three times (or thrice); **cuatro,
cinco, etc., veces,** four, five,
etc., times; **cada —,** each time;
**a la — que,** while; **otra —,**
again, some other time; **tal —,**
perhaps, perchance; **a veces** o
**alguna —,** sometimes, on some
occasions; **hacer las veces de
otro,** to supply one's place;
**llegará mi —** (o **mi turno**), my
turn will come.

**vía,** *f;* way, route, path, road,
line, track; — **férrea,** railroad;
**abrirse una — de agua,** to
spring a leak.

**viable,** *a;* practicable.

**viajante,** *a;* commercial traveller,
travelling salesman; — **comisionista,** commission traveller.

**viajar;** to travel, voyage, journey; **— por negocios,** to travel on business; **— por cuenta de una firma,** to travel in behalf of a firm.

**viaje,** *m;* trip, journey, travel, voyage, tour; **gastos de —,** travelling expenses; **estar en o de —,** to be travelling, to be out on a journey.

**viajero-ra,** *m & f;* traveller, passenger.

**vicecónsul,** *m;* vice-consul.

**viceconsulado,** *m;* vice-consulate.

**vicepresidente,** *m;* vice-president.

**viceversa,** *m. f;* viceversa.

**viciar;** to vitiate, counterfeit, adulterate, falsify.

**vicio: quejarse de —,** to complain habitually.

**victoria,** *f;* victory, triumph; **cantar —,** to boast of a triumph.

**vida,** *f;* life; **ganarse la —,** to earn or get one's livelihood; **en mi — o en la —,** never; **— y milagros,** life, character and behaviour.

**vidriera,** *f;* show-case, window, show-window.

**vidriería,** *f;* glazier's shop, glass factory.

**vidrio,** *m;* glass; **— de color,** stained glass; **—s planos (o de vidriera),** window glass; **pagar los —s rotos (en un negocio),** to bear with the losses.

**viernes,** *m;* Friday.

**vigilante,** *m;* watchman, guard.

**vino,** *m;* wine; **— de Jerez,** sherry wine; **— tinto,** red wine; **— clarete,** claret or pale red wine; **— flojo,** thin wine.

**viña,** *f;* vineyard; **ese negocio es una —,** that business is a sinecure.

**viñedo,** *m;* vineyard.

**visar;** to visé, countersign.

**víspera,** *f;* eve, day before.

**vista,** *f;* sight, view, aspect, vision, prospect; appearance, vista *(jurisp.)* trial of case; *m.* custom-house inspector; **— de aduanas,** custom-house inspector; **a la vista —,** at sight; **a primera —,** at first view; **a corta, a larga —,** at short, at long sight; **a 15 días —,** at fifteen day's sight; **cambio a —,** sight rate; **girar a la —,** to draw at sight; **pagar a la —,** to pay at sight, ready money; **letra a la —,** sightdraft; **en — de,** in consequence of, in consideration of; **a — de,** in the presence of.

**vitalicio-cia,** *a;* lasting for life, during life; **pensión — cia,** annuity, life pension; *m.* life insurance policy.

**vivero,** *m;* nursery, warren, fishpond.

**volante,** *m;* flier, note, memorandum; fly-wheel, s t e e r i n g wheel.

**voltaje,** *m;* voltage.

**volumen,** *m;* volume, size, bulkiness; volume, bound book.

**voluntad,** *f;* will, purpose, determination, good-will, benevolence, desire; **a —,** optional, at will.

**votación,** *f;* voting, balloting.

**voto,** *m;* vote, suffrage; opinion, advice; wish, desire; **— de calidad (o decisivo),** casting vote.

**voz,** *f;* voice; rumour, public opinion; **es — general** (o **común),** it is generally reported.

**vuelta,** *f;* turn, return, change; **a — de correo,** by return mail; **a la —,** carried forward; **de la —,** brought forward (in book-keeping); **de —,** on return; **viaje de —,** return trip; **con carga de —** (o **de retorno),** with homeward cargo; **no tener — de hoja,** to be unanswerable; **no hay que darle —s,** no use talking.

# Y

**ya,** *adv.;* already, now, presently; **— que,** since that, seeing that.

**yacimiento,** *m;* bed, ore, deposit.

**yarda,** *f;* yard.

**yate,** *m;* yacht.

**yegua,** *f;* mare; **— de cría,** breeding mare.

**yeguada,** *f;* stud.

**yermo,** *m;* desert, wilderness, waste country.

**yerno,** *m;* son-in-law.

**yerro,** *m;* error, mistake.

**yeso,** *m;* gypsum; chalk; plaster.

**yuca,** *f;* yucca.

**yute,** *m;* jute (fibre); jute fabric.

# Z

**zafra,** *f; (Cuba),* sugar-crop.

**zancadilla,** *f;* trick, deceit, craft; **armar una —, to** lay a snare.

**zanjar;** to settle, clear up, expedite.

**zapatería,** *f;* shoemaker's shop.

**zapato,** *m;* shoe.

**zaraza,** *f;* chintz, printed cotton.

**zarpar;** to weigh anchor, sail.

**zona,** *f;* zone.

**zozobrar;** to sink, founder, capsize, to wreck a business.

**zurrón,** *m;* leather-bag, game-bag.

**zutano,** *m;* a voice to supply some person's n a m e not known or which is desired not to mention, just alike as *Fulano;* **Fulano y —,** Messrs So and So.

# ABREVIATURAS COMERCIALES

**a. c.,** año corriente.
**a/c.,** a cargo, a cuenta.
**a/cta.,** a cuenta.
**admón.,** administración.
**admor.,** administrador.
**a/f.,** a favor.
**afmo.,** afectísimo.
**afto.,** afecto.
**ar.,** arroba.
**art., art.º,** artículo.
**atto.,** atento.
**atto. s. s.,** atento seguro servidor.
**a/v.,** a vista.
**Bco.,** banco.
**B. N.,** Banco Nacional.
**bocs.,** bocoyes.
**brls.,** barriles.
**c; cgo.,** cargo.
**c/a; c. a.,** cada una.
**c/c.,** cuenta corriente.
**c. d. v.,** cuenta de venta.
**cta.,** cuenta.
**cénts.,** céntimos.
**cents.,** centavos.
**Cía.,** compañía.
**c. i. f.,** coste, seguro y flete pagados.
**crrt.; cte.,** corriente.
**c/l.,** curso legal.
**cm.,** centímetro.
**c/n.,** cuenta nueva; contra nosotros.

**c/o. en c/c.,** cargo en cuenta corriente.
**col.,** columna.
**cons.,** consolidado.
**cts.,** centavos.
**c/u.; c. u.,** cada uno.
**d.,** días.
**D. F.,** Distrito Federal.
**d/f.; dfa.,** días fecha.
**d/v.,** días vista.
**dcho.; dho.,** derecho; dicho.
**dm.,** decímetro.
**Drs.,** derechos.
**embque.,** embarque.
**Eno. Pub.,** escribano público.
**f. c.,** fin corriente.
**f. m.,** fin mes.
**F. C.,** ferrocarril.
**fco.,** franco.
**f. o. b.,** franco a bordo.
**gr.,** gramo.
**grs.,** géneros.
**G. V.,** gran velocidad (transporte).
**gral.,** general.
**hg.,** hectogramo.
**íd.,** ídem.
**m.,** minuto; metro; mes; más.
**m/c.,** mi cuenta.
**m/cgo.,** mi cargo.
**m/f.,** mi favor; mes fecha.
**m. m.,** más o menos.
**mtro.,** metro.

**mts. cds.,** metros cuadrados.

**m/n.,** mi nota; moneda nacional.

**m/n. c/l.,** moneda nacional de curso legal.

**n/.,** nuestro, nuestra.

**ntro; ntra.,** nuestro, nuestra.

**N. B.,** nota bene (nótese).

**n/c.,** nuestra cuenta.

**n/cgo.,** nuestro cargo.

**n/f.,** nuestro favor.

**n/g.,** nuestro giro.

**n/l.,** nuestra letra, nuestra libranza.

**n/o.,** nuestra orden.

**n/r.,** nuestra remesa; nuestro recibo.

**N.,** número.

**Núm.; núm.; n.º,** número.

**o. s.,** oro sellado.

**p.,** por, para.

**P. A.; p. a.,** por ausencia; por autorización.

**p. c.,** por cuenta.

**P. D.,** posdata.

**p. ej.,** por ejemplo.

**p. o.,** por orden.

**P. p.,** porte pagado.

**p. p.,** por poder.

**p. do.; ppdo.,** próximo pasado.

**p %.,** por ciento.

**p °/₀₀,** por mil.

**pral.,** principal.

**P. S.,** post scriptum.

**P. V.,** pequeña velocidad (transporte).

**p. v.,** próximo venidero.

**Q. B. S. M.; q. b. s. m.,** que besa su mano.

**Q. E. S. M.; q. e. s. m.,** que estrecha su mano.

**ql. qq.,** quintal; quintales.

**Rbí.,** recibí.

**s.,** sobre; su; sus.

**S. A. S.; s. a. s.,** su atento servidor.

**S. S. S.; s. s. s.,** su seguro servidor.

**s. b. f.,** salvo buen fin.

**S. c.; s. c.,** su casa.

**s/c.** su cuenta.

**s/cgo.,** su cargo.

**S. E. u. O.,** salvo error u omisión.

**s/g.,** su giro.

**s/L.,** su letra, su libranza.

**s/o.,** su orden.

**Sr.; Sres.,** Señor, señores.

**s/r.,** su remesa, su recibo.

**SS. SS.,** sus seguros servidores.

**SS. A. SS.,** sus atentos seguros servidores.

**ton, tons.,** tonelada, toneladas.

**U; Ud.,** usted.

**Uds.,** ustedes.

**últ.; últ.º,** último.

**vg.,** verbigracia.

**V.,** véase.

**V.º B.º,** Visto bueno.

**v/.,** vapor.

**vol.** volumen.

**V; Vd.; Vs.; Vds.,** usted, ustedes.

**V. P.,** vale postal

**Vto.,** vencimiento.

**V. V.,** viceversa.

**VV.,** ustedes.

**yd.,** yarda.

# COMMERCIAL DICTIONARY
## SPANISH - ENGLISH — ENGLISH - SPANISH

*THE SECRETARY*

# COMMERCIAL DICTIONARY
## SPANISH - ENGLISH – ENGLISH - SPANISH

## *THE SECRETARY*

### UP-TO-DATE COMPILATION OF
### ALL TERMS AND EXPRESIONS
FOR ENGLISH - SPANISH, SPANISH - ENGLISH
### COMMERCIAL CORRESPONDENCE

*by*

*ALEJANDRO FRÍAS-SUCRE GIRAUD*

*New revised and completed edition*

## EDITORIAL JUVENTUD, S. A.
Provenza, 101 - Barcelona

# PREFACE

I have been working for more than twenty five years as a foreign commercial correspondent for exporters, importers, consulates, chambers of commerce, printing crafts building and author's rendezvous of international expositions, foreign departments of advertising agencies, etc.; so I have not only been able to become familiar with all kinds of commercial correspondence but have also had numberless opportunities for constant observations of the deficiencies incurred by the writers, especially, with reference to fitness, accuracy and clearness of expression, factors regarded of evident importance in commerce.

Said remarks and the difficulties I have had to overcome by writing or answering in a satisfactory way such a varied correspondence, are the "stock" of practical experience that I have now compiled in this dictionary and which I offer as a positive and sound "tool of work" to English-Spanish speaking people who having, of course sufficient knowledge of both languages to hold positions as foreign commercial correspondents, want to accomplish their duty with the greatest possible efficiency.

I am fully aware that the market is stocked with books of similar type — a fact that only proves the usefulness of these kinds of works — but I know, too, that in spite of such a circumstance, the dire need of a book which responds satisfactorily, in an up-to-date way, to all the requirements of commercial correspondence, is sharply felt by those engaged in bilingual correspondence (English-Spanish) and who wish to write it correctly, "without literal constructions or translations", which always produce a deplorable impression... and rarely express that which was wanted to be said in the foreign language in which the attempt was made.

This dictionary assembles in a single volume, handy and easily consulted because of its alphabetical arrangement, not only all the available matter in current use and application in commerce, contained in special and general dictionaries, vocabularies, etc., published to date, but a much greater number of terms, definitions and fitting expressions which I have gathered patiently during my active service, each and every one of them having been duly checked as correct and of frequent use in commerce, and which can be looked for in vain in the above mentioned works.

This dictionary, therefore, *replaces with considerable savings economically*, the costly collection of said works and better still, surpasses them in apposite and modern vocabulary to meet the requirements of activities in mercantile life to-day.

In short, this dictionary is an absolute instrument of work, an "apt and obedient secretary" for the satisfactory composition of commercial correspondence between English and Spanish people.

I contend without hesitation that up to the present no nomenclature has ever been published, exclusively fitted for commercial use, so complete and up-to-date as this and which responds to that urgent need so greatly felt in the ever increasing trade relations between English and Spanish-speaking countries.

Although a simple glance through its text will confirm the above statement, in order to save the reader the trouble of remembering or choosing, I would request him to pick at random a few articles, as for example those referring to the words "Book", "Price", "Account", "Cuenta", "Gasto", "Tipo" and the like, and compare them with their corresponding ones in any general or commercial dictionary or in any mercantile vocabulary for correspondence.

| EXPORTERS | IMPORTERS | SHIPOWNERS |
| BANKERS | SELLERS | HARVESTERS |
| BUYERS | PROMOTERS | CONTRACTORS |
| PUBLISHERS | MANUFACTURERS | ADVERTISERS |

ETC., ETC., ETC.

Each and every branch of business will find its usual current terms, those necessary to its daily needs in THE SECRETARY. The correspondent will not be compelled to avail himself of obligated periphrase or circumlocutions because of ignorance or forgetfulness of the pertinent word or the opportune phrase at the right moment. The alphabetical arrangement permits the immediate finding on consultation of the required word or phrase in every case.

Furthermore, THE SECRETARY contains all the terms in commercial use and application which are designated in Spanish America by nouns different from the corresponding Castillian words.

All the English irregular verbs are indicated clearly; of the Spanish irregulars, only those tenses which may be easily confused are noted.

By means of a small parenthesis in the same words, the double orthography on the English text is also shown of those terms which may be written without distinction in one way or another.

Finally, I wish to express my thanks to my good friends D. José Zendrera and Mr. Albert Noel, formerly Assistant Commissioner in Barcelona (U. S. Bureau of Foreign and Domestic Commerce) for their valuable advice and words of encouragement that have decided me to carry through this work.

ALEJANDRO FRÍAS - SUCRE

# II

## ENGLISH - SPANISH

# ABREVIATIONS USED

| | | |
|---|---|---|
| *a.* . . . | adjetivo . . . . . | adjective. |
| *adv.* . . | adverbio . . . . . | adverb. |
| *A. M.* . . | antes del mediodía . | ante-meridiem. |
| *Amer.* . | América . . . . . | America. |
| *com.* . . | comercio . . . . . | commerce. |
| *compar.* . | comparativo . . . . | comparative. |
| *electr.* . | electricidad . . . . | electricity. |
| *fund.* . . | fundición . . . . . | foundry. |
| *ger.* . . | gerundio . . . . . | present participle. |
| *law.* . . | jurisprudencia . . . | law. |
| *mar.* . . | marina . . . . . | marine. |
| *min.* . . | minería . . . . . | mining. |
| *mus.* . . | música . . . . . | music. |
| *pp.* . . | participio pasado . . | past participle. |
| *pl.* . . | plural . . . . . . | plural |
| *prep.* . . | preposición . . . . | preposition. |
| *pret.* . . | pretérito . . . . . | preterit. |
| *print.* . | imprenta . . . . | print. |
| *pron.* . | pronombre . . . . | pronoun. |
| *r. w.* . | ferrocarril . . . | railway. |
| *Sp. Amer.* | hispanoamericano . . | Spanish-American. |
| *s.* . . . | substantivo . . . . | substantive. |
| *v.* . . . | verbo. . . . . | verb. |
| *V.* . . . | véase . . . . . | sec. |

# A

**abaca,** *s;* (Manila hemp); abacá.

**abandon,** *v;* abandonar.

**abandonment,** *s;* abandono, dejación.

**abate,** *v;* minorar, disminuir, reducir, rebajar, descontar.

**abatement,** *s;* rebaja, reducción, descuento, disminución.

**abattoir,** *s;* matadero.

**abb,** *s;* urdimbre *(de un tejido),* lana en borra.

**abbreviate,** *v;* abreviar, compendiar, reducir.

**abbreviation,** *s;* abreviación, contracción, abreviatura.

**abbreviature,** *s;* abreviatura; compendio, epítome.

**abeyance,** *s;* espera, expectación; in —, en suspenso; **land in** —, bienes mostrencos.

**abide,** *v; (pret. abode; pp. abode),* habitar, morar, residir; soportar, aguantar; sostener, atenerse; **to — by** (*or* **in**), adherirse, mantenerse en, guiarse por, estar con.

**ability,** *s;* habilidad, capacidad, aptitud, inteligencia, d o n , acierto.

**abintestate,** *a;* abintestato.

**able,** *a;* hábil, capaz, experto, perito; **to be** —, poder.

**aboard,** *adv.; (mar.)* a bordo; **to fall** —, abordar, chocar.

**abolish,** *s;* abolir, anular; revocar, suprimir.

**abound,** *s;* abundar; **to — with** (*or* **in**), abundar en.

**about,** *prep.;* alrededor, cerca de, hacia, acerca de, tocante a; *adv.* aproximadamente; **week** —, semanas alternas, turnando por semanas; **to be — to,** estar a punto de; **to beat — the bush,** andarse por las ramas.

**above,** *adv.;* arriba; — **all,** sobre todo, principalmente; — **mentioned,** mencionado arriba, antes citado, ya dicho, antedicho, susodicho; **as — stated,** como ya queda dicho, según se ha dicho antes; — **water,** solvente.

**abridge,** *v;* abreviar; compendiar, resumir, acortar.

**abroad,** *adv.;* fuera, en el extranjero, en el exterior.

**abrogate,** *v;* abrogar, anular, revocar.

**abrogation,** *s;* abrogación, abolición, anulación, revocación.

**abscond,** *v;* alzarse con dinero; evadir la justicia; esconderse.

**absence,** *s;* ausencia; descuido, falta, distracción.

**absolute,** *a;* absoluto; completo; perentorio, categórico; positivo.

**absorbent,** *a. s;* absorbente; — **cotton,** algodón hidrófilo.

**abstain,** *v;* abstenerse, privarse de, pasar sin.

**absurd,** *a;* absurdo, descabellado, disparatado, ridículo.

**absurdness,** *s;* absurdo, irracionalidad, disparate, dislate.

**abundance,** *s;* abundancia, plenitud, acopio, afluencia.

**accede,** *v;* acceder, consentir.

**accept,** *v;* aceptar, acoger, admitir, reconocer.

**acceptance,** *s;* aceptación, buena acogida; **— of a draft,** aceptación de una letra; **conditional** *or* **qualified —,** aceptación condicional; **partial, clean, simple, total** *or* **general —,** aceptación parcial, pura y simple, simple, total; **blank** (*or* **uncovered**) **—,** aceptación a descubierto *(o en blanco);* **— supra** *or* **under protest for hono(u)r of the drawer,** aceptación por intervención, por el honor de la firma; **non —,** falta de aceptación; **to refuse —,** negar la aceptación; **to present for —,** presentar a la aceptación.

**acceptor,** *s;* aceptante, aceptador.

**accesory,** *a;* accesorio, adicional, secundario.

**accident,** *a;* accidente, siniestro, casualidad, suceso, ocurrencia; **by —,** casualmente; accidentalmente.

**accidental,** *a;* accidental, casual, fortuito.

**accidentally,** *adv.;* accidentalmente, casualmente.

**acclimatize,** *v;* aclimatar, aclimatarse.

**accomodate,** *v;* acomodar, servir, alojar, complacer; proveer, facilitar, surtir; convenir; prestar dinero.

**accomodation,** comodidad, conveniencia; servicio, f a v o r; ajuste, arreglo; *pl.,* facilidades, comodidades.

**accompay,** *v;* acompañar, ir con, asociarse con.

**accomplish,** *v;* efectuar, cumplir, llevar a cabo, desempeñar, verificar, concluir, lograr.

**accomplishment,** *s;* cumplimiento, efectuación, logro, éxito; *pl.,* talentos, conocimientos, prendas.

**accord,** *s;* acuerdo, convenio, buena inteligencia, armonía; **of one's —,** espontáneamente; **with one —,** unánimemente.

**accordance,** *s;* conformidad, acuerdo, convenio; concordancia, correspondencia; **in — with,** de acuerdo con, de conformidad con.

**accordant,** *a;* acorde, conforme, propio, conveniente.

**according to;** según, conforme a, en cumplimiento de.

**accordingly,** *adv.;* en conformidad, en efecto, de consiguiente.

**account,** *v;* tener en, considerar, estimar; dar cuenta y razón, explicar el porqué; **to — for,** dar razón de; responder; *s.* cuenta, nota, estado, cálculo, cómputo, relación, informe *(report);* — **book,** libro de cuentas; **open** *(or running)* —, cuenta abierta; **credit** *(or creditor)* —, cuenta acreedora; **debit** *(or debtor)* —, cuenta deudora, **annual** *(or yearly)* —, cuenta anual; **outstanding** — *(or in arrear),* cuenta pendiente, atrasada; **balanced, closed,** cuenta balanceada, cerrada; **clear reckoning** —, cuenta clara; — **current,** cuenta corriente; **specified, itemized** — *(invoice),* cuenta *(factura)* detallada, pormenorizada; **private** —, cuenta particular; **bulk** —, cuenta resumida; **settled, discharged, balanced, paid** —, cuenta saldada, liquidada, arreglada, pagada; **separate, special** —, cuenta separada, especial; **proforma** — *(or invoice),* cuenta *(o factura)* simulada; **sundry** — **s,** cuentas diversas; i m p e r s o n a l — s, cuentas ficticias; — s **overcharged,** cuentas del Gran Capitán; **illusory, delusive** — s, (reckoning), cuentas galanas; — **s in arrear,** cuentas atrasadas; **joint** —, cuenta a mitad; **bank** —, cuenta de banco; **cash** —, cuenta de caja; **capital** —, cuenta de capital; **commissions** —, cuenta de comisión; **purchase, sales** —, cuenta de compra, de venta; **discounts** —, cuenta de descuentos; — **of outlays and costs,** cuenta de desembolsos y gastos; — **of freights,** cuenta de fletes; **profit and loss** — **s,** cuenta de ganancias y pérdidas; **household expense** —, cuenta de gastos de casa; **traveling expense** —, cuenta de gastos de viaje; **clearance** —, cuenta de giros; **interest**

—, cuenta de intereses; **interest bearing** —, cuenta con i n t e r e s e s; **merchandise** *(or* **goods)** —, cuenta de mercaderías; **fixtures** —, cuenta de mobiliario; **reexchange** —, cuenta de cambio *(o de resaca);* **joint** —, cuenta en participación; **on** —, a cuenta *(o a buena cuenta);* **on new** —, a cuenta nueva; **to the credit of my** —, a cuenta de mi haber; **statement of** —, estado *(o extracto)* de cuenta; **rendering of the** —, rendición de cuenta; **as per** — **rendered, handed, transmitted, herewith inclosed,** según cuenta pasada, presentada, remitida, adjunta, inclusa; **the** — **closes with,** la cuenta se cierra, se salda con; **to go to the** — **of,** ser *(o correr)* por cuenta de; **to buy for one's own, for other's** —, comprar por cuenta propia, ajena; **to sell for one's own** —, **for** — **of third parties,** vender por cuenta propia, por cuenta ajena; **in behalf and for** —, en nombre y por cuenta de; **to credit one's** —, abonar en cuenta; **to cast up an** —, calcular, hacer una cuenta; **to open an** —, abrir una cuenta; **to settle an** —, ajustar *(o arreglar)* una cuenta; **to debit on** —, cargar en cuenta; **to close an** —, cerrar una cuenta; **to verify an** —, comprobar una cuenta; **to balance an** —, cubrir una cuenta; **to enter into** — **with someone,** entrar en cuenta con alguien; **to liquidate** *(or settle)* **an** —, liquidar *(o finiquitar)* una cuenta; **to keep** — **s,** llevar cuentas; **to pay on** —, pagar a cuenta; **to pay an** —, pagar una cuenta; **to** — **for,** rendir cuenta, dar razón, responder de; **to balance an** —, saldar una cuenta; **to take into** —, tener (o tomar) en cuenta; **in** — **with**, en cuenta con; **for** — **of**, por cuenta de; **for** (or **on**) **joint** —, por cuenta y mitad; **for** — **and risk of**, por cuenta y riesgo de; **on your** —, a cargo de usted, a su cargo; **overdrawn** —, cuenta en descubierto; **people of no** —, gente de poca importancia.

**accountability,** s; responsabilidad.

**accountancy,** s; contabilidad.

**accountant,** s; revisor de cuentas, contador, tenedor de libros; **certified public** —, perito mercantil, contador titulado.

**accredit,** v; acreditar, dar crédito, creer.

**accredited,** a; acreditado, abonado.

**accrue,** v; crecer, aumentar; **accrued interest,** interés acumulado.

**accumulate,** v; acumular, amontonar, atesorar; crecer, aumentar.

**accumulative,** a; acumulativo, amontonado.

**accuracy,** s; cuidado, exactitud, precisión.

**accurate,** a; exacto, correcto, fiel, preciso.

**accusation,** s; acusación, imputación, denuncia, delación.

**accuse,** v; acusar, delatar, denunciar; imputar, culpar.

**accustom,** v; acostumbrar, habituar; soler; **to become** — **ed to,** acostumbrarse a; **to be** — **ed to,** usar.

**achievement,** s; realización, ejecución, logro, hecho.

**acknowledge,** v; reconocer, admitir, confesar; — **correctness** (as of an account), acusar conformidad de; — **receipt of,** acusar recibo de; — **a favour,** agradecer.

**acknowledgement,** s; reconocimiento; acuse de recibo, confirmación.

**acquaint,** v; instruir, enterar, informar, avisar, advertir, comunicar.

**acquaintance,** s; conocimiento, familiaridad, trato; conocido; pl. conocidos, conocimientos personales.

**acquire,** v; adquirir, ganar, alcanzar, obtener.

**acquit,** v; relevar, libertar; desempeñar, cumplir; exonerar, dispensar; satisfacer; absolver.

**acquitted,** pp. absuelto.

**acquittal,** s; absolución; descargo, pago.

**acquittance,** s; descargo de una deuda, recibo, quita, carta de pago.

**acre,** s; acre (medida agraria de 40,74 áreas).

**act,** s; hecho, acto; — **of God,** fuerza mayor (lo que, por no poderse prever o resistir, exime del cumplimiento de alguna obligación); v. actuar, obrar, operar, funcionar, hacer, ejecutar; **to** — **on** (or **upon**), influir; obrar sobre.

**action,** s; acción, hecho, obra, operación, movimiento; expediente, proceso; — **at law,** pleito, proceso; **judicial** —, litigio judicial; **to enter an** —, entablar demanda, poner pleito.

**actionable,** *a;* punible, procesable.

**active,** *a;* activo, diligente, eficaz; ágil, fuerte, enérgico.

**actual,** *a;* real, efectivo, actual; flagrante.

**actually,** *adv.;* realmente, efectivamente.

**actuary,** *s;* actuario; escribano.

**add,** *v;* agregar, añadir, adicionar, aumentar; **to — up,** sumar; **adding machine,** máquina de sumar.

**addition,** *s;* adición, suma; **in — to,** además de.

**additional,** *a;* adicional, accesorio; **— charges,** gastos accesorios.

**address,** *v;* dirigir (la palabra, una carta); *s.* dirección, señas, domicilio; sobrescrito, membrete.

**addressee,** *s;* destinatario.

**adequate,** *a;* adecuado, proporcionado.

**adhesive,** *a;* adhesivo, adherente; **— plaster,** tafetán inglés.

**adjourn,** *v;* diferir, aplazar, suspender, trasladar.

**adjournment,** *s;* aplazamiento, traslación.

**adjudge,** *v;* adjudicar.

**adjudger,** *s;* adjudicador.

**adjudication,** *s;* adjudicación.

**adjust,** *v;* ajustar, arreglar, acomodar, componer, amoldar.

**adjuster,** *s;* ajustador, mediador, componedor, arreglador, tasador; **average —,** amigable componedor, repartidor de averías.

**adjustment,** *s;* ajuste, arreglo, transacción.

**administer,** *v;* administrar; suministrar, proveer, surtir; desempeñar o ejercer un cargo.

**administration,** *s;* administración, dirección.

**administrator,** *s;* administrador.

**admissible,** *a;* admisible, aceptable.

**admission,** *s;* admisión, entrada, acceso; precio de entrada; **— ticket,** billete de entrada.

**admit,** *v;* admitir, permitir, reconocer, conceder.

**admittance,** *s;* entrada, admisión, derecho de entrar.

**ado,** *s;* bulla, excitation.

**adulterant,** *s. a;* adulterador, falsificador; adulterante.

**adulterate,** *v;* adulterar, falsificar; viciar, falsear; *a.* adulterado, impuro, falsificado, falso.

**ad valorem;** ad valorem, por avalúo.

**advance,** *v;* avanzar, ascender, adelantar, mejorar, progresar; **to — in price,** subir el precio *(o el valor),* encarecer; *s.* progreso, adelanto, mejora; anticipo, adelanto, préstamo, suplemento, avance; alza, encarecimiento; **— on account current,** adelanto en cuenta corriente; **— on securities,** adelanto sobre depósito de acciones; **cash —,** anticipo de dinero, adelanto, avance; **in —,** de antemano, anticipadamente; **to pay in —,** pagar adelantado, anticipar dinero.

**advancement,** *s;* adelantamiento, promoción, ascenso, subida.

**advancing,** *a;* en alza, en aumento.

**advantage,** *s;* ventaja, provecho, interés, lucro, ganancia; conveniencia, comodidad; **to take — of,** aprovecharse de, valerse de.

**advantageous,** *a;* provechoso, lucrativo, útil, conveniente, ventajoso.

**adventuresome,** *a;* arriesgado, aventurado, peligroso.

**adversary,** *s;* adversario, antagonista, enemigo.

**advertise,** *v;* anunciar, avisar, publicar.

**advertisement,** *s;* aviso, anuncio.

**advertiser,** *s;* anunciante, avisador, anunciador.

**advice,** *s;* consejo, advertencia, aviso, noticia, informe, comunicación; **to take —,** pedir o seguir consejo; **as per —,** según aviso; **letter of —,** carta de aviso; **without —,** falta de aviso; sin aviso; **without further —,** sin otro aviso.

**advise,** *v;* aconsejar, advertir, informar, comunicar, enterar, notificar.

**advised,** *a;* premeditado, deliberado; avisado, advertido.

**advisement,** *s;* consideración, deliberación; **under —,** en tela de juicio.

**adviser,** *s;* consejero, consultor, asesor; avisador, informador.

**advisory,** *a;* consultivo; **— board,** junta consultiva.

**advocacy,** *s;* abogacía; defensa, intercesión.

**advocate,** *v;* abogar, interceder, mediar, defender; *s.* abogado, mediador, intercesor; defensor.

**affair,** *s;* asunto, negocio.

**affidavit,** *s;* declaración jurada; atestación, certificación.

**affiliate,** *v;* afiliar, afiliarse.

**affirm,** *v;* afirmar, asegurar, aseverar, declarar, sostener, confirmar, ratificar.

**affirmation,** *s;* afirmación, declaración; aserto; confirmación.

**afford,** *v;* tener medios o recursos para una cosa; hacer frente, soportar un gasto; poder; suplir; proveer, abastecer, proporcionar.

**affreightment,** *s;* fletamento.

**aforementioned** *(aforenamed, aforesaid), a;* ya mencionado, dicho, antedicho, susodicho, precitado, consabido, ya expresado.

**afraid,** *a;* asustado, espantado; **to be — of,** tener miedo a o de.

**after,** *prep.;* después de, según; detrás de; por; *adv.* después, en seguida; **soon —,** poco después; **day — to-morrow,** pasado mañana; **the day —,** el día siguiente; **for months —,** meses después; **— all,** al fin y al cabo, después de todo.

**afterwards,** *adv.;* después.

**again,** *adv.;* otra vez, aún, de nuevo, por otra parte, además; **as much —,** otro tanto más; **now and —,** a veces, de cuando en cuando; **once and —,** repetidas veces.

**against,** *prep.;* contra; cerca de; en contraste con.

**age,** *s;* edad, época, era, tiempo, período; **full —,** mayoría o mayor edad; **under —,** minoridad; **of —,** mayor de edad.

**agency,** *s;* agencia; — **office,** oficina de negocios; **forwarding** —, agencia de transportes.

**agent,** *s;* agente, corresponsal; comisionado, mandatario, apoderado, encargado; **sole** —, agente exclusivo.

**aggregate,** *v;* agregar, juntar, unir; sumar, ascender; *s.* agregado, conjunto, colección, suma, totalidad.

**agio,** *s;* agio, agiotaje.

**ago,** *adv.;* pasado, hace, ha; **long** —, hace tiempo, tiempo ha.

**agree,** *v;* convenir, concordar; ponerse de acuerdo, avenirse a, acceder, entenderse, concertar, pactar; **to** — **by word of mouth,** apalabrar; **to** — **on a price,** ajustar el precio.

**agreed,** *a;* convenido, establecido, pactado, ajustado, de acuerdo, aprobado, determinado, acordado.

**agreement,** *s;* acuerdo, convenio, pacto, trato, estipulación, ajuste, contrato; **according to** — según convenio; **to make, enter into, come to, arrive at an** —, hacer, entrar, llegar a un acuerdo o arreglo; — **to resell,** pacto de retroventa.

**agricultural,** *a;* agrícola; — **implements,** aparatos agrícolas (*o maquinaria o material*) agrícola.

**agriculture,** *s;* agricultura.

**agriculturist,** *s;* agricultor, labrador, agrícola.

**agronomist,** *s;* agrónomo.

**agronomy,** *s;* agronomía, ciencia agrícola.

**ahead,** *adv.;* delante, al frente; adelante.

**aid,** *v;* ayudar, apoyar, coadyuvar, subvenir, sufragar, auxiliar; *s.* auxilio, socorro, favor, amparo, ayuda, subsidio.

**aim,** *s;* puntería; intento; mira.

**aimless,** *adj.;* sin designio, sin objeto.

**aleatory,** *a;* aleatorio; de azar,

**alibi,** *s;* coartada.

**alien,** *a;* ajeno, extraño; extranjero, forastero; *s.* extranjero, forastero; *v.* enajenar, traspasar, transferir, extrañar; indisponer.

**alienable,** *a;* enajenable, trapasable.

**alienate,** *v;* enajenar, traspasar, transferir, extrañar; indisponer.

**alienation,** *s;* alienación, enajenación, despropio, traspaso de dominio.

**alike,** *adv.;* igualmente, del mismo modo; *a.* semejante, igual, lo mismo.

**alive,** *a;* vivo o viviente; vivo, no apagado; activo.

**all,** *a;* todo, todos, todo el mundo; *s.* todo, la totalidad, el conjunto; — **told,** en junto; **after** —, al fin y al cabo, después de todo; — **and sundry,** individual y colectivamente; **at** —, de ningún modo, nunca; **before** —, ante todo; **once for** —, de una vez para siempre, una vez y no más; **it is** — **the same,** es absolutamente lo mismo, igual da; — **but,** casi; — **the better,** tanto mejor; — **the worst,** tanto peor; **for good and** —, enteramente para siempre; **by** — **means,** sin duda, sea como fuere, absolutamente; — **right,** bien, perfectamente, corriente; — **in** —, en conjunto.

**alleviation,** s; aligeramiento.

**alliance,** s; alianza, unión, liga, fusión.

**allocation,** s; asignación, repartimiento.

**allot,** v; distribuir, repartir, asignar, adjudicar, destinar.

**allotment,** s; lote, parte, porción, asignación, repartimiento, distribución.

**allow,** v; rebajar, descontar, deducir; permitir, consentir, dejar, conceder, ceder, abonar.

**allowance,** s; abono, descuento, rebaja, bonificación; gratificación, ñapa; concesión, permiso, licencia; salario, pensión.

**alloy,** v; ligar, alear los metales; s. aleación, liga, amalgama.

**alluring,** a; atrayente, seductivo, tentador.

**allusion,** s; alusión, indirecta, insinuación.

**almanac,** s; almanaque, calendario.

**almond,** s; almendra; **unshelled — s,** almendras con cáscara; **sugar — s,** almendras garapiñadas; **— tree,** almendro.

**almost,** adv.; casi.

**alongside,** adv. y prep.; a lo largo de, al lado, costado con costado; **— a ship,** al costado de un buque.

**also,** adv.; también.

**altogether,** adv.; enteramente, en conjunto.

**always,** adv.; siempre.

**amends,** s; recompensa, compensación, reparación, satisfacción; **to make —,** dar cumplida satisfacción.

**amortization,** s; amortización.

**amortize,** v; amortizar.

**amount,** s; cantidad, importe, suma, cuantía, monto, **valor**; **average —,** valor promedio); **gross —,** importe bruto; **net —,** importe líquido (o neto); **whole —,** importe total; **to the — of,** hasta la cantidad de; v. montar, importar, ascender, costar, subir; **to — to,** ascender a, subir a, montar a; **to — in the aggregate in all,** ascender, importar en conjunto, en total a.

**analysis,** s; análisis, examen.

**analyze,** v; analizar, examinar.

**anchor,** v; anclar, echar las anclas; **to drop —,** dar fondo, anclar; **to weigh —,** levar anclas, zarpar; s. ancla; **sheet —,** ancla mayor; **small bower —,** ancla sencilla; **ring of the —,** argolla del ancla, arganeo; **— arms,** brazos del ancla; **— back,** galga del ancla; **— bill, flukes, shank, stock,** pico, uñas, caña, cepo del ancla; **— ground,** fondeadero; **at —,** al ancla, anclado.

**anchorage,** s; anclaje; fondeadero; **— dues,** derechos de anclaje o de fondeadero.

**and,** conj.; y, e; **— yet,** sin embargo; **with ifs — ands,** en dimes y diretes; **— so forth,** etcétera; y así todo lo **demás.**

**angel,** s; ángel; (slang) caballo blanco (persona que provee fondos para una empresa).

**annotation,** s; nota, anotación, apunte, notación, apostilla.

**announce,** v; anunciar, participar, notificar, avisar, comunicar, publicar.

**announcement,** s; anuncio, participación, aviso; pregón.

**annoyance,** s; molestia, incomodidad, engorro; lata.

**annoying,** a; fastidioso, molesto, latoso, engorroso.

**annual,** a; anual.

**annuitant,** s; rentista.

**annuity,** s; anualidad, renta anual, pensión; **deferred** —, renta (o anualidad) diferida; **life** —, renta vitalicia.

**annul,** v; anular, invalidar, cancelar, rescindir, revocar, abolir, abrogar, anular.

**annulment,** s; anulación, rescisión, cancelación, revocación.

**annum,** s; año; **per** —, por año, al año.

**anonymous,** a; anónimo.

**another,** a; otro, diferente, distinto; uno más; otro de lo mismo; prep. otro, otra; **one** —, uno a otro.

**answer,** v; responder, contestar; **to** — **for,** responder de, salir responsable, fiador; s. respuesta, contestación.

**antedate,** v; antedatar, anticipar la fecha; s. antedata.

**ante meridiem,** antes del mediodía; **A. M.**

**anticipation,** s; anticipación; **thanking you in** —, dándole las gracias por anticipado.

**antifriction,** a; antifricción; — **box,** caja de rodillos; — **compound,** sustancia lubricativa; lubricante.

**antiseptic,** a. y s.; antiséptico; desinfectante.

**anxious,** a; ansioso, impaciente.

**any,** pron. y adv.; cualquier, cualquiera, cualesquier, cualesquiera, alguno, alguna, algunos, algunas, todo, todos; al-

gún; **at** — **rate,** de todos modos, como sea; — **way,** de cualquier modo; — **wise,** en, de algún modo; — **thing,** algo, cualquier cosa.

**anyhow** adv.; de cualquier modo; bien que, sin embargo, en cualquier caso.

**anything,** pron. indef.; algo, alguna cosa, cualquier cosa; **like** — (coll.), hasta más no poder.

**apiece,** adv.; cada uno; por persona.

**apologize,** v; excusarse, disculparse.

**apology,** s; excusa, satisfacción; **please accept my** —, ruégole me dispense.

**apparatus,** s; aparato. máquina, instrumento, aparejo.

**appeal,** v; recurrir, apelar, clamar, poner por tèstigo; s. petición, súplica, instancia.

**appear,** v; comparecer, presentarse; parecer, semejar; aparecer, aparecerse.

**appearance,** s; apariencia, semejanza, aspecto, porte; vista, llegada, aparición.

**appellant,** s; apelante, demandador.

**append,** v; adjuntar, anexar, añadir, acompañar.

**appendant,** a; anexo, accesorio, pendiente, unido; s. colgado.

**appertain,** v; pertenecer, tocar, atañer, competer.

**appliance,** s; herramienta, instrumento, aparato, utensilio, adminículo.

**applicant,** s; aspirante, pretendiente, candidato, suplicante, postulante.

**application,** s; aplicación, petición, súplica, solicitud, memorial; **to make — to,** recurrir a, dirigirse a, solicitar (un empleo, etc.); 'written —, solicitud por escrito, memorial.

**apply,** v; dirigirse a.

**appoint,** v; señalar, fijar, nombrar, designar, elegir, constituir, destinar, determinar, equipar; **badly** or **well — ed,** mal o bien equipado.

**appointment,** s; nombramiento, destino; cita, compromiso, entrevista; emolumento.

**apportion,** v; prorratear.

**apportionment,** s; prorrateo, prorrata.

**appraisable,** a; apreciable, tasable.

**appraisal,** s; aforo, tasación, justiprecio, avalúo, estimación, valuación, aforamiento.

**appraise,** v; apreciar, valuar, valorar, tasar, aforar, justipreciar.

**appraisement,** s; V. *Appraisal.*

**appraiser,** s; tasador, apreciador, aforador, justipreciador, perito.

**appreciate,** v; apreciar, tasar, estimar, valuar.

**appreciation,** s; valuación, estimación, precio, tasa.

**apprentice,** s; aprendiz, novicio, principiante.

**apprenticeship,** s; aprendizaje, noviciado.

**approaching,** a; próximo, cercano, venidero.

**appropriate,** v; apropiar, destinar; incautarse; a. a propósito, adecuado, conveniente.

**appropriation,** s; apropiación.

**approval,** s; aprobación.

**approximative,** a; aproximativo; poco más o menos.

**April,** s; abril.

**arbiter,** s; árbitro, arbitrador, compromisario.

**arbitrage,** s; arbitraje.

**arbitrate,** v; arbitrar.

**arbitration,** s; arbitramento, arbitraje, tercería, arbitración.

**arbitrator,** s; arbitrador, árbitro, tercero, componedor.

**archive,** s; archivo.

**are,** s; área (medida de superficie: 100 metros cuadrados *(square decameter).*

**area,** s; área, espacio.

**arise,** v; *(pret. arose; pp. arisen);* subir, elevarse; presentarse, surgir.

**armament,** s; armamento, equipo.

**army,** s; ejército.

**arrange,** v; arreglar, acomodar, colocar, acondicionar, preparar, disponer; convenir, ajustar, concertar.

**arrangement,** s; colocación, distribución, arreglo.

**arrears,** s; atrasos; **in —,** atrasado (en pagos, etc).

**arrival,** s; arribo, llegada, entrada.

**arrive,** v; llegar, arribar, lograr, conseguir; suceder, acontecer.

**article,** s; artículo, objeto; cláusula, estipulación; **— s of merchandise,** mercaderías, efectos, mercancías; **— s of association,** escritura de constitución social; **— s of partnership,** contrato social; escritura de constitución de una sociedad; **to sign — s,** escriturarse.

**artificer,** *s;* artífice, artesano hábil.

**artisan,** *s;* artesano, oficial.

**as,** *conj.;* como, tan, mientras, según, así como; — **good** —, tan bueno como; — **much** —, tanto como; — **for,** — **to,** en cuanto a, por lo que toca a; — **for me,** por lo que a mí toca, en cuanto a mí; — **far** —, hasta; — **yet,** aún, todavía; — **well** —, tan bien, tan bueno como, de igual modo que; — **big again,** dos veces tan grande.

**aside: to lay** —, desechar, abandonar, arrinconar.

**ask,** *v;* preguntar, interrogar exigir, solicitar, suplicar; **to** — **for,** pedir; **to** — **a question,** hacer una pregunta.

**aspect,** *s;* aspecto, semblante; vista, traza.

**assay,** *v;* ensayar; *s.* ensayo.

**assemble,** *v;* convocar, reunir, congregar, juntar.

**assembly,** *s;* asamblea, junta, concurso, reunión; **place of** —, lugar de reunión.

**asses,** *v;* tasar, señalar, amillarar, fijar, imponer (contribución, etcétera); **to** — **damages,** fijar *(o avaluar)* los daños y perjuicios.

**assessment,** *s;* imposición, impuesto, contribución, amillaramiento, avalúo.

**assets,** *s; pl.* activo, capital, haber, caudal (en caja), créditos activos, fondos, bienes; **personal** —, bienes muebles; **real** —, bienes raíces.

**assiduity,** *s;* asiduidad, laboriosidad, diligencia, aplicación.

**assign,** *v;* asignar, fijar, señalar; traspasar, ceder, transferir; destinar; hacer cesión *(o traspaso)* de bienes.

**assignable,** *a;* asignable, transferible, negociable.

**assignation,** *s;* asignación, consignación, traslación, traspaso, cesión.

**assignee,** *s;* cesionario, poderhabiente, apoderado; síndico.

**assignment,** *s;* asignación, cesión, traspaso.

**assignor,** *s;* cesionista, cedente, asignante, transferidor.

**assist,** *v;* asistir, auxiliar, ayudar, socorrer; concurrir, presenciar.

**assistance,** *s;* asistencia, socorro, ayuda, apoyo, sufragio.

**assistant,** *s;* ayudante, auxiliar, asistente; — **secretary,** subsecretario.

**associate,** *v;* asociar, asociarse, formar sociedad; combinar; *s.* socio, consocio.

**association,** *s;* asociación, alianza, unión, sociedad, compañía; asamblea.

**assortment,** *s;* clasificación; surtido, acopio.

**assurance,** *s;* seguro; seguridad, certeza, certidumbre, confianza: resolución, ánimo, decisión.

**assure,** *v;* asegurar, afirmar, certificar, acreditar.

**astonished,** *pp.* y *a;* atónito, asombrado, sorprendido.

**attach,** *v;* juntar, embargar.

**attachment,** *s;* embargo, comiso, secuestro.

**attain,** *v;* alcanzar, lograr, obtener, conseguir, procurar.

**attempt,** *s;* intento, esfuerzo, tentativa.

**attend,** *v;* atender, cuidar; **to —
a meeting,** asistir a una junta;
**to — a business,** hacerse cargo de un negocio.

**attendance,** *s;* asistencia, concurrencia.

**attest,** *v;* atestiguar, atestar, testificar, confirmar, dar fe.

**attestation,** *s;* atestación, deposición; testimonio, confirmación,
certificado.

**attorney,** *s;* abogado, comisionado, mandatario; **— general,**
fiscal, procurador general; **letter** *(or* **power)** **of —,** poder,
procuración.

**auction,** *s;* subasta, almoneda,
remate, subastación; **— room,**
martillo; **judicial —,** remate
judicial; **public —,** pública subasta, almoneda, remate; **to
sell at public —,** sacar a pública subasta; *v.* subastar, rematar, almonedar, vender en
pública subasta.

**auctioner,** *s;* subastador, martillero, rematador, almonedero,
pregonero.

**audit,** *s;* revisión de cuentas, intervención y ajuste de cuen-
tas; *v.* intervenir una cuenta,
revisar; **— ed and found correct,** examinado *(o revisado)*
y hallado conforme.

**auditor,** *s;* interventor, revisor
de cuentas, auditor, verifica-
dor, examinador.

**augment,** *v;* aumentar.

**August,** *s;* agosto.

**auspices,** *s;* auspicios, protección, favor.

**authentic,** *a;* auténtico, fehaciente, original, legítimo.

**authenticate,** *v;* autorizar, refrendar, autenticar.

**author,** *s;* autor, escritor, componedor.

**authority,** *s;* autoridad, facultad,
poder legal.

**authorization,** *s;* autorización,
sanción, legalización.

**authorize,** *v;* autorizar, apoderar,
legalizar.

**autumn,** *s;* otoño.

**avail,** *v;* aprovechar, valerse de,
hacer uso de.

**available,** *a;* disponible; **— assets,** activo disponible.

**avail,** *s;* aval *(firma que se pone
al pie de una letra o docu-
mento de crédito, como garantía de su pago en caso de
no cumplimiento por la persona principalmente obligada a
ello).*

**average,** *s;* término medio, promedio, prorrateo, rateo, precio
medio; *(damage)* avería; **—
due date,** vencimiento medio;
**— statement,** estado de averías; **free of particular —,**
franco de avería simple *(o
particular);* **— adjuster,** amigable componedor, arreglador
*(repartidor o tasador)* de averías; **on an —,** por término
medio; *v.* prorratear, ratear,
proporcionar.

**avoid,** *v;* evitar, eludir, esquivar,
salvar.

**await,** *v;* aguardar, esperar.

**award,** *v;* adjudicar; **to — damages,** adjudicar una cantidad
por daños y perjuicios; *s.* sentencia, laudo; concesión, premio.

**away,** *adj.;* ausente, distante;
*adv.;* lejos; **to go —,** irse; **to
take —,** llevarse, quitar,

# B

**back,** *s;* espalda, lomo, dorso, revés, reverso; **the — of a chek,** el reverso *(o dorso)* de un cheque.

**backlog,** *s;* reserva, reserva de pedidos pendientes.

**backwardation,** *s;* convenio entre comprador y vendedor de valores para aplazar la entrega de acciones u obligaciones mediante el pago de una prima por el retraso de la entrega de los valores.

**bag,** *s;* saco.

**baggage,** *s;* equipaje, bagaje; **— car,** coche de equipajes, furgón.

**bail,** *s;* caución, fianza, garantía, seguridad; fiador, garante; **— bound,** garantía fianza; *v.* dar fianza.

**bait,** *s;* cebo, anzuelo, añagaza; **to take the —,** tragar el anzuelo, caer en el lazo.

**balance,** *s;* balance, saldo, alcance; balanza; **— sheet,** balance, avanzo, balance de situación; **general —,** balance general; **trial —,** balance de comprobación; **to strike, shut up, approve a —,** hacer *(o pasar)*, cerrar, aprobar el balance; **to put into the —,** poner en el balance; **to be noted down in the —,** estar (inscrito, anotado) en el balance; **to — the cash,** hacer el arqueo de caja; **— in our favo(u)r,** saldo a nuestro favor; **— of trade,** balanza del comercio; **cash —,** saldo en caja; **credit —,** saldo acreedor, el haber; **debit —,** saldo deudor; **ledger —,** balance del libro mayor *(o del mayor);* **net —,** saldo líquido; *v.* balancear, saldar; **to — the books,** saldar *(o balancear, o cerrar)* los libros.

**bale,** *s;* bala, paca, fardo, de algodón); *v.* embalar, enfardar, empaquetar, empacar.

**baling,** *s;* embalaje, enfardadura.

**ballast,** *s;* lastre; **to go in —,** ir en lastre; **— lighter,** lanchón de deslastrar; **— ports,** portas de lastrar; *v.* lastrar.

**bank,** *s;* banco, casa de banca; **— accounts,** cuentas bancarias; **— bill,** letra de banco; **— note,** billete de banco; **advancing, deposit, clearing, loan, discount, mortgage, agricultural (farmer's), national, state, foreign —,** banco de anticipaciones *(o de anticipos),* de depósito, de giro (o de liquidación), de préstamos, de descuento, hipotecario, agrícola, nacional, del Estado, de emisión, extranjero; **joint-stock** —, banco por acciones; **branch** —, banco filial; — — **book**, libro de banco; — **papers**, papeles de banco; — **rate**, tipo de interés (o descuento) bancario; — **commission**, comisión de banca; **savings** —, caja de ahorros; — **shares**, acciones de banco; — **reserve**, reserva bancaria; — **clerk**, empleado de banco; v. poner dinero, ingresar dinero en el banco.

**banker**, s; banquero, cambista.

**banking**, a; bancario-ria; — **hours**, horas bancarias (de oficina); — **house**, casa de banca; — **business**, operaciones de banca (o bancarias).

**bankrupt**, a; insolvente; s. quebrado, fallido; **discharged** —, rehabilitado; v. quebrar, declararse insolvente; **to become** —, declararse en quiebra.

**bankruptcy**, s; bancarrota, quiebra; — **court**, tribunal de quiebras; **accidental** —, quiebra casual; **culpable** —, quiebra culpable; **fraudulent** —, quiebra fraudulenta; **involuntary** —, quiebra involuntaria.

**bar**, s; barra, lingote; — **of gold**; lingote de oro.

**bargain**, s; ajuste, contrato, convenio, trato, pacto; ganga; — **and sale**, compraventa; — **counter**, baratillo; — **sale**, venta de saldos, realización; **chance** —, compra de lance (o de ocasión); **at a** —, baratísimo, por una bicoca, (in Cuba) de guagua; **to close a** —, ce-

rrar un trato; **to give into the** —, dar de más, (in México) dar de pilón, (in Chile and Venezuela) dar de ñapa; **to make a good** —, hacer un buen negocio; v. ajustar, pactar, tratar, contratar, negociar, regatear.

**barge**, s; gabarra, barcaza, lanchón.

**bark**, s; corteza de árbol; **Peruvian** —, quina.

**barley**, s; cebada.

**barrel**, s; barril, tonel; v. embarrilar, envasar.

**barter**, s; cambio, cambalache, trueque, permuta, trueco, tráfico; v. cambiar, trocar, permutar.

**basin**, s; (of a harbo(u)r), dársena.

**bay**, s; bahía.

**be**, v; (pret. was, were; pp. been), ser, estar; **to** — **wrong**, no tener razón, estar equivocado.

**bean**, s; haba; alubia, habichuela, judía.

**bear**, v; (pret. bore; pp. borne o born), llevar, cargar, soportar, aguantar; **to** — **in mind**, tener presente; **to** — **interest**, devengar, redituar, rendir interés; **to** — **the loss**, sufrir la pérdida; **to** — **the market**, jugar a la baja; s. bajista, especulador a la baja.

**bearer**, s; portador; **payable to** —, pagadero al portador.

**beat**, v; (pret. beat; pp. beaten or beat), rebajar el precio; **to** — **down**, abatir; regatear; pegar, dar golpes, vencer, derrotar; **to** — **about the bush**, andarse por las ramas.

**become**, v; (pret. became; pp. become), venir a parar, llegar a ser, volverse, hacerse, convertirse; **to — due,** vencer (una letra, etc.); **to — rich,** hacerse rico.

**bed,** *s;* cama, lecho, *(of minerals)* yacimiento; **— and board,** pensión completa.

**beef,** *s;* carne de vaca o toro; ganado vacuno de engorde.

**before,** *adv.;* delante, enfrente; antes, anteriormente; **— cited** *or* **mentioned,** mencionado más arriba, antedicho; *prep.* enfrente de, ante, en presencia de; *conj.* antes que, primero.

**beforehand,** *adv.;* de antemano, previamente.

**beg,** *v;* pedir, suplicar, rogar; **to beg to,** permitirse; **I beg to enclose,** me permito incluir.

**begin,** *v; (pret. began* o *begun: pp. begun),* empezar, principiar, comenzar.

**beginning,** *s;* principio, comienzo, génesis.

**behalf,** *s; (precedido de* **in, on** *o* **upon),** por favor, a favor, en nombre, interés o defensa de alguno.

**behind,** *adv.;* atrás, detrás; en pos; con retraso; *prep.* tras, detrás, de, después de; **— time,** poco puntual; **— the times,** anticuado.

**behindhand,** *a;* tardío, atrasado en pagos.

**being,** *ger. del verbo to be: siendo; conj.* ya que, puesto que, supuesto.

**believe,** *v;* creer, confiar en o fiarse de; opinar.

**belong,** *v;* pertenecer; tocar, atañer, concernir, incumbir.

**belonging,** *a;* perteneciente; *pl.* anexos, bártulos.

**below,** *adv.;* debajo, abajo, bajo; *prep.* bajo, debajo de, después de; **— par,** a descuento, con pérdida; bajo la par.

**belt,** *s;* cinturón, faja; correa de transmisión; **— saw,** sierra sin fin *(band-saw).*

**beneficiary,** *s;* beneficiario.

**benefit,** *s;* beneficio.

**berth,** *s;* camarote, litera.

**beside,** *adv.;* además, también; *prep.* cerca de; excepto, fuera de.

**besides,** *adv.;* además, por otra parte; *prep.* excepto, fuera de.

**best,** *adv.;* mejor; **to do one's best,** hacer todo lo posible.

**bestow,** *v;* otorgar, donar, dar, conferir.

**better,** *a; compar. de good,* mejor; superior; *adv.* mejor, más bien, de mejor modo; **so much the —,** tanto mejor; **you had —,** más vale que,

**between,** *prep.;* entre.

**beyond,** *adv.;* más allá; *prep.* más allá de, fuera de.

**bid,** *s;* postura, licitación, oferta, pliego; **highest —,** puja; *v.* hacer una oferta, pujar.

**bidder,** *s;* postor, licitador; **the highest —,** el mejor postor.

**bill,** *s;* letra, giro, libranza, nota, cuenta, factura, billete; **— board,** cartelera; **— broker,** corredor de letras *(o de cambios);* **— head,** encabezamiento de factura; **— poster,** fijador de carteles; **— s receivable,** letras *(u obligaciones)* a cobrar; **— at sight,** letra a la vista; **— s payable,** letras *(u obligaciones)* a pagar; **— on demand,** letra *(u obligación)* a presentación; **foreign, domes-**

tic —, letra sobre el exterior *(o en el extranjero)*, sobre el interior; — **of exchange,** letra de cambio; — **of entry,** declaración de entrada; — **of lading** *(mar.)*, conocimiento de embarque; *(r. w.)*, carta de porte, talón, resguardo, guía; — **of sale,** escritura de venta, título de propiedad; — **s on hand,** letras en cartera; **accomodation** — *(letra de cambio, aceptada o avisada, no como valor recibido sino como una facilidad o favor en el curso de los negocios)*, letra *(o pagaré)* de cortesía *(o de favor)*; **bank** —, billete de banco; — **of health,** patente de sanidad; **clean** — **of health,** patente limpia; **foul** — **of health,** patente sucia; **long** —, letra *(o giro)* a largo plazo; **short** —, letra a corto plazo; **to accept a** —, aceptar una letra; **to guarantee a** —, afianzar *(o garantizar o avalar)* una letra; **to hono(u)r, discount, protest a** —, pagar, descontar, protestar una letra; **to hono(u)r** *(or pay)* **a** —, recoger una letra; **to advise a** —, dar aviso de haber girado una letra; **to dishono(u)r** *(or refuse payment)* **of a** —, desatender (rehusar el pago) de una letra; **dishono(u)red** —, letra o pagaré no atendido, desairado; **to draw a** — **of exchange,** girar una letra; **to provide for a** — **of exchange,** hacer la provisión de fondos de una letra; **to endorse a** —, endosar una letra; **to negotiate a** —, negociar una letra; **documentary** —, letra documentada; **addressed** *(or domiciled)* —, letra domiciliada; **forged** —, letra falsificada; **running** —,

efecto a vencer; **negotiable** —, valor negociable; **Treasury** —, bono *(o cédula)* del Tesoro; **a one pound, dollar** —, un billete de una libra, de un dólar; **sole** —, única de cambio; — **book,** talonario de letras.

**billion,** *s;* billón *(mil millones:* 1.000.000.000 en Francia y Estados Unidos; *un millón de millones:* 1.000.000.000.000 en los demás países).

**bimetalism,** *s;* bimetalismo.

**bind,** *v; (pret. y pp. bound),* atar, amarrar; **to** — **one self,** obligarse.

**binding,** *a;* obligación, valedero; *s.* encuadernación; **half** —, media pasta; **full** —, pasta entera.

**bissextile,** *a;* bisiesto.

**blackmail,** *s;* chantaje.

**blank,** *a;* en blanco, no escrito; — **indorsement,** endoso en blanco; **a** — **book,** un libro en blanco; **in** —, en blanco, al descubierto.

**bleaching,** *s;* blanqueo, blanqueadura.

**blend,** *s;* mezcla.

**blight,** *s;* tizón; pulgón.

**blind,** *a;* ciego; — **side,** el lado flaco; — **street,** calleja sin salida.

**blindly,** *adv.;* ciegamente, sin reflexión.

**blokade,** *s;* bloqueo.

**blotter,** *s;* borrador, libro borrador; papel secante.

**blotting-paper,** *s;* papel secante.

**board,** *s;* bordo; junta, administración, consejo de administración; — **of directors,** junta directiva, consejo directivo; **B** — **of Trade,** Tribunal *(o*

*Junta)* de Comercio; **B — of Health,** Junta de Sanidad; — — **of trustees,** junta directiva; **free on — (f. o. b.),** franco a bordo; **on —,** a bordo; *v.* abordar.

**boarding,** *s;* abordaje; pupilaje; — **house,** casa de huéspedes; — **school,** escuela de internos o pensionistas; — **pupil,** interno, pupilo, pensionista.

**boat,** *s;* buque, barco; bote, barca; vapor; **life —,** bote salvavidas; **tow —** *or* **tug —,** remolcador.

**boatman,** *s;* barquero, lanchero, botero.

**boatswain,** *s;* contramaestre; —**'s mate,** segundo contramaestre.

**body,** *s;* cuerpo, gremio, corporación.

**bond,** *s;* bono, obligación, título; — **payable to bearer,** título al portador; **customs —,** cédula de aduana; **government —s,** bonos *(o papel o títulos)* del Estado; **treasury —s,** bonos del tesoro; **municipal —s,** obligaciones municipales; **registered —,** título nominativo; **railroad —s,** obligaciones de ferrocarril; **in —,** en depósito; **under —,** bajo fianza; *v.* poner mercancía en depósito.

**bonded,** *a;* asegurado, depositado; — **goods,** mercancías en depósito; — **warehouse,** almacén (general) de depósito.

**bondholder,** *s;* tenedor de obligaciones, de títulos; rentista.

**bondsman,** *s;* fiador, garante.

**boneblack,** *s;* negro animal.

**bone-dust,** *s;* abono de huesos pulverizados.

**bonus,** *s;* bonificación, gratificación.

**book,** *s;* libro, tomo; libreta, registro; **check —,** talonario de cheques; **memorandum —,** libro borrador; **letter —,** libro copiador; **day —,** libro diario; **stub —,** talonario; **minute —,** libro de actas; **balance —,** libro de balances; **bank** *(or* **pass) —,** libro de banco; **cash —,** libro de caja; **invoice —,** libro de facturas *(o de cuentas);* **inventory —,** libro de inventarios; **order —,** libro de pedidos *(o de órdenes);* **receipt —,** libro de recibos; **maturity** *(or* **due date) —,** libro de vencimientos; **acceptance bills —,** libro de aceptaciones; **account current —,** libro de cuentas corrientes; **cargo —,** libro de carga; **receiving, delivering stock —,** libro de entrada, de salida de géneros; **directory** *(or* **address) —,** libro de direcciones; **receivable, payable bills —,** libro de efectos a cobrar, a pagar; **information** *(or* **character) —,** libro de informes; **profit and loss —,** libro de ganancias y pérdidas; **blank —,** libro en blanco; **log —,** libro de navegación; **petty cash —,** libro (de caja) para gastos menores; **stock —,** libro de almacén *(o de existencias);* **sales —,** libro de ventas; **small blank —,** libreta; **stock transfer —,** registro de accionistas; — **value,** valor de las acciones de una sociedad en el libro de cuentas de la misma; **writing —,** cuaderno; **to open the — s,** abrir los libros; **to close the —s,** cerrar los libros; **to keep the —s,** llevar los libros; *v.* asentar, anotar; tomar pasaje, billete.

**bookcase,** s; armario o estante para libros.

**bookkeeper,** s; tenedor de libros.

**bookkeeping,** s; teneduría de libros, contabilidad; **double entry** —, contabilidad por partida doble; **single entry** —, contabilidad por partida simple o sencilla.

**boom,** s; gran demanda, alza rápida, auge repentino.

**boost,** s; empujón hacia arriba; alza de precios.

**borrow,** v; pedir prestado, tomar prestado.

**borrower,** s; prestatario, comodatario.

**boss,** s; amo, patrón, maestro, capataz, principal, jefe, cacique.

**bottle,** s; botella, frasco; v. embotellar, envasar.

**bottom,** s; fondo; casco, quilla; buque; **the** — **price,** el precio más bajo.

**bottomry,** s; préstamo o contrato a la gruesa, o sobre casco y quilla. (V. *Respondentia.*)

**bound-for,** con destino a.

**bounty,** s; bonificación, prima.

**bovine,** a; bovino, vacuno.

**bow,** s; *(mar.),* proa; *(mus.),* arco de violín.

**box,** s; caja, cajita, cajón; **letter** —, buzón; **money** —, hucha, alcancía; **P. O.** —, apartado de correos, casilla; — **office,** taquilla; **strong** —, caja de caudales, caja *(o cofre)* fuerte, caja de hierro.

**boycott,** s; boicot *(coalición organizada contra una persona, firma o empresa, negándose a tener tratos con ella).*

**brain,** s; entendimiento, cordura, juicio.

**branch,** s; *(of a bank or firm),* sucursal, filial; *(of a railroad),* ramal; *(of a tree),* rama; *(of studies or of business),* ramo; **vine** —, sarmiento.

**brand,** s; marca de fábrica; v. marcar, sellar.

**brass,** s; latón, bronce; — **money,** calderilla; — **foundry,** fundición de bronce.

**breach,** s; violación; abuso de confianza.

**bread,** s; pan; sustento diario; — **and butter,** pan con mantequilla; el diario sustento; — **stuffs,** harinas y granos para hacer pan; — **corn,** cereal.

**break,** v; *(pret. broke; pp. broken* o *broke),* romper, quebrar, estropear; **to** — **with,** romper con uno; *(mar.),* **to** — **bulk,** sacar parte de la carga; s. rotura, abertura; baja en el mercado.

**breakable,** a; quebradizo, frágil.

**breakage,** s; fractura, rotura; indemnización p o r objetos quebrados.

**breakwater,** s; rompeolas, malecón, tajamar, escollera.

**brevity,** s; brevedad.

**brewery,** s; cervecería.

**brewing,** s; elaboración de cerveza; cantidad de cerveza que se hace de una vez.

**bribe,** s; soborno; v. sobornar, cohechar.

**brick,** s; ladrillo; **sun-dried** — *(in America),* adobe; **bath, carving, cuttery or Bristol** —, piedra para limpiar cuchillos.

**brief,** s; epítome, resumen, compendio; escrito; alegato, información, memorial; mandato judicial.

**brig,** s; bergantín.

**bring,** v; *(pret. y pp. brought),* llevar o traer, conducir; persuadir, inducir; aportar; **to — forward,** llevar una suma a otra; **brought forward,** suma y sigue; suma anterior; **to — in,** presentar (una cuenta).

**broad,** a; ancho.

**broadcasting,** s; radiodifusión; **— station,** estación emisora.

**broadgauge,** a; *(r. w.),* vía ancha, de más de 56 1/2 pulgadas inglesas.

**broadwise,** adv.; a lo ancho, o por lo ancho.

**broker,** s; corredor, cambista, bolsista, agente; **bill —,** corredor de letras *(o de cambios);* **exchange —,** corredor *(o agente)* de cambios; **ship -** corredor marítimo; **general —,** corredor de comercio; **stock** *(or share)* **—,** corredor de acciones; **sworn —,** corredor jurado.

**brokerage,** s; corretaje.

**bronze,** s; bronce.

**brother,** s; hermano; **step —,** hermanastro; **— in law,** cuñado.

**buddle,** s; *(min.),* lavadero, artesa; v. lavar el mineral.

**budget,** s; presupuesto.

**build,** v; *(pret. y pp. built),* edificar, fabricar, construir.

**building,** s; casa, fábrica, edificio; obra, construcción; **ship —,** construcción naval.

**bulk,** s; tamaño, bulto, masa; la mayor parte; **in —,** a granel.

**bulky,** a; voluminoso, corpulento, grueso, abultado, grandote.

**bull,** s; *(com.)* alcista; **— s,** especuladores al alza; **to — the market,** jugar al alza.

**bulletin,** s; boletín; **— board,** tablilla.

**bullion,** s; metales preciosos *(oro o plata en barras).*

**bundle,** s; fardo; **— of papers,** legajo.

**bunker,** s; *(mar.),* carboneras del buque; pañol del carbón.

**burden,** s; carga, peso, gravamen; porte, tonelaje; v. cargar, gravar.

**burdensome,** s; gravoso, oneroso.

**bureau,** s; despacho, oficina, agencia; **Weather B —,** Departamento de Señales Meteorológicas.

**burlap,** s; arpillera, tela de saco.

**bushel,** s; medida inglesa equivalente a 5/8 de fanega.

**business,** s; empleo, oficio, asunto, ocupación; negocio, tráfico, comercio; **— man,** negociante, hombre de negocios; **pending —,** negocio pendiente; **to be in —,** ejercer el comercio; **to do —,** negociar, hacer negocios; **to carry on — under the name of ...,** girar bajo la razón social de...; **to establish — connections,** entablar relaciones comerciales; **to transact —,** hacer operaciones.

**but,** conj.; pero, mas, sin embargo; **— for,** a no ser por; **— little,** muy poco **— few,** muy pocos; **— yet,** sin embargo; *prep.* excepto.

**butter,** s; manteca, mantequilla.

**buy,** *v; (prep. y pp. bought),* comprar; **to — at retail,** comprar al por menor; **to — by wholesale,** comprar al por mayor; **to — for future delivery** *or* **on delivery,** comprar a entrega o contra entrega; **to — — for cash,** comprar al contado; **to — on credit,** comprar a crédito *(o al fiado);* **to — on easy terms,** comprar a plazos; **to — second-hand,** comprar de segunda mano; **to — short,** comprar en descubierto; **— up,** acaparar.

**buyer,** *s;* comprador, marchante, cliente, parroquiano.

**by,** *prep.* por, de; **— hand,** a mano; **— machinery,** a máqüina; **— mail,** por correo; **— proxy,** por poder, por procuración; **— then,** para entonces; **— the bye** *(or* **the way),** de paso, a propósito; **— the lump,** a bulto, a ojo, en globo, por junto.

**by-laws,** *s;* estatutos, reglamentos.

**by-product,** *s;* subproducto, derivado.

# C

**cabbage,** *s;* col; coles *(cabeza y hojas).*

**cabin,** *s;* cámara, camarote, litera.

**cabinet,** *s;* armario, escaparate; gabinete, ministerio.

**cable,** *s;* cable, amarra; telégrafo submarino; cablegrama; — **address,** dirección cablegráfica; — **office,** oficina del cable, cablegráfica; — **railroad,** ferrocarril de tracción por cable continuo; *v.* cablegrafiar.

**cablegram,** *s;* cablegrama.

**calculate,** *v;* calcular, computar.

**calculation,** *s;* cálculo, cómputo, computación.

**calculator,** *s;* calculador.

**calendar,** *s;* calendario, almanaque.

**calf,** *s;* ternero o ternera.

**call,** *v;* llamar, apellidar; to — **a meeting,** convocar *(o citar o llamar)* a junta; **to — on** *or* **upon,** visitar; **to — up,** poner a debate; exigir un pago; **to — to mind,** recordar; **to — to witness,** tomar por testigo; **to pay a** —, hacer una visita breve; llamada; **on** —, disponible.

**camel,** *s;* camello; —'s **hair,** pelo o lana de camello.

**camping,** *s;* excursionismo.

**can,** *s;* lata, bote de hojalata; *v.* conservar en latas; — **ned goods** *(en Inglaterra,* **tinned goods),** conservas alimenticias.

**canary,** *s;* canario; vino de Canarias; — **seed,** alpiste.

**cancel,** *v;* cancelar, revocar, rescindir; borrar; anular.

**cancellation,** *s;* cancelación, rescisión; anulación; sellado.

**cane,** *s;* caña de azúcar; — **field,** cañaveral; — **juice,** guarapo; — **mill,** ingenio de azúcar, trapiche.

**canvas,** *s;* vela, velamen.

**capability,** *s;* capacidad, aptitud, inteligencia.

**capable,** *a;* capaz, apto, competente, hábil.

**capacious,** *a;* capaz, espacioso, amplio, extenso.

**capacity,** *s;* capacidad, suficiencia; *(mar.)* tonelaje; **legal —** *(Spain)* personalidad jurídica, *(in some Sp. Amer. countries)* personería jurídica.

**capital,** *s;* capital, fondo, caudal, haber, — **of a firm,** capital

13

social; **active** —, capital activo; **circulating** —, capital circulante; — **at hand,** capital disponible; **issued, subscribed, authorized, locked-up, invested** —, capital emitido, suscrito, autorizado, inmovilizado, invertido; — **bearing no interests,** capital improductivo; **unplaced, paid-up, net, nominal** —, capital inactivo, pagado, líquido, nominal; **reimboursement, withdrawal of** —, reembolso, retiro de capital; **to place** (or **engage**) —, poner capital; **to work with one's own** —, trabajar con su propio capital; **working** —, capital activo.

**capitalist,** s; capitalista.

**capitalization,** s; capitalización.

**capitalize,** v; (acumular intereses al capital) capitalizar.

**captain,** s; capitán.

**car,** s; vagón, coche de ferrocarril; tranvía, carro, carreta; **dining** —, coche o vagón restaurante o comedor; **sleeping** —, vagón-cama, coche dormitorio; **parlor** —, coche-salón; **passenger** —, vagón o coche de pasajeros; **freight** —, vagón de carga, furgón; **baggage** —, vagón de equipajes.

**carat,** s; quilate.

**carbine,** s; carabina, tercerola.

**carburettor,** s; carburador.

**card,** s; tarjeta; ficha; naipe.

**cardboard,** s; cartón.

**care,** s; cuidado, atención, cargo; **to take** —, cuidar, tener cuidado; **to take** — **of,** guardar, custodiar; v. — **for,** desear, gustar; **to** — **to,** tener ganas de.

**careen,** v; (mar.), carenar.

**careenage,** s; (mar.), carenero, carenaje, gasto de carena.

**careening whart,** s; (mar.) dique seco, carenero.

**career,** s; carrera, curso; profesión.

**careless,** a; descuidado.

**carelessness,** s; descuido, omisión, negligencia.

**cargo,** s; carga, cargamento, consignación.

**carriage,** s; carruaje, coche; porte, acarreo, conducción, transporte; — **paid,** porte pagado; — **forward,** porte debido; — **free,** franco de porte.

**carrier,** s; portador, acarreador, faquín; carretero, arriero, ordinario, conductor de mercancías.

**carry,** v; llevar, conducir, transportar, portear, acarrear, (en contabilidad) pasar; **carried forward,** pasa al frente, a la vuelta, suma y sigue; **amount carried over,** suma que pasa a la vuelta o a nueva página; **to** — **on business under the firm name of,** girar bajo la razón social de; **to** — **to new account,** pasar a cuenta nueva; **to** — **out,** realizar, llevar a cabo, desempeñar, efectuar, ejecutar.

**cart,** s; carro, carreta, carromato, carretón.

**cartage,** s; acarreo, carretaje, camionaje, carros, conducción; — **free,** franco de porte; — **paid,** porte pagado.

**cartel,** s; (econ, dip. pol.), cartel.

**cartridge,** s; cartucho; — **box,** cartuchera; — **belt,** canana; **blank** —, cartucho sin bala.

**case,** s; cajón, caja de mercancías; caso, pleito, acción, suceso; **in the — of,** en cuanto a, respecto a, caso de.

**cash,** caja, efectivo, dinero, contante, numerario; **— account,** cuenta de caja; **— advance,** anticipo de dinero; **— book,** libro de caja; **— credit,** crédito en efectivo; **— down,** al contado, dinero en mano; **— on delivery,** cobrar a su entrega; **— on hand,** efectivo en caja; **— payment,** pago al contado; **— register,** caja registradora; **— sale,** venta al contado; **— sheet,** hoja de arqueo; **— reserve,** encaje; **hard —,** metálico; **in ready —,** en dinero contante y sonante; **to pay —,** pagar al contado; **to make up the — amount,** hacer el arqueo de caja; **— on hand** or **balance in —,** efectivo, fondo, cantidad en caja; **overplus, deficit, balance of —,** resto, déficit, saldo de caja; v. cobrar, convertir en dinero (moneda); **to — a check,** hacer efectivo un cheque, cobrar un cheque.

**cashier,** s; cajero; **assistant —,** cajero adjunto, ayudante cajero.

**cask,** s; pipa, tonel, barril, barrica; v. entonelar, envasar.

**cast,** v; arrojar, botar, echar; fundir; **to — anchor,** echar el ancla, anclar; **to — up an account,** hacer una suma, una cuenta, calcular; **to — a glance,** echar una ojeada; s. fundición, objeto fundido; molde, forma; **— iron,** hierro colado.

**casualty,** s; accidente, desgracia, muerte.

**catalogue,** s; catálogo, lista, nómina; v. catalogar.

**cater,** v; abastecer, proveer.

**cattle,** s; ganado, reses, animales vacunos; bienes semovientes; **— market,** mercado de ganados; (Argentina) mercado de hacienda; **— raising,** ganadería; **— ranch,** ganadería, (Cuba) potrero, (Méjico) rancho, (Venezuela) hato, potrero; **- rancher,** ganadero, granjero; **- shed,** establo, tinada; **head of —,** res.

**cause,** s; causa, motivo, razón, origen.

**causeless,** a; sin causa, infundado.

**caution,** s; caución.

**cede,** v; ceder, traspasar, transferir.

**cellar,** s; bodega, sótano.

**cement,** s; cemento; **hydraulic —,** cemento hidráulico.

**censor,** s; censor.

**censorship,** s; censura.

**census,** s; censo, empadronamiento.

**cent,** s; centavo. V. Centum.

**centesimal,** a; centesimal, centésimo.

**centigrade,** a; centígrado.

**centigram,** s; centigramo.

**centime,** s; céntimo.

**centimeter,** s; centímetro.

**centum,** s; ciento; **per —** (regularmente escrito en forma abreviada: **per cent),** por ciento.

**century,** s; siglo, centuria.

**certainly,** adv.; ciertamente, sin duda.

**certificate,** s; certificado; certificación; bono, obligación, título; — **of average,** certificado de avería; — **of register,** matrícula de navío; **birth** —, partida de nacimiento; **clearance** —, certificado de despacho de aduana; **consular** —, certificado consular; **share** —, título (o certificado) de acciones; — **of origin,** certificado de origen.

**certify,** v; certificar, atestiguar, afirmar; **certified public accountant,** perito mercantil, contador titulado.

**cession,** s; cesión, traspaso, abandono.

**chairman,** s; presidente de una junta.

**chamber,** s; cámara **Ch** — **of Commerce,** Cámara de Comercio.

**chance,** s; azar, ocasión, proporción; **by** —, por casualidad; **to take the** — s, aventurarse, correr el albur.

**change,** s; cambio, trueque, permuta; lonja, bolsa; moneda suelta, menudo, vuelto, vuelta; v. cambiar, alterar, cambiar (money); mudarse, mudar.

**char,** s; tarea de ocasión, trabajo a jornal.

**charge,** s; (V. also expense), cargo, obligación; precio, coste, gasto; encargo, comisión; imputación, acusación; gravamen, tributo; **additional** —, recargo; **free of** —, libre de gastos; **customhouse** — s, gastos de aduana; **notary** — s, gastos de notaría; **shipping** — s, gastos de embarque (o de expedición, o de remesa); expenses to (or on) my (or your) —, los gastos por (o de) mi (o su) cuenta; **to take** — **of,** hacerse cargo, encargarse de; — s **prepaid,** gastos adelantados (o anticipados); **petty** — s, gastos menudos; **estimated** — s, gastos presupuestos; **superfluous** — s, gastos superfluos; — s **to be added,** gastos a añadirse; — s **to be deducted,** gastos a deducirse; **disputed** — s, gastos no aprobados (refused); **customs** — s, gastos de aduana; **bonded warehouse** — s, gastos de almacén de depósito; **warehouse** — s, gastos de almacenaje; **auction** — s, gastos de remate (o de almoneda); **mooring, measuring, loading dock, packing, forwarding, bill, booking, intervention, navigation, weighing** — s, gastos de amarre, de arqueo, de carga, de embalaje, de expedición, de giro, de inscripción, de intervención, de navegación, de pesa (pesador o pesaje); — s **for motor freight car,** gastos de camión; — s **for delay** (or **differring**), gastos de demora; **covery, collection, cashing** — s, gastos de cobro; **registration, renewal** — s, gastos de registro, de renovación; **survey** — s, gastos de peritaje (experticia, inspección); — s **on redrawing, on redrafting,** gastos de retiro (resaca de letras); **insurance** — s, gastos de seguro; **salvage** — s (or **salvage money**), gastos de salvamento; **watchman's** — s, gastos del vigilante (o del guardia o del guardián); **turning** or **airing** — s, gastos por aventar (cargamento de granos); — s **for sampling,** gastos por extracción de muestras; **to put the**

— s at too high a rate, cargar demasiado los gastos; note of — s, nota *(o cuenta)* de gastos; please return it (as for a bill of exchange) without — s, devuélvase *(o devolución)* sin gastos; all — s included, incluso todos los gastos; free of — s, libre, franco de gastos; exclusive of — s, excluidos todos los gastos; *v.* cargar, anotar en cuenta, imputar, acusar.

charter, *s;* cédula, título; fletamento; carta de privilegio; — party, contrata de fletamento; fletar un barco; — ed accounted, contador perito, perito mercantil.

charterer, *s;* fletador, fletante.

chattels, *s;* bienes muebles, enseres, efectos; goods and —, enseres; chattel mortgage, hipoteca sobre bienes muebles.

cheap, *a;* barato.

cheapen, *v;* abaratar; rebajar el precio, baratear, regatear.

cheapening, *s;* baja, abaratamiento.

cheapness, *s;* baratura.

cheat, *v;* engañar, timar, defraudar; trampear; *s.* fraude, timo, engaño.

check, *s;* cheque, talón, contraseña; — book, talonario o libro de cheques; stale —, cheque caducado; crossed, open *(or* uncrossed), indorsed —, cheque cruzado, abierto, endosado; — to order, cheque a la orden; — to bearer, cheque al portador; cashier's —, cheque de administración; blank —, cheque en blanco; traveler's — s, cheques de viajeros; to write out, to fill up

a —, extender un cheque; to deliver up, to issue a —, expedir un cheque; to cash a —, cobrar, hacer efectivo un cheque; *v.* confrontar, verificar, revisar, marcar; to — baggage, facturar equipaje.

cheque. (V. *check.)*

chest, *s;* arca, cajón.

chestnut, *s;* castaño, castaña.

chickpea, *s;* garbanzo.

chewing tobacco, *s;* tabaco de mascar.

chief, *a;* primero, principal, mayor, superior; *s.* jefe, principal, cabeza; — clerk, oficial mayor; — justice, presidente de sala.

chiefly, *adv.;* principalmente, mayormente.

chill, *v; (fund.).* temp'ar al frío; — ed iron, hierro endurecido.

chime, *s;* juego de campanas; muesca, ranura de la duela; *v.* convenir, concordar.

chinaware, *s;* porcelana, loza.

choice, *s;* elección, selección.

choose, *v; (pret. chose, pp. chosen)* escoger, elegir; to pick and —, elegir cuidadosamente.

cider, *s;* sidra.

ciderist, *s;* fabricante de sidra.

c. i. f. *o* C. I. F.; abr. de *cost, insurance and freight.*

cinnamon, *s;* canela.

cipher, *s;* cero, cifra, número, guarismo.

circular, *s;* circular; — letter (of credit), carta circular (de crédito).

circulate, *v;* circular, poner en circulación; divulgar, propalar.

**circulation,** *s;* circulación.

**citation,** *s;* cita, mención, citación.

**cite,** *v;* citar, referirse a.

**claim,** *s;* demanda, reclamación, reclamo; título, derecho, pretensión; **outstanding — s,** activo; **— office,** oficina de reclamaciones; *v.* demandar, pedir en juicio, reclamar.

**claimant,** *s;* demandante.

**class,** *s;* clase, grado, categoría, condición, especie; *v.* clasificar, ordenar, coordinar, distribuir.

**classification,** *s;* clasificación.

**classify,** *v;* clasificar.

**clause,** *s;* cláusula, artículo, estipulación.

**claw-hammer,** *s;* martillo de orejas.

**clean,** *v;* limpiar, asear.

**clear,** *a;* neto, líquido; sin deudas; desempeñado; *v.* despachar en la aduana; liquidar cuentas; desembrollar (un negocio); satisfacer (una hipoteca); ganar, sacar; quitar estorbos, desembarazar.

**clearance,** *s;* despacho de aduana; **— certificate,** certificado del despacho de aduana; **— inwards,** declaración de entrada; **— outwards,** declaración de salida; **— sale,** liquidación.

**clearing,** *s;* liquidación de balances; **— house,** banco de liquidación o cámara de compensación.

**clerk,** *s;* escribiente, dependiente, empleado, oficial; **chief —,** oficial mayor.

**client,** *s;* cliente, parroquiano, comprador, marchante.

**clientele,** *s;* clientela.

**clientship,** *s;* clientela, parroquia.

**climate,** *s;* clima.

**clips,** *s;* resortes; grapas, sujetapapeles.

**close,** *v;* cerrar, concluir, saldar, liquidar, terminar, finiquitar (una cuenta); balancear; **to — one's books,** cerrar sus libros; **to — the books** (al final del año fiscal), cerrar un ejercicio; **to — an account,** cerrar una cuenta; **to — the running account,** cerrar las cuentas corrientes; **to — a bargain,** cerrar un trato, concluir un contrato; **to — an affair,** concluir un negocio; **to — up,** cerrar, finiquitar.

**closing,** *s;* cierre; **— prices,** precios de última hora; **— rate, price, quotation,** tipo, precio, cotización de cierre.

**cloth,** *s;* paño, tela, género; **— weaver,** tejedor de paños; **cotton —,** tejidos de algodón; **woolen —,** tela de lana, paño.

**coadministrator,** *s;* coadministrador.

**coal,** *s;* carbón de piedra; **— tar,** alquitrán; **soft —,** carbón graso; *v.* carbonear, proveerse de carbón.

**coalition,** *s;* coalición, alianza, liga, unión.

**coarse,** *a;* basto, ordinario; **— cloth,** tela basta, grosera.

**coast,** *s;* costa; *v.* costear.

**coast-guard,** *s;* guardacostas.

**coaster,** *s;* barco de cabotaje; barco costero o costanero.

**coasting,** *s;* cabotaje; **— trade,** navegación costanera, cabotaje; **— - vessel,** barco de cabotaje; **to be in the — - trade,** hacer el cabotaje.

**cocket,** s; sello de aduana.

**coco,** s; coco, cocotero.

**cocoa,** s; coco, cocotero; cacao en polvo.

**cod** *(codfish)*, s; abadejo, bacalao; — **liver oil,** aceite de hígado de bacalao.

**code,** s; código, clave, cifra; — **of civil procedure,** código de procedimiento civil; **civil** —, código civil; **commercial** —, código comercial; **criminal** —, código penal; **telegraphic** —, código, clave telegráfica; — **of hono(u)r,** código del honor.

**codicile,** s; codicilo.

**coffee,** s; café; — **bean,** grano de café; — - **mill,** molinillo de café; — - **plantation,** cafetal, hacienda de café; — - **tree,** cafeto.

**coin,** s; moneda acuñada, dinero, numerario; cuño; **copper** —, moneda de cobre o calderilla; v. acuñar, amonedar.

**coinage,** s; acuñación.

**coincide,** v; coincidir, convenir con.

**collateral,** a; colateral, accesorio; s. garantía, valores pignoraticios; — **loan,** pignoración, préstamo sobre valores; — **security,** garantía subsidiaria; pl. títulos pignoraticios.

**colleague,** s; colega.

**collect,** v; cobrar, recaudar; recoger, percibir, hacer efectivo, recibir; recolectar; verificar un cobro.

**collectable,** a; cobrable.

**collectible,** a; cobrable.

**collection,** s; colección; cobro, recaudación, cuestación, colecta; **drafts pending** —, letras al

cobro *(o en cobranza)*; **to send for** —, enviar al cobro.

**collector,** s; cobrador, recaudador; — **of a port,** vista de aduana; recaudador de puerto; administrador de aduana; — **of taxes,** recaudador de contribuciones.

**collier,** s; barco carbonero; mercader de carbón.

**colliery,** s; mina de carbón.

**colonial,** a; colonial.

**colonist,** s; colono.

**colonization** *(colonizing)*, s; colonización.

**colonize,** v; colonizar, poblar; establecerse en colonia.

**colonizer,** s; colonizador.

**colony,** s; colonia.

**column,** s; columna.

**come,** v; *(pret. came; pp. come)* venir; — **back,** volver; — **down,** descender; — **out of,** dejar, salir de.

**coming,** a; próximo, entrante, venidero.

**command,** v; mandar, ordenar; disponer, dictar.

**commend,** v; encomendar; recomendar; alabar.

**commerce,** s; comercio, negociación, tráfico, negocios, contratación; **domestic** —, comercio interior; **foreign** —, comercio exterior.

**commercial,** a; comercial, mercantil, mercante; — **affairs,** n e g o c i o s comerciales; — **agent,** agente comercial; — **code,** código comercial; — **correspondence,** correspondencia comercial; — **house,** casa comercial (mercantil o de comercio); — **intercourse,** tráfico comercial; — **transaction,**

operación comercial; — **paper,** papel comercial; — **law,** derecho mercantil; — **standing,** valor *(o posición o solvencia)* comercial; — **traveler** *(in Spain)* viajante, *(in America)* agente *(o vendedor)* viajero.

**commission,** *s;* comisión, encargo, encomienda; agencia; — **account,** cuenta de comisión; — **agent,** agente comisionista; — **house,** casa de comisión: — **business,** negocios de o a comisión; — **merchant,** comerciante comisionista, agente comisionista; — **traveler,** viajante *(o agente viajero)* a comisión; **bank** —, comisión de banca; **to buy on** —, comprar a comisión: **address** —, abono sobre el flete; *v.* comisionar, encargar, apoderar.

**commissioner,** *s;* comisionado, apoderado, comisario; — **of trade,** notario autorizado por el Gobierno Federal *(en Estados Unidos).*

**commit,** *v;* cometer, entregar, encomendar; **to** — **to the care of,** confiar a.

**committee,** *s;* comité, comisión, junta; — **of the whole,** comisión del pleno; **standing** —, comisión permanente.

**commodity,** *s;* interés, comodidad; mercancía; *pl.* géneros, mercaderías, productos, frutos.

**common,** *a;* común, corriente, usual, ordinario; — **stock,** acciones ordinarias, valores ordinarios, *(in Cuba)* acciones comunes.

**communication,** *s;* comunicación; participación, c a r t a, mensaje.

**community,** *s;* comunidad.

**commuter,** *s;* abonado al ferrocarril.

**compact,** *a;* compacto, firme, sólido; *s;* tratado, convenio, pacto, concierto, ajuste.

**company,** *s;* compañía, sociedad; gremio; **banking** —, compañía bancaria; **consolidated** —, compañía consolidada; **express** *(or* **forwarding)** —, compañía de transportes; **incorporated** —, compañía matriculada; **insurance** —, compañía de seguros; **joint** —, sociedad en comandita; **stock** *(or* **joint stock)** —, sociedad anónima, sociedad por acciones; **limited liability** —, compañía de responsabilidad limitada, sociedad anónima; **steamship** —, compañía de vapores; **railway** —, compañía de ferrocarril; —**subsidized by the Government,** compañía subvencionada por el Estado. (V. *Partnership.)*

**compare,** *v;* comparar, cotejar, confrontar, equiparar.

**compass,** *s;* brújula.

**compel,** *v;* obligar, forzar, compeler.

**compensate,** *v;* compensar, indemnizar, resarcir, reparar; **to** — **for a loss,** resarcir alguna pérdida.

**compensation,** *s;* compensación, indemnización, resarcimiento; — **act,** *ley de accidentes del trabajo.*

**compete,** *v;* competir, hacer competencia.

**competence,** *s;* competencia, aptitud.

**competent,** *a;* competente, apto, capaz; **to be** — **for,** ser idóneo para.

**competition,** s; concurrencia, competencia; *(deporte)* competición.

**competitor,** s; competidor, rival, concurrente.

**compilation,** s; compilación, recopilación, colección, recolección.

**complain,** v; quejarse.

**complaint,** s; queja; demanda, reclamación, *(in Chile)* reclamo.

**complementary,** a; complementario.

**complete,** a; completo, acabado, perfecto, entero; v. completar, acabar, concluir, terminar.

**completion,** s; terminación, cumplimiento.

**compliance,** s; sumisión, obediencia; consentimiento; **in —with,** de acuerdo con, a tenor de.

**comply,** v; cumplir; **to — with,** satisfacer, atender.

**compound,** s; mezcla, mixtura; **— interest,** interés compuesto.

**compounder,** s; mezclador.

**compress,** v; comprimir, apretar.

**comprise,** v; comprender, contener, incluir, abarcar, abrazar.

**compromise,** s; transacción, arreglo, avenencia; compromiso; obligación; arbitrio; v. arbitrar, zanjar, transigir, arreglar.

**comptroller,** s; interventor, contralor.

**compute,** v; computar, contar, calcular, estimar.

**concede,** v; conceder, acordar.

**concern,** v; concernir, tocar, importar, pertenecer, preocupar; s. casa de comercio; negocio, asunto, interés, incumbencia.

**concerned,** a; interesado.

**concerning,** *prep.;* por lo concerniente a, tocante a, respecto a.

**concession,** s; concesión, privilegio; rebaja.

**concessionaire,** s; concesionario.

**concise,** a; conciso, breve, lacónico.

**conciseness,** s; concisión, brevedad, laconismo.

**conclude,** v; concluir, terminar, acabar; determinar, decidir, arreglar.

**conclusive,** a; concluyente, terminante, decisivo.

**concordat,** s; concordato.

**concourse,** s; concurso, junta; concurrencia.

**concrete,** a; concreto; hecho de hormigón o de concreto.

**concretely,** *adv.;* concretamente, fijamente.

**condenser,** s; condensador.

**condensing engine,** máquina de condensación.

**condition,** s; condición, cualidad, estado; **in bad —,** mal acondicionado, en mal estado; **in good —,** bien acondicionado, en buen estado; v. condicionar, estipular, acordar; convenir, pactar.

**conditional,** a; condicional.

**conditioned,** a; condicionado: acondicionado.

**conduct,** s; conducta, proceder; gestión, manejo; v. gestionar, manejar; llevar, conducir.

**confectionery,** s; confitería; confituras.

**confer,** v; conferir, otorgar, investir.

**confide,** v; confiar.

**confidence,** s; confianza, fe; **in —,** bajo reserva o en reserva;

to show oneself worthy, to be worthy of —, merecer confianza; situation of —, puesto de confianza.

confident, a; cierto, seguro, confiado.

confidential, a; confidencial, secreto, íntimo, reservado.

confidentially, adv.; en confianza, confidencialmente.

confine, v; confinar, limitar, restringir, reducir.

confirm, v; confirmar, comprobar.

confirmation, s; confirmación, corroboración.

confirmed, a; comprobado, corroborado, confirmado.

confiscate, v; confiscar, comisar, decomisar.

confiscation, s; confiscación, comiso, decomiso.

conform, v; conformar, ajustar; allanarse, conformarse.

conformity, s; conformidad.

confute, v; confutar, impugnar.

congestion, s; aglomeración, congestión, amontonamiento; — of tonnage in the harbour, aglomeración de buques en el puerto; — of goods on the wharves, amontonamiento de mercancías en los muelles.

congratulation s; congratulación, enhorabuena, felicitación.

connection, s; conexión, clientela, relaciones; business — s, relaciones comerciales (o mercantiles).

consent, s; consentimiento, aprobación, anuencia; v. consentir, permitir; avenirse, otorgar, admitir.

consequence, s; consecuencia,

resultado, efecto; in — of, en vista de.

consequently, adv.; por consiguiente, en consecuencia.

consider, v; considerar, pensar, reflexionar, deliberar.

consideration, s; consideración, deliberación.

consign, v; consignar, enviar, entregar; — ed to, a la consignación de.

consignee, s; consignatario, destinatario.

consignment, s; consignación, partida, envío, remesa, embarque; — invoice, factura de consignación; on —, en consignación.

consignor, s; consignador, remitente.

consist, v; consistir; — of, consistir en, constar de.

consolidate, v; consolidar.

consolidated, a; consolidado; — debts, deudas consolidadas.

consolidation, s; consolidación, unión.

consols, s; pl. títulos de deuda pública consolidada.

constituent, s; constituyente, elector, votante; comitente.

construe, v; interpretar, explicar; inferir; traducir.

consul, s; cónsul; vice —, vicecónsul.

consular, a; consular; — certificate, certificado consular; — fees, derechos consulares; — invoice, factura consular.

consulate, s; consulado.

consultation, s; consulta.

consume, v; consumir.

consumption, s; consumo.

**contain,** v; contener; tener cabida para; comprender.

**container,** s; continente, envase.

**contents,** s; pl. contenido; — **unknown,** se ignora el contenido; **table of —,** tabla de materias.

**contention,** s; contención, pugna, discordia.

**contest,** s; contienda, disputa; pugna, lucha; v. contender, disputar.

**contraband,** s; contrabando.

**contrabandist,** s; contrabandista.

**contract,** s; contrato, pacto, convenio; escritura, contrata; **aleatory —,** contrato aleatorio; **berth —,** contrato con condiciones de turno para la carga; **— of bargain and sale,** contrato de compraventa; **unilateral, bilateral —,** contrato unilateral, bilateral; **one side —,** contrato leonino; **syngallagmatic —,** contrato sinalagmático *(un contrato que confiere a ambas partes determinados derechos y obligaciones);* **partnership —,** contrato, escritura de sociedad; **parol —,** contrato verbal; **to break a —,** infringir un contrato, faltar a un contrato; **to make a —,** hacer un contrato; **to sign, to cancel a —,** firmar, anular un contrato; **to stipulate by a —,** estipular por contrato; **as per —,** según contrato; v. firmar un contrato, comprometerse por contrato, contratar; contraer; **to — a debt,** contraer una deuda; **— ing parties,** partes contratantes.

**contractor,** s; contratante, contratista.

**contradict,** v; contradecir, negar, desmentir; impugnar, oponerse.

**contradiction,** s; contradicción, impugnación, oposición.

**contradictory,** a; contradictorio; contrario, opuesto.

**contrary,** a; contrario, antagónico, adverso; **on the —,** al contrario o por el contrario; **to the —,** en contra.

**contravene,** v; contravenir.

**contribute,** v; contribuir, aportar, cooperar; donar.

**contribution,** s; cooperación, contribución; cuota, dádiva.

**contributor,** s; contribuidor, contribuyente.

**control,** s; mando, dirección, manejo, intervención, inspección; v. dirigir, gobernar; — **ling interest,** interés predominante, mayoría.

**controller,** s; interventor, contralor, inspector.

**convene,** v; convocar, citar.

**convention,** s; convención, asamblea, junta.

**conversion,** s; conversión, transformación, mudanza.

**convert,** v; convertir, cambiar; **to — into money,** realizar.

**convertibility,** s; convertibilidad.

**convertible,** a; convertible, transmutable, reducible.

**convey,** v; transportar, conducir, llevar; enviar, transmitir, comunicar.

**conveyance,** s; entrega; transporte, conducción; **— by land,** transporte por tierra, acarreo terrestre; **— by sea,** acarreo o transporte marítimo; **— by river,** acarreo fluvial,

**convoke,** v; convocar.

**co-operate,** v; cooperar, coadyuvar.

**co-operation,** s; cooperación.

**co-operative,** a; cooperativa.

**copartner,** s; socio, consocio, copartícipe.

**copartnership,** s; asociación, compañía, sociedad colectiva, participación.

**copious,** a; copioso, abundante.

**copper,** s; cobre; — **money,** calderilla, moneda de cobre; — **plate,** lámina de cobre.

**copra,** s; copra, almendra del coco puesta a secar.

**co-proprietor,** s; copropietario.

**copy,** s; copia, traslado, reproducción, duplicado; ejemplar (de una obra), número (de un periódico); — **book,** copiador de cartas; cuaderno; **rough —,** borrador, minuta; **fair (or clear) —,** borrador puesto en limpio; **certified —,** copia certificada (o autorizada); v. copiar, trasladar; imitar; — **writing,** preparación de material publicitario.

**copyst,** s; copista, copiador.

**copyright,** s; propiedad literaria; derechos de autor.

**cord,** s; cordel, cuerda, bramante, cabuya.

**cordage,** s; cordaje, cordelería.

**cork,** s; corcho; tapón.

**corn,** s; grano, cereal, (en los Estados Unidos) maíz; — **meal,** harina; — **starch,** almidón de maíz; **Indian —,** maíz.

**corned beef,** s; carne en conserva.

**corner,** s; acaparamiento, monopolio; v. acaparar, monopolizar, estancar.

**corporation,** s; cuerpo, corporación; (private) —, sociedad anónima, sociedad por acciones.

**correct,** a; correcto, exacto, justo; v. corregir, rectificar.

**correspond,** v; corresponder, mantener correspondencia, escribirse.

**correspondence,** s; correspondencia, correo, comunicación; **commercial —,** correspondencia comercial (o mercantil).

**correspondent,** s; correspondiente, corresponsal; **foreign commercial —,** redactor de correspondencia extranjera comercial.

**corresponding,** a; correspondiente, similar.

**corrugate,** a; acanalado.

**cost,** s; coste, costo, precio, importe; costa; **at —,** al costo, a costo y costas; **average —,** costo promedio; **net —,** precio neto; **prime —,** costo de fabricación; — **of production,** costo de producción; — **insurance and freight,** C. I. F. costo, seguro y flete; — **and freigt** (C. & F.), costo y flete; — **accounting,** escandallo.

**costly,** a; costoso, caro.

**cotton,** s; algodón; **raw —,** algodón en rama; — **- seed oil,** aceite de semilla de algodón; — **yarn,** algodón hilado.

**council,** s; consejo, junta.

**counsel,** s; consejo; consultor, asesor, abogado.

**count,** v; contar, calcular; **to — on,** confiar en, contar con.

**counter,** s; mostrador, contador.

**counterfeit,** a; falsificado, fraudulento; s. impostura, falsificación; — **coin,** moneda falsa; *v.* falsificar, imitar, contrahacer, falsear.

**counterfoil,** *s;* hoja matriz, talón.

**countermand,** *s;* contraorden.

**countermark,** *s;* contramarca.

**counter-order,** *s;* contraorden.

**countersign,** *v;* visar, refrendar.

**counter-weight,** *s;* contrapeso.

**counter-work,** *v;* contrarrestar.

**country,** *a;* rural, campesino, rústico, campestre; *s.* campo; país, región.

**couple,** *s;* par, pareja.

**coupon,** *s;* cupón, talón.

**courier,** *s;* correo, ordinario, estafeta, expreso.

**course,** *s;* curso; **matter of** —, cosa de cajón, corriente.

**court,** *s;* corte, tribunal; **C** — **of Appeals,** Corte de Apelación; **Supreme C** —, *(in Amer.)* Corte Suprema, *(in Spain)* Tribunal Supremo; **C** — **of Justice,** Corte de Justicia, Tribunal de Justicia; — **day,** día hábil.

**covenant,** *s;* convenio, contrato, ajuste, pacto; convenio; *v.* convenir, otorgar; comprometerse.

**cover,** *v;* cubrir, remesar fondos; *s.* cubierta, sobre, sobrecarta; **underseparate** —, bajo cubierta separada, por separado.

**cranage,** *s;* derechos de grúa.

**crane,** *s;* grúa.

**crash,** *s;* desplome, crac, fracaso, quiebra, crac financiero.

**crate,** *s;* jaula, canasto, *(in some countries of Amer.)* jaba.

**credit,** *s;* crédito, reputación, confianza; haber, saldo a favor; **active** —, crédito activo; **acknowledged** —, crédito comprobado; **acknowledged** —, crédito líquido; **blank** —, crédito en blanco; **confirmed** —, crédito confirmado; **doubtful** *(or* **dubious)** —, crédito dudoso; **documentary** —, crédito documentado; **exigible** —, crédito exigible; **expired** —, crédito prescrito; — **available,** crédito utilizable; — **mobilier,** crédito mobiliario; — **on mortgage,** crédito hipotecario; **open** —, crédito abierto; **proved** —, crédito probado; **secured** —, crédito privilegiado; **well established** —, crédito seguro; **letter of** —, carta de crédito; **note of** —, nota de crédito, abono; **to buy on** —, comprar a crédito *(o al fiado);* **to demand** —, pedir crédito; **to open** *(or* **give) a** —, abrir un crédito *(o dar)* un crédito; **to surpass** *(or* **exceed) the** —, pasar *(o exceder)* el crédito; **to maintain the** —, mantener el crédito; **to keep up** *(or* **maintain one's)** —, conservar su crédito; **to enjoy an unbounded, an unlimited** —, gozar de crédito ilimitado; **to injure one's** *(or* **in his)** —, perjudicar al *(o en su)* crédito; **payment by confirmed irrevocable** —, pago contra crédito irrevocable; **at two months'** —, a dos meses plazo; **on** —, a crédito, a plazo, al fiado; **to place to your** —, abonarle en cuenta; **to** — **an account,** acreditar una cuenta; — **institution,** institución de crédito; **Credit Foncier,** crédito territorial; *v.* acreditar, fiar, dar al fiado; abonar, adatar.

**creditor,** s; acreedor; — **on mortgage,** acreedor hipotecario; **meeting of** — s, junta de acreedores.

**crew,** s; *(of a ship),* tripulación, dotación.

**crippled,** a; *(mar.),* desarbolado, desmantelado.

**crisis,** s; crisis; **financial** —, crisis monetaria.

**critical,** a; crítico; — **affair,** negocio delicado; — **moment,** punto difícil, situación difícil, momento crítico, lance.

**crop,** s; cosecha, recolección; *pl.* mieses, trigos; producción; *v.* cosechar, segar.

**cross,** v; cruzar.

**crossing,** s; travesía.

**crown,** s; corona *(moneda de plata de cinco chelines).*

**cube,** s; cubo; — **root,** raíz cúbica.

**cubic,** a; cúbico.

**cultivate,** v; cultivar, labrar, estudiar.

**cultivation,** s; cultivación, cultivo, labranza.

**cultivator,** s; cultivador, labrador.

**currency,** s; moneda corriente, dinero en circulación; **fractional** —, menudo, moneda fraccionaria; **gold** —, moneda de oro; **legal** —, moneda de ley; **paper** —, papel moneda, circulación fiduciaria.

**current,** a; corriente; **account** —, cuenta corriente.

**custom,** s; uso, costumbre, hábito (V. *Customs.*)

**customary,** a; usual, corriente, ordinario, acostumbrado.

**customer,** s; parroquiano, cliente, marchante.

**custom-house,** s; aduana; — **inspector,** vista de aduana; — **officer,** empleado de aduana, aduanero; — **broker** *(or* **agent),** agente de aduana; — **pass** *(or* **permit),** póliza o guía de aduana; — **clearance,** despacho de aduana.

**customs,** s; derechos de aduana, aduana; — **charges,** gastos de aduana; — **declaration,** declaración de aduana; — **duties,** derechos de aduana; — **entry,** declaración de entrada; — **tariff,** arancel de aduana o aduanero; **collector of** —, recaudador de aduana, administrador de aduana. (V. *Customhouse.*)

**cut,** v; *(pret. y pp. cut)* cortar; s. parte *(de las ganancias que corresponden a cada uno de los asociados en una empresa).*

**cutlery,** s; cuchillería.

**cutler's shop,** s; cuchillería (tienda).

**cwt,** abreviatura de **hundredweight** (un quintal), cien libras.

# D

**daily,** *adv.;* diariamente; *s.* periódico, diario, *a.* cotidiano, diario.

**dairy,** *s;* lechería, vaquería; — **man,** lechero, mantequero; — **maid,** lechera, mantequera.

**damage,** *s;* daño, avería, siniestro, quebranto, perjuicio, pérdida; — **caused by non payment,** daño emergente; — **s,** daños y perjuicios; — **for pilfering,** daño por robo; — **to claim** —, reclamar por avería; *v.* dañar, perjudicar; dañarse, deteriorarse, perjudicarse, averiarse, estropearse.

**damaging,** *a;* perjudicial, dañoso.

**dangerous,** *a;* peligroso, arriesgado.

**dare,** *v; (pret. durst* o *dared; pp. dared),* atreverse, arriesgarse, aventurarse.

**dark,** *a;* oscuro, opaco, moreno, negruzco.

**data,** *s;* datos *(pl. de datum).*

**date,** *s;* data, fecha, plazo; **up to** —, al día; **at long** —, a largo plazo; **at three months'** —, a tres meses fecha; **under** — **of,** en fecha, con fecha de; **to advance the** —, anticipar la fecha; **at fixed** —, a fecha fija; **to keep according to** — **s,** llevar por orden de fechas; **certificate delivered under** — **of,** certificado expedido con fecha de; **from this** *(or* **today's)** —, desde la fecha de hoy *(o a partir de esta fecha);* **up to this** —, hasta hoy *(o hasta la fecha de hoy);* **to** —, hasta la fecha; *v.* datar, fechar.

**datum,** *s;* dato.

**day,** *s;* día; — **book,** libro diario; — **laborer,** jornalero, peón; — **work,** jornal, jornada; **by the** —, a jornal; **work** —, día de trabajo; **holi** —, día festivo; **half holi** —, día quebrado; — **of rest,** día de descanso; **mail** —, día de correo; — **of delivery,** día de entrega; **settling** —, día de liquidación, *o* de ajuste, *o* de arreglo; **pay** —, día de pago; — **of payment** *(or* **maturity),** día del pago *(o de vencimiento);* — **s of grace,** días de gracia; **at a fixed** —, a un día fijo *o* a fecha fija; **at fifteen** — **s' date** *(or* **sight),** a quince días vista *o* fecha; **within fifteen** — **s** *(or* **within a fortnight),** dentro de quince días;

in the early — s (of the week, of the month, of the year), dentro de los primeros días (de la semana, del mes, del año), up to —, al día.

**deadlock,** s; estancación, callejón sin salida.

**deal,** v; (pret. y pp. dealt), distribuir, repartir; traficar, comerciar, gestionar, negociar, tratar, contratar; **to — in,** ocuparse en, comerciar, traficar, negociar en; **to — in stocks,** operar en valores.

**dealer,** s; tratante, comerciante, traficante; expendedor; **cattle —,** tratante en ganados; **retail —,** comerciante al por menor; **small —,** traficante; **wholesale —,** comerciante al por mayor.

**dealing,** s; tráfico, comercio, negocio, transacción, trato; **mode of —,** modo de proceder, comportamiento; **fair —,** buena fe, honradez de conducta; **foul —,** mala fe, doblez.

**dear,** a; caro, costoso.

**dearness,** s; carestía.

**deathtrap,** s; lugar inseguro y peligroso; situación peligrosa.

**debarkation,** s; desembarque, desembarco.

**debenture,** s; obligación; vale, bono, acción; *abonaré expedido por la aduana para el reintegro de derechos pagados.*

**debit,** s; débito, cargo, adeudo; balance; Debe; **— and credit,** Debe y Haber; **— balance,** saldo deudor; **— note,** nota de cargo, débito, adeudo; **to transfer to the — of an account,** pasar al debe de una cuenta.

**debt,** s; deuda, débito, obligación; pl. deudas (pasivo); **bad —,** deuda incobrable, trampa; **out-standing —,** deuda activa; **doubtful —,** deuda dudosa; **barred — or — barred by the statute of limitations,** deuda prescrita; **expired —,** deuda prescrita; **secured —,** deuda privilegiada; **preferential —,** deuda preferente; **book — or — proved by a document,** deuda quirografaria; **deferred —,** deuda diferida; **redeemable —,** deuda amortizable; **funded —,** deuda consolidada; **external —,** deuda exterior; **internal —,** deuda interior; **— on mortgage,** deuda hipotecaria; **in —,** empeñado, adeudado; **to repudiate a —,** no reconocer, negar una deuda; **to run into — s,** contraer deudas, endeudarse, adeudarse.

**debtor,** s; deudor; cargo, "Debe".

**decade,** s; década, decenio, decena.

**decagram,** s; decagramo.

**decaliter,** s; decalitro.

**decameter,** s; decámetro, área.

**decant,** v; decantar, trasegar.

**deceit,** s; engaño, fraude, superchería, trampa.

**deceitful,** a; engañoso, falso, tramposo; fraudulento.

**deceitfully,** adv.; falsamente, de mala fe.

**deceive,** v; engañar, embaucar; estafar.

**December,** s; diciembre.

**decide,** v; decidir, determinar, resolver.

**decigram,** s; decigramo.

**deciliter,** s; decilitro.

**decimal,** a; decimal.

**decimeter,** *s;* decímetro.

**decipher,** *v;* descifrar.

**decision,** *v;* decisión; decreto, acuerdo, fallo.

**deck,** *s;* cubierta, puente; **on —,** sobrecubierta; **between — s,** entrepuente; **— hand,** estibador; **two-decker,** navío de dos puentes.

**declaration,** *s;* declaración.

**declare,** *v;* declarar, manifestar; deponer, testificar.

**decline,** *v;* bajar, descender *(el precio).*

**decorticate,** *v;* descortezar, descascarar, mondar, pelar.

**decoy,** *s;* señuelo, añagaza, trampa.

**decrease,** *v;* disminuir, decrecer; *s.* disminución, diminución, baja, reducción.

**decree,** *s;* decreto, mandato, orden, edicto, ley.

**deduct,** *v;* deducir, restar, rebajar, descontar.

**deduction,** *s;* deducción, rebaja, descuento.

**deed,** *s;* acta, documento, escritura, título; *v.* hacer una escritura de cesión o traspaso.

**defalcate,** *v;* desfalcar.

**defalcation,** *s;* desfalco.

**default,** *s;* descuido, omisión, negligencia; falta, defecto; **in — whereof,** en cuyo defecto.

**defendant,** *s;* demandado, acusado.

**defer,** *v;* diferir, prorrogar, aplazado.

**deficiency,** *s;* deficiencia; defecto; falta; déficit.

**deficit,** *s;* déficit, descubierto, alcance.

**defraud,** *v;* defraudar, estafar.

**degree,** *s;* grado *(en todas sus acepciones);* **by — s,** gradualmente.

**delay,** *s;* dilación, demora, retardo, retraso; mora; **— of payments,** moratoria; **to — payments,** atrasarse en los pagos: *v.* atrasar, demorar, diferir.

**deliver,** *v;* dar, entregar; repartir; facilitar.

**delivery,** *s;* entrega, remesa, distribución, reparto; **— book,** libro de entregas; **— - order,** nota de entrega; **cash on —,** cóbrese a la entrega; **for future —,** para entregar; **on —,** a la entrega; **non —,** falta de entrega; **prompt —,** entrega inmediata; **short —,** falta a la entrega; **time of —,** época *(o término)* de entrega; **home —,** entrega a domicilio.

**demand,** *s;* demanda, pedido, solicitud, reclamo; **supply and —,** oferta y demanda; **to be in —,** tener demanda; **to — credit,** pedir crédito; *v.* demandar, reclamar, pedir.

**demijohn,** *s;* damajuana, garrafón.

**demonetize,** *v;* desmonetizar.

**demurrage,** *s;* estadía, sobrestadía; gastos de estadía.

**denial,** *s;* negativa; negación, denegación.

**depart,** *s;* partida, salida.

**department,** *s;* departamento, ministerio, negociado, sección, despacho; **advertising —,** sección de anuncios; **auditing —,** sección de investigación o de intervención; **credit —,** sección de crédito; **foreign exchange —,** sección de cambio extranjero; **loan —,** sección de préstamos; **sales** —, sección de ventas; **purchasing** —, sección de compras; **export** —, sección de exportación; **import** —, sección de importación; **translation** —, sección de traducción; **State D** — *(in Spain)* Ministerio de Estado, *(in Amer.)* Ministerio de Relaciones Exteriores; **State Auditing D** —, Tribunal de Cuentas.

**departure,** *s;* partida, salida, ida.

**depend on** *(or* **upon),** *v.* depender de.

**depose,** *v;* atestiguar.

**deposit,** *s;* depósito, imposición; — **account,** cuenta de depósito; — **bank,** banco de depósito; **certificate of** —, *(warrant),* certificado de depósito; **demand** —, depósito a la orden; **ore** —, yacimiento; **time** —, depósito a plazo fijo *(o a término); v.* depositar, consignar, depositar dinero en un banco.

**depositary,** *s;* depositario.

**depositor,** *s;* depositador, depositante.

**depot,** *s;* depósito, almacén *(en los Estados Unidos:* estación de ferrocarril, apeadero).

**depreciation,** *s;* depreciación.

**depressed,** *a;* abatido, flojo; — **market,** mercado flojo o desanimado.

**depression,** *s;* depresión, abatimiento.

**deprive,** *v;* privar, faltar; — **ed of money,** privado, falto de dinero.

**derrick,** *s;* grúa, cabria.

**description,** *s;* descripción, clase, género, especie.

**deserve,** *v;* merecer.

**deserving,** *s;* meritorio; digno, merecedor.

**desk,** *s;* escritorio, pupitre; **flat-top** —, escritorio ministro o mesa ministro; **roll-top** —, escritorio americano.

**despatch,** *s* y *v;* (V. *Dispatch).*

**destination,** *s;* destinación, destino.

**destine,** *v;* destinar.

**detail,** *s;* detalle.

**deteriorated,** *a;* deteriorado.

**determine,** *v;* determinar, fijar, establecer.

**device,** *s;* artefacto, dispositivo; treta, ardid.

**devise,** *v;* legar; idear, proyectar.

**diamond,** *s;* diamante; — - **cutter,** diamantista.

**dicker,** *v;* regatear; *s.* regateo, cambalache.

**die,** *s;* cuño, troquel.

**difference,** *s;* diferencia, desigualdad; discrepancia.

**different,** *a;* diferente, distinto.

**difficult,** *a;* difícil.

**difficulty,** *s;* dificultad; apuro.

**dime,** *s; moneda de plata de Estados Unidos, equivalente a 10 centavos de dólar.*

**diminish,** *v;* disminuir, rebajar, reducir; decrecer.

**diminution,** *s;* disminución; diminución, rebaja; merma.

**direct,** *a;* directo; *v.* dirigir, gobernar; encauzar, guiar.

**direction,** *s;* dirección, gobierno; curso, rumbo.

**director,** *s;* director; **managing** —, director gerente.

**directory,** *s;* guía; **telephone** —, guía de teléfono, listín telefónico.

**disable,** *v;* inhabilitar, imposibilitar; *(law)* descalificar; *(mar.)* desaparejar, desmantelar.

**disagree,** *v;* disentir, discrepar, diferir.

**disagreement,** *s;* desacuerdo, desavenencia, discrepancia; discordia.

**disapoint,** *v;* desilusionar; chasquear.

**disapointment,** *s;* chasco; desilusión.

**disaster,** *s;* desastre, desgracia, siniestro.

**disburse,** *v;* desembolsar, pagar, gastar.

**disbursement,** *s;* desembolso, gasto.

**discharge,** *v;* descargar; despedir; dispensar; eximir; ejecutar, cumplir, desempeñar; *s.* descarga; descargo; finiquito; carta de pago.

**discord,** *s;* discordia.

**discount,** *s;* descuento, rebaja, deducción; abono, bonificación; **rate of** —, tipo *(o tasa)* de descuento; — **bank,** banco de descuentos; — **company,** caja de descuentos; **less** — *or* **deducted,** con deducción del descuento; **to be at a** —, estar a menos de la par, por debajo de la par; **to give** *(or* **allow)** **a** —, conceder o hacer un descuento; **to receive for** —, recibir al descuento; **to sell at a** —, vender con descuento o rebaja.

**disembark,** *v;* desembarcar.

**dishono(u)r,** *(a bill of exchange)* *v;* desairar o no aceptar una letra o giro.

**dislodge,** *v;* desalojar, mudarse, cambiarse.

**dismiss,** *v;* despedir, deponer, despachar, destituir.

**dismissal,** *s;* despido, destitución.

**dispatch,** *s;* expedición, despacho; prontitud; comunicación, parte, telegrama; *v.* despachar, expedir, e n v i a r, remitir; aviar, apresurar.

**display,** *s;* despliegue; exhibición; *v.* mostrar, poner de manifiesto, exponer.

**disposal,** *s;* disposición; **to have money at one's** —, tener dinero a su disposición.

**dispose,** *v;* disponer; **to** — **of,** vender, deshacerse de.

**disposition,** *s;* disposición, ordenación; humor, carácter; inclinación.

**dispossession,** *s;* desposeimiento; desahucio.

**dispute,** *s;* disputa, discusión, querella.

**disreputable,** *a;* desacreditado, de mala fama; deshonroso, desdoroso.

**dissolution,** *s;* disolución.

**dissolve,** *v;* disolver, disolverse.

**distil,** *v;* destilar, alambicar, refinar, purificar.

**distillery,** *s;* destilería, refinería.

**distress,** *s;* peligro, zozobra, riesgo; *(mar.)* **to put in** —, entrar de arribada.

**distribute,** *v;* distribuir, dividir, repartir.

**distribution,** *s;* distribución, división, reparto, repartimiento.

**diverse,** *a;* diverso, diferente, distinto; varios.

**divide,** *v;* dividir, repartir, distribuir.

**dividend,** *s;* dividendo; — warrant, cupón; **ex** —, sin dividendo; **cum** —, con dividendo; **unpaid** — **s,** dividendos no cobrados; **interim** —, dividendo provisional; **matured** — **s,** dividendos vencidos.

**division,** *s;* división, partición, reparto.

**do** *(pret. did, pp. done) v;* hacer, trabajar en, **to** — **one's best,** hacer *(uno)* cuanto pueda.

**dock,** *s;* dique, dársena; desembarcadero, muelle, dock; — - **charges,** gastos de dique; — - **dues,** derecho de dique; **dry** —, dique seco o de carena; **floating** —, dique flotante; **wet** —, dársena; *v.* poner en dique o entrar en dique.

**dockage,** *s;* muellaje.

**dockyard,** *s;* astillero, arsenal.

**document,** *s;* documento; comprobante; escrito, instrumento; *v.* documentar.

**documented,** *a;* documentado.

**dollar,** *s;* dólar, peso; — - **sign,** el signo de peso ($); **silver** —, peso fuerte; **Spanish** —, duro **español.**

**domestic,** *a;* interior, nacional, nativo; — **exchange,** cambio interior; — **manufactures,** industria, producción nacional.

**donee,** *s;* donatario.

**donkey,** *s;* asno, burro, borrico.

**donor,** *s;* donador, donante, dador.

**double,** *a;* doble; — **entry,** partida doble.

**doubt,** *s;* duda; **no** —, sin duda.

**down,** *adv.;* abajo; **down to,** hasta.

**downfall,** *s;* caída, ruina.

**dozen,** *s;* docena; **by the** —, por docena; **half a** —, media docena.

**drachma,** *s;* dracma; **half** —, adarme.

**draft,** *s;* giro, libranza, letra de cambio, letra, orden de pago, póliza; borrador, minuta; **demand** —, letra a presentación; **sight** - —, letra a la vista; **the** — **falls due to-day,** el giro vence hoy; **to protect, hono(u)r, meet a** —, dar buena acogida, honrar, pagar un giro.

**draw,** *s; (pret. drew, pp. drawn),* devengar, girar, librar; **to** — **a bill,** girar o librar una letra de cambio; **to** — **at sight,** girar a la vista; **to** — **at short, at long date,** girar a corto, a largo plazo; **to** — **per appoint** *or* **for the exact balance,** girar por saldo; **to** — **on,** girar a cargo de, o contra de, o sobre; **to** — **up documents,** redactar o extender documentos.

**drawback,** *s;* reintegro parcial o total de los derechos de aduana; prima de exportación.

**drawee,** *s;* girado, librado.

**drawer,** *s;* girador, librador, girante, librante, dador; cajón.

**dray,** *s;* carro.

**drive,** *v; (pret. drove, pp. driven);* impeler; conducir; — **a good bargain,** hacer un buen trato.

**drought,** *s;* seca, sequedad, sequía; escasez, carestía.

**drover,** *s;* ganadero.

**dry-goods,** *s;* lencería; — **store,** tienda de telas, tienda de lencería.

**due,** *a;* debido, cumplido, vencido, devengado; — - **bill,** abonaré; — **date,** vencimiento;

— March 18th., vence el 18 de marzo; — **for delivery next month,** para entregarse el mes que viene; **amount** —, cantidad debida; **average** — **date,** vencimiento medio o común; **balance** —, saldo deudor; **a steamer is** —, se espera un vapor; debe llegar un vapor; **to become** —, vencer; *s.* derecho; **anchorage** — s, derechos de anclaje; **dock** - — s, derechos de dique; **dock and town** — s, derechos de dique y puerto; **harbo(u)r** — s, derechos de puerto; **harbo(u)r-and dock** - — s, derechos de puerto y muelle; **quarantine** — s, derechos de cuarentena; **shed** — s, derechos de cobertizo; **storage** — s, derechos de depósito; **staple** — s, derechos de arribada o de escala; **tonnage** — s, derechos de tonelaje; **clerk's** — s, derechos de escribanía o de archivo; **copy** — s, derechos de copia; **interests** —, intereses vencidos; **in** — **time,** a su debido tiempo.

**dull,** *a; (mercado)* flojo, encalmado.

**duly,** *adv.;* debidamente, puntualmente, a su tiempo.

**dummy,** *a;* testaferro; libro en blanco (que sirve de muestra).

**dunnage,** *s; (mar.)* abarrote, lastre; **to ship staves as dry** — cargar duelas como lastre.

**duplicate,** *s;* duplicado, copia; **in** —, por duplicado; *v.* duplicar.

**duty,** *s;* derechos, adeudo, impuesto; obligación; deber; **free** —, libre o exento de derechos; **ad valorem** — **ies,** derechos advalorem; **custom-house** — **ies,** derechos de aduana; **export** — **ies,** derechos de exportación; **import** — **ies,** derechos de importación; **city** — (*or* **toll),** impuesto municipal; **differential** — **ies,** derechos diferenciales; **transit** — **ies,** derechos de tránsito; **specific** — **ies,** derechos específicos; **liable to** —, sujeto a derechos; **stamp** — **ies,** derechos de timbre; **to levy** —, percibir o cobrar los derechos; **to perform one's** — **ies,** cumplir con sus deberes; **to neglecto one's** —, descuidar su deber; **to consider one's** —, considerar deber suyo.

**dwell,** *v;* vivir, morar; — **on** o **upon,** explayarse en; hacer hincapié en.

**dye,** *s;* tinte, tintura; color, matiz; — - **works,** tintorería; *v.* teñir, tintar.

**dyer,** *s;* tintorero.

**dyeing,** *s;* tintorería, tinte, tintura, teñidura, tintado; colorante.

**dyestuff,** *s;* materia colorante, materia tintórea.

**dynamo,** *s;* dínamo.

# E

**:arly,** *adv.;* al principio; temprano; **in the — days of the
week, of the month, etc.,** en
los primeros días de la semana, del mes, etc.; **as — as possible,** tan pronto como sea
posible.

**earn,** *v;* ganar, devengar; merecer.

**earnest money,** caparra, prenda,
paga y señal.

**earnings,** *s; pl.* salario; ganancias, ingresos.

**east,** *s;* oriente, levante, este.

**eatable,** *a* y *s;* comestible.

**economical,** *a;* económico.

**economics,** *s;* economía política;
finanzas.

**economist,** *s;* economista, hacendista, financiero.

**economize,** *v;* economizar, ahorrar.

**edifice,** *s;* edificio, casa.

**edit,** *v;* editar, redactar.

**edition,** *s;* edición, publicación,
impresión.

**editor,** *s;* director, redactor (*de
un periódico o revista*).

**editorial,** *s;* editorial, artículo de
fondo.

**effect,** *s;* efecto, resultado; **in
—,** efectivo, en operación; *pl.*
efectos, bienes.

**effort,** *s;* esfuerzo, empeño, gestión.

**egg,** *s;* huevo.

**eight,** *a* y *s;* ocho.

**eighteen,** *a* y *s;* diez y ocho (*o
dieciocho*).

**eighth,** *a;* octavo.

**eighty,** *a* y *s;* ochenta.

**elaborate,** *a;* complicado.

**election,** *s;* elección.

**elector,** *s;* elector.

**electrical,** *a;* eléctrico; **— fan,**
ventilador eléctrico; **— apparatus,** material eléctrico.

**electricity,** *s;* electricidad.

**elevator,** *s;* elevador, ascensor;
noria.

**eleven,** *a* y *s;* once.

**eleventh,** *a;* undécimo, onceno;
*s.* onzavo.

**embargo,** *s;* embargo, secuestro;
**to remove the —,** desembargar, levantar el embargo; *v.*
embargar, secuestrar.

**embark,** *v;* embarcar.

**embarkation,** *s;* embarco, embarque.

**embarrassement,** *s;* apuros, dificultades.

**embezzle,** *v;* desfalcar, defraudar.

**embezzlement,** *s;* desfalco, fraude.

**embrace,** *v;* abarcar, comprender.

**embroidery,** *s;* bordados.

**emerald,** *s;* esmeralda.

**emery,** *s;* esmeril; — **paper,** papel de lija; — **wheel,** rueda de esmeril.

**emigrant,** *a* y *s;* emigrante.

**emit,** *v;* emitir.

**emolument,** *s;* emolumento; sueldo, paga.

**emphyteusis,** *s;* enfiteusis *(cesión perpetua, o por mucho tiempo, de bienes raíces, mediante un canon anual que se paga al cedente, quien conserva el dominio directo).*

**emphyteutic,** *a;* enfitéutico.

**employ,** *s;* empleo, cargo, puesto, oficio; *v.* emplear, ocupar.

**employee,** *s;* empleado, dependiente.

**employment,** *s;* empleo, ocupación, cargo, colocación, puesto; **in our** —, a nuestro servicio.

**empower,** *v;* apoderar, dar, poder; facultar, autorizar.

**enclose,** *v;* adjuntar, incluir, acompañar.

**enclosure,** *s;* anexo *(cartas, documentos, etc., que se acompañan adjuntos).*

**encumber,** *v;* gravar, sobrecargar.

**encumbrance,** *s;* carga, gravamen; **free of** —, libre de gravámenes.

**end,** *s;* fin, cabo, objeto; — **of the fiscal year,** fin de ejercicio; **at the** — **of the week,** a fines de la semana; **towards the** — **of the month,** a últimos de mes; *v.* acabar, terminar, concluir, expirar.

**endeavo(u)r,** *v;* procurar, hacer lo posible; esforzarse.

**endorse, endorsee, etc.** (V. *Indorse, etc.)*

**engage,** *v;* comprometerse, obligarse, empeñarse; ocuparse.

**engagement,** *s;* cita, compromiso; contrato, ajuste.

**engine,** *s;* máquina, ingenio; motor; — **driver,** maquinista.

**engineer,** *s;* ingeniero; civil —, ingeniero civil; **chemical** —, ingeniero químico; **electrical** —, ingeniero electricista; **mining** —, ingeniero de minas.

**engineering,** *s;* ingeniería; dirección, manejo.

**enhancement,** *s;* encarecimiento, mejoría, subida de valor.

**enjoy,** *v;* gozar de, gozar en; tener, poseer.

**enlarge,** *v;* aumentar, extender, ampliar.

**enough,** *a, adv.;* bastante.

**enrich,** *v;* enriquecer; fecundar, fertilizar.

**enroll,** *v;* alistar, matricularse.

**enter,** *v;* asentar, anotar, registrar, sentar, entrar; **to** — **a lawsuit,** entablar demanda; **to** — **a port,** entrar de arribada, arribar; **to** — **an item,** sentar una partida; **to** — **into business,** establecer relaciones con, entrar en tratos con; **to — into partnership,** asociarse.

**enterprise,** *s;* empresa.

**enterpriser,** *s;* emprendedor; empresario.

**entirely,** *adv.;* enteramente, completamente, totalmente.

**entitle,** *v;* dar derecho, autorizar, habilitar.

**entity,** *s;* entidad.

**entry,** *s;* entrada, asiento, partida, anotación, **adjustment** (*or* **cross,** *or* **counter,** *or* **off setting**) **—,** contraasiento, contrapartida; **correcting —,** contraasiento; **single —,** partida simple; **double —,** partida doble.

**envelope,** *s;* sobre, sobrecarta, cubierta, envoltura.

**epoch,** *s;* época.

**equal,** *a;* igual.

**equality,** *s;* igualdad, paridad.

**equip,** *v;* equipar, armar, aparejar, tripular.

**equipment,** *s;* equipo, avíos, aparejo; armamento.

**equitable,** *a;* equitativo, justo.

**equivalent,** *a* y *s;* equivalente.

**era,** *s;* época.

**eraser,** *s;* raspador, borrador.

**erasure,** *s;* raspadura, borradura.

**errand,** *s;* recado, mandado; **— boy,** mandadero, muchacho o mozo de mandados.

**error,** *s;* error, yerro, equivocación, desacierto, engaño, tropiezo; **to be in —,** equivocarse; **—s and omissions excepted,** salvo error u omisión (*S. E. u O.*).

**especially,** *adv.;* especialmente, señaladamente.

**establish,** *v;* establecer, fundar, fijar; **to — commercial relations,** entablar relaciones comerciales.

**establishment,** *s;* establecimiento, institución, fundación.

**estate,** *s;* bienes, patrimonio, herencia; heredad, hacienda; **bankrupt's —,** casa fallida, quebrada; **personal —,** bienes muebles; **real —,** bienes raíces o inmuebles.

**esteem,** *s;* estimación, estima, aprecio; *v.* estimar, tener aprecio.

**esteemed,** *a;* estimado.

**estimate,** *s;* cálculo, presupuesto, cómputo, tasa; **rough —,** cálculo, cómputo, presupuesto aproximado; *v.* estimar, tasar; presuponer, presupuestar.

**even,** *adv.;* aun, hasta, aun cuando; **— so,** aun así, suponiendo que así sea; **not —,** ni siquiera.

**events: at all —,** de todas maneras, de cualquier modo.

**ever,** *adv.;* siempre; alguna vez, por ventura; jamás; **— since,** desde entonces; después de que.

**every,** *a;* cada uno o cada una; todo, todos; **— day,** todos los días, cada día; **- - day,** diario, cotidiano; **— other day,** un día sí y otro no, días alternos.

**evidence,** *s;* evidencia, prueba; **to give —,** declarar, dar testimonio, probar.

**exact,** *a;* exacto.

**exactitude,** *s;* exactitud.

**exactly,** *adv.;* exactamente, cabalmente, precisamente.

**examination,** *s;* examen; investigación, reconocimiento, registro.

**examine,** *v;* examinar, investigar, inspeccionar, revisar, interrogar; **to — closely** aquilatar, analizar, reconocer; **to — goods for taxation,** aforar.

**examiner,** *s;* examinador, inspector.

**exceed,** *v;* exceder, sobrar.

**excess,** *s;* sobra; sobrante, superávit; **— profits,** superávit; **in —,** de sobra; **to remain in —,** sobrar.

**excessive,** *a;* excesivo, sobrado, demasiado, desmesurado, sobrante.

**exchange,** *a;* bursátil; *s.* cambio, giro; bolsa, lonja; canje, permuta, trueque; **- - broker,** corredor de bolsa o de cambios; **arbitrage of —,** arbitraje de cambio; **bill of —,** letra de cambio; **— above par,** cambio sobre la par o a premio o con prima; **— below par,** cambio bajo la par o a descuento; **— of the market, of the day,** cambio del mercado, del día; **closing —,** cambio de cierre o último; **average rate of —,** cambio medio; **domestic, foreign —,** cambio interior, extranjero; **favo(u)rable, unfavo(u)rable —,** cambio favorable, desfavorable; **profitable, unprofitable —,** cambio ventajoso, desventajoso; **— falls, goes up, fluctuates, remains firm, stationary, steady,** el cambio baja, sube, fluctúa, se mantiene firme, estacionario, firme; **uncertain —,** cambio variable; **rise and fall** *(of the course)* **of —,** alza y baja del

cambio; **quotation of —,** cotización del cambio; **to lower** *(or* **reduce) the rate of —,** bajar *(o reducir)* el cambio; **to raise** *(or* **advance) the rate of —,** elevar *(o subir)* el cambio; **— rate,** tipo de cambio; **to keep above, below the rate of —,** mantenerse sobre, debajo del cambio; **to gain, to lose by the —,** ganar, perder en el cambio; **profit, loss by** *(or* **on) the —,** beneficio, pérdida por cambio; **— list,** boletín de cambio; **first (second, third) of —,** primera (segunda, tercera) de cambio; **— office,** casa de cambio; *v.* cambiar; canjear, trocar, permutar.

**exchequer,** *s;* real hacienda, tesoro, tesorería, erario, fisco; **— bills,** abonarés de la Tesorería; **— bonds,** bonos fiscales o de tesorería.

**excise,** *s;* sisa, contribuciones indirectas, impuesto sobre consumos; **— duty,** alcabala, derechos de sisa, impuesto sobre consumo; **— officer,** sisero, empleado de consumos.

**exclude,** *v;* excluir; exceptuar; rechazar.

**excursion,** *s;* excursión, romería; **— train,** tren de excursión, tren botijo.

**excuse,** *s;* excusa, disculpa; *v.* excusar, disculpar.

**execute,** *v;* ejecutar; cumplir, tramitar.

**execution,** *s;* ejecución, cumplimiento.

**executor,** *s;* albacea testamentario.

**exempt,** *a;* exento, libre, franco; *v.* exentar.

**exemption,** *s;* exención, dispensa, franquicia.

**exhibit,** *v;* exhibir, exponer, mostrar, presentar.

**exhibition,** *s;* exhibición, exposición, presentación.

**exonerate,** *v;* exonerar, descargar, disculpar.

**expect,** *v;* esperar, prometerse; (coll.) suponer.

**expedient,** *s;* expediente, medio.

**expend,** *v;* expender, gastar, desembolsar.

**expenditure,** *s;* gasto, desembolso; *pl.* egresos, gastos.

**expense,** *s; (See also charge)* gasto, desembolso, expendio; coste, costo; *pl.* egresos, gastos; **additional** *(or* **incidental)** — **s,** gastos imprevistos; **extra** — **s,** gastos extra, adicionados; — **s compensated,** gastos compensados; **conventional** — **s** *(or* **charges),** gastos convencionales; **general** — **s,** gastos generales; **heavy** — **s,** gastos considerables; **unforseen** — **s,** *(or* **expenditure),** gastos imprevistos; — **s incurred,** gastos incurridos, gastos hechos; **useless** — **s,** gastos inútiles; **non recoverable** — **s,** gastos irrecuperables; **petty** — **s,** gastos menores, gastos menudos; **private** — **s,** gastos particulares; **sundry** — **s,** gastos diversos *(o* varios); **necessary** — **s,** gastos necesarios, imprescindibles; — **s of administration,** gastos de administración; **caulking** — **s** *(or* **careenage),** gastos de calafateo; — **s for keeping** *(or* for **preservation),** gastos de conservación; **ship's** — **s,** gastos del buque; — **s for entering** and **leaving** *(a port),* gastos de entrada y salida *(de un puerto);* — **s for** *(delivery)* **loading on car,** gastos de entrega sobre vagón; — **s for the stay** *(in a place),* gastos de estancia, morada o parada; **working** — **s,** gastos de explotación; **hospital** —, gastos de hospital; **lightening** — **s,** gastos de alumbrado; **advertising** — **s** *(or* **publicity** *or* **puffing charges),** gastos de publicidad; **office** — **s,** gastos de oficina *(o de escritorio);* **travelling** — **s,** gastos de viaje; — **s for watching the cargo on shore,** cargos de vigilancia *(al cargamento sobre el muelle);* — **s for making up the average statement,** gastos para fijar la liquidación de avería; **to save** — **s,** economizar, evitar gastos; **contribute towards the** — **s,** contribuir a los gastos; **to cover** *(or* **meet) the** — **s,** hacer los gastos, correr con los gastos; **to demand great** *or* **heavy** — **s,** exigir, requerir grandes o fuertes gastos; **valuing one's disbursement on the goods, charging forward the** — **s,** reembolsándose por sus gastos *(a la entrega de la mercancía);* **to shrink back from no** — **s,** no omitir ni perdonar gastos; **to entail, envolve** — **s,** originar gastos; **to collect** — **s on delivery,** cubrirse de los gastos a la entrega; **to refund, reimburse, compensate the** — **s,** abonar, reembolsar, compensar los gastos; **to deduct, take off, retain, cash one's** — **s,** deducir, percibir, cobrar los gastos; **on Government** — **s,** a cargo del Gobierno; **at my, at your** — **s,** a mi cargo, a su cargo; **at any** —, a toda costa.

**expensive,** *a;* caro, costoso, dispendioso, gravoso.

**experience,** *s;* experiencia, conocimiento, práctica; *v.* experimentar; sentir.

**experienced,** *a;* experimentado; experto, perito, hábil.

**experiment,** *s;* experimento; *v.* experimentar.

**expert,** *a;* experto, práctico, perito, diestro, hábil; *s.* experto, perito, valuador; — **book-keeper,** perito mercantil; — **penman,** calígrafo; **sworn** —, perito jurado; — **in agriculture,** agrónomo; **to submit to the perusal** *or* **examination of an** —, someter al examen de un perito; **to assign** *or* **appoint an** —, nombrar un perito; **judgement, opinion, advice of** — **s,** juicio, dictamen, decisión de los peritos.

**expiration,** *s;* expiración, vencimiento, cumplimiento.

**expire,** *v;* vencer, cumplirse, terminar, expirar (un plazo).

**explain,** *v;* explicar, aclarar; explanar; demostrar.

**explanation,** *s;* explicación; aclaración; explanación.

**exploit,** *v;* explotar, trabajar, sacar utilidad o partido de una cosa.

**exploitation,** *s;* explotación.

**export,** *s;* exportación; — **goods, articles,** productos, artículos de exportación; — **house,** casa exportadora o de exportación; — **trade,** comercio de exportación.

**exportation,** *s;* exportación; **packing fit for** —, embalaje propio para la exportación; **bounty on** —, prima de exportación.

**exporter,** *s;* exportador.

**exposition,** *s;* exposición, exhibición.

**expositor,** *s;* expositor.

**express,** *v;* expresar, manifestar; explicarse; expedir; *a.* expreso, claro, *s.* expreso, correo; — **company,** compañía de transportes; — **train,** tren expreso.

**expressman,** *s;* cargador, acarreador, ordinario, embarcador, porteador.

**extend,** *v;* prorrogar, diferir; extender; **to** — **the time of payment,** dar prórroga.

**extension,** *s;* extensión, prórroga; — **of time,** prórroga, moratoria, respiro.

**extent,** *s;* extensión, alcance; **to a certain** —, hasta cierto punto; **to a great** —, en sumo grado, grandemente.

**external,** *a;* externo; exterior.

**extinguish,** *v;* extinguir.

**extra,** *a;* extra.

**extreme,** *a;* extremo, último.

# F

**fabric,** *s;* tejido, tela.

**face,** *s;* cara, lado; anverso, frente; valor neto; *(impr.)* ojo de la letra; — **value,** valor nominal; —, **of a check,** anverso de un cheque; *v.* hacer frente, afrontar.

**facilitate,** *v;* facilitar, allanar.

**facsimile,** *s;* facsímil.

**fact,** *s;* hecho, acción; realidad, verdad, evidencia; **in** —, en efecto; **in the very** —, en el mero hecho; **matter of** —, cosa evidente, ser de cajón.

**factor,** *s;* factor, agente, comisionado, apoderado.

**factory,** *s;* fábrica, factoría, taller.

**fail,** *v;* quebrar, hacer bancarrota; fallar, frustrarse; faltar; **without** —, sin falta.

**failure,** *s;* quiebra, bancarrota.

**fair,** *a;* justo, equitativo, imparcial; sincero, honrado, franco; — **play,** proceder leal; — **and square,** honrado a carta cabal; **by** — **means,** por medios honrados y correctos; *s.* mercado, feria.

**faith,** *s;* fe, creencia, crédito, confianza; **in good** —, de buena fe.

**faithful,** *a;* fiel.

**faithfully yours,** su atento *(o afectísimo)* seguro servidor.

**fall,** *v; (pret. fell.; pp. fallen)* caer, bajar (el precio), depreciar; — **due,** cumplir, vencer un plazo; *s.* caída, baja, depreciación, disminución; otoño; — **of price,** baja de precio.

**fellow** *s;* barbecho; tierra que descansa; **to let lie** —, dejar en barbecho.

**false,** *a;* falso; — **claim,** pretensión infundada.

**falsification,** *s;* falsificación.

**falsify,** *v;* falsificar, falsear, viciar.

**fame,** *s;* fama, renombre, gloria; honra.

**fan,** *s;* abanico; ventilador; aventador.

**fancy,** *s;* fantasía; — **goods,** artículos de fantasía.

**far: by** —, con mucho, en mucho; **as** — **as, so** — **as, in so** — **as,** en cuanto que, tanto cuanto; **so** —, tan lejos, hasta ese punto.

**fare,** *s;* pasaje, tarifa o precio de pasaje; **bill of** —, lista de platos, menú, carta.

**farm,** *s;* granja, hacienda, *(in Mexico)* rancho, *(in other Spanish American countries)* estancia; — **house,** alquería, manso, masada, granja; *v.* cultivar, labrar.

**farmer,** *s;* agricultor, labrador, *(in Mexico)* ranchero, *(in other Spanish American countries)* hacendado, estanciero.

**fashion,** *s;* moda, uso, costumbre; **in** —, de moda; **out of** —, pasado de moda; **to go out of** —, pasar de moda.

**fast colo(u)r:** color fijo, firme; tinte que no destiñe.

**father,** *s;* padre; — **in law,** suegro.

**fatten,** *v;* engordar, cebar.

**fault,** *s;* falta, culpa; defecto.

**favo(u)r,** *s;* favor, servicio, beneficio; **your** —, su carta; **balance in your** —, saldo a su favor; *v.* favorecer.

**fear,** *s;* miedo, temor.

**feature,** *s;* rasgo distintivo de alguna cosa.

**February,** *s;* febrero.

**fee,** *s;* gratificación, propina, recompensa; *pl.* derechos, honorarios.

**fell,** *v;* tala.

**fellow,** *a;* compañero; miembro.

**felt,** *s;* fieltro.

**ferriage,** *s;* barcaje, lanchaje.

**ferry,** *s;* pasaje; medio de transporte a través de un río; — - **boat,** barca de pasaje, vapor de río.

**fertilize,** *v;* abonar.

**fertilizer,** *s;* abono.

**fiat,** *s;* fíat, orden, mandato; — **money,** moneda de curso forzoso.

**fiber,** *s;* fibra, hebra, hilo; hilaza.

**fibrous,** *a;* fibroso, hebroso, textil.

**fiduciary,** *a;* flduciario; de confianza; *s.* fideicomisario.

**field,** *s;* campo, prado; terreno cultivado.

**fifteen,** *a* y *s;* quince.

**fifth,** *a;* quinto.

**fifty,** *a* y *s;* cincuenta; **to go fifty-fifty;** ir a medias.

**figure,** *s;* cifra, guarismo, número; precio, valor.

**filament,** *s;* filamento, fibra, hilo, hebra.

**file,** *s;* legajo, carpeta guardapapeles; colección de documentos; archivo, fichero; catálogo, lista; **letter - —,** taquilla; *pl.* archivos; *v.* archivar.

**fill,** *v;* llenar.

**filter,** *s;* filtro; *v.* filtrar.

**final,** *a;* final, último.

**finance,** *s;* hacienda pública; *pl.* rentas, utilidades, fondos; administrar, negociar empréstitos; **to — a business,** proporcionar capital para una empresa, *(in some Spanish American countries)* financiar.

**financial,** *a;* financiero, monetario, bancario.

**financier,** *s;* financiero, hacendista, economista; rentista.

**fine,** *a;* fino, refinado, puro; **0.9** —, novecientos milésimos de fino; *s.* multa; *v.* multar.

**fineness,** *s;* pureza, fineza, ley de metal.

**finish,** *v;* acabar, terminar, concluir; completar; *s.* fin, pulimento, última mano, acabado.

**finishing,** *s;* acabado.

**fire,** *s;* incendio, fuego; — **insurance,** seguro contra incendio; — **engine,** bomba de incendio; — - **extinguisher,** matafuego, extintor de incendios.

**firm,** *a;* firme; firma, casa de comercio, razón social, sociedad; — **name,** firma, razón social; — **of high standing,** firma acreditada; **a strong** —, una casa fuerte; **the late** —, la extinguida razón social.

**first,** *a;* primero; — **of exchange,** primera de cambio.

**fiscal,** *a;* fiscal; — **year,** año económico.

**fish,** *s;* pez; pescado.

**fishmonger,** *s;* pescadero.

**fit,** *a;* apto, a propósito para algo, adecuado, conveniente; *v.* convenir, venir bien; **to — out,** equipar, tripular, armar *(un buque).*

**five,** *a* y *s;* cinco.

**fix,** *v;* fijar; determinar; señalar (una fecha).

**fixed,** *a;* fijo.

**fixtures,** *s; pl.* enseres, instalaciones.

**flag,** *s;* bandera, estandarte, pabellón; **to hoist the** —, izar la bandera; **to strike** *or* **lower the** —, arriar la bandera; **yellow** —, insignia de cuarentena.

**flannel,** *s;* franela; **cotton** —, moletón.

**flask,** *s;* botella, frasco.

**flavo(u)r,** *s;* sabor, gusto; *v.* dar gusto, sazonar.

**flax,** *s;* lino.

**fleece,** *s;* vellón.

**fleet,** *s;* flota, escuadra.

**float,** *v;* flotar, hacer flotar; emitir, poner en circulación; **to**

— **a company,** fundar o promover una compañía.

**floating,** *a;* flotante, boyante; fluctuante, variable; flotante, en circulación; — **debt,** deuda flotante.

**florin,** *s;* florín.

**flour,** *s;* harina.

**fluctuate,** *v;* fluctuar, variar, vacilar.

**fluctuating,** *s;* fluctuante, variable, oscilante.

**fluctuation,** *s;* fluctuación; **subject to** —, sujeto a fluctuación.

**folio,** *s;* folio, página.

**follow,** *v;* seguir.

**food,** *s;* alimento; comida; víveres.

**foodstuffs,** *s;* productos alimenticios.

**foot,** *s;* base; pie *(medida lineal de 305 milímetros).*

**for,** *prep.;* por; — **good,** de fijo, para no volver; — **short,** para abreviar; **but** —, a no ser por.

**force,** *v;* obligar, forzar.

**foreign,** *a;* extranjero, exterior; extraño; — **exchange,** cambio extranjero; — **products,** productos exóticos o extranjeros; — **trade,** comercio exterior.

**foreigner,** *s;* extranjero, forastero.

**foreman,** *s;* capataz, sobrestante.

**forestall,** *v;* acaparar, acopiar, monopolizar.

**forestaller,** *s;* monopolista, acopiador, acaparador.

**forestalling,** *s;* monopolio, acopio, estanco.

**forfeit,** *s;* multa, pena; decomiso; *v.* confiscar, decomisar.

**forfeiture,** *s;* confiscación, decomiso, secuestro.

**forge,** *v;* falsificar, falsear, contrahacer; forjar.

**forger,** *s;* falsificador.

**forgery,** *s;* falsificación.

**forget,** *v;* olvidar.

**forgive,** *v;* perdonar.

**form,** *s;* forma, molde, modelo; formulario, patrón; **order - —,** formulario de pedidos.

**formality,** *s;* formalidad.

**former,** *a;* anterior, precedente.

**forth: and so —,** y así de lo demás.

**forthwith,** *adv.;* inmediatamente, en el acto.

**fortnight,** *s;* quincena, dos semanas.

**fortnightly,** *adv.;* quincenalmente.

**fortune,** *s;* fortuna, bienes, dinero, caudal, hacienda, haber; sino, destino.

**forty,** *a* y *s;* cuarenta.

**forward,** *v;* enviar, expedir, despachar, remitir; *adv.* hacia adelante, adelante; **from this time —,** de aquí en adelante; **brought —,** del frente, suma de la vuelta; **carried —,** suma y sigue, al frente, a la vuelta; **to carry —,** pasar a la vuelta.

**forwarding,** *s;* expedición, despacho; **— agent,** agente de envíos, comisionista expedidor.

**found,** *v;* fundar, establecer.

**founder,** *s;* fundador; *v.* zozobrar, irse a pique.

**four,** *a* y *s;* cuatro.

**fourteen,** *a* y *s;* catorce.

**fourth,** *a;* cuarto.

**fowl,** *s;* ave; gallo, gallina, pollo; carne de ave.

**fragil,** *a;* frágil, quebradizo.

**frail,** *a;* frágil, endeble, delicado.

**franc,** *s;* franco *(unidad monetaria de Francia, Bélgica y Suiza).*

**franchise,** *s;* derecho político; franquicia, exención, privilegio; *v.* exentar, franquear.

**frank,** *a;* franco.

**fraud,** *s;* fraude, engaño, timo, trampa.

**fraudulence,** *s;* fraude, engaño, fraudulencia.

**fraudulent,** *a;* fraudulento, engañoso; **— failure,** quiebra fraudulenta.

**free,** *a;* libre, gratis, franco, exento; **— goods,** mercancías exentas de derecho; **— port,** puerto franco o puerto libre; **— trade,** libre cambio; **- trader,** librecambista; **— alongside** *(F.A.S.),* puesto al costado del buque; **— on rail,** puesto sobre vagón; **— here, in the warehouse, at the railroad depot, on the wagon** *or* **car, on the wharf** *or* **quay, at the domicile of seller,** puesto *(o* franco) en ésta, en almacén, en la estación (del f. c.), sobre vagón o carro, en el muelle, a domicilio vendedor; **— of average, leakage, damage, intrinsic deterioration,** libre de avería, de derrame, de coladura o merma, de daño, de deterioro interno; **— of duty,** libre de derechos; **— of brockerage,** libre de comisión o corretaje; **— on board** *(F.O.B.),* puesto a bordo.

**freeholder,** *s;* dueño, propietario.

**freight,** *s;* carga, flete, porte; — **car,** carro de carga; — - **train,** tren de carga; **outward** —, flete de ida; **homeward** —, flete de vuelta; **out and home** (*or* **in**) — *or* — **for the round run,** flete de ida y vuelta *o* por viaje redondo; **distance, pro rata** —, flete de distancia, proporcional; **full** —, flete entero; — **on the rate of** ... **per ton,** flete a razón de ... por tonelada; — **in full,** flete todo comprendido (*o* sin capa); **dead** —, flete muerto *o* falso *o* por espacio vacío; — **as per agreement,** flete según convenio; — **to be paid,** flete (*o* porte) debido; **cost insurance and** —, coste, seguro y flete (*C.I.F.*); **rates of** — **s,** lista de fletes; **rate of** —, precio, tasa del flete; *v.* fletar, cargar; **to** — **in bulk,** cargar a granel.

**freightage,** *s;* carga, flete, cargamento; transportación.

**freighter,** *s;* fletador, cargador, buque de carga.

**Friday,** *s;* viernes.

**friendly,** *a;* amigable, amistoso.

**from,** *prep.;* de, desde; hecho de; — **memory,** de memoria; — **natural,** del natural.

**front,** *s;* frente; — **door,** puerta de entrada, principal; — **room,** cuarto que da a la calle.

**frost,** *s;* helada; — **bitten** o **nipped,** helado.

**fruit,** *s;* fruta; **dry** —, fruta seca.

**fruiter,** *s;* (*mar.*), buque frutero.

**fuel,** *s;* combustible.

**fulfil,** *v;* cumplir, realizar, ejecutar, desempeñar.

**fulfilment,** *s;* ejecución, cumplimiento, desempeño, realización.

**full,** *a;* lleno, completo; — **length,** de tamaño natural; — **powers,** facultades amplias, plenos poderes; — **weight,** peso cabal, exacto.

**functionary,** *s;* funcionario.

**fund,** *s;* fondo, capital, caudal; *pl.* efectivo, capital, fondos; **remittance of** — **s,** provisión de fondos; **sinking** —, fondo de amortización; **available** — **s,** fondos disponibles; **invested** — **s,** fondos invertidos; **emergency** — **s,** fondos de previsión; **reserve** —, fondo de reserva; **to provide** (*or* **furnish**) **with** — **s,** hacer o enviar fondos.

**fur,** *s;* piel (de pelo); *pl.* peletería.

**furnish,** *v;* surtir, proveer, suministrar, suplir, equipar, proporcionar; **to** — **with funds,** habilitar, hacer fondos.

**furnishing,** *s;* suministro, equipo; *pl.* equipos, fornituras, accesorios, avíos.

**furniture,** *s;* mobiliario, muebles, moblaje, ajuar; — **and fixtures,** muebles y útiles o enseres.

**furriery,** *s;* peletería.

**fuselage,** *s;* armazón metálica de un aeroplano; fuselaje.

# G

**gage,** *v;* aforar, medir, graduar, calibrar; **to — a ship,** arquear.

**gain,** *s;* ganancia, beneficio, lucro, interés.

**galley-proof,** *s;* galerada.

**gallon,** *s;* galón *(medida para líquidos: en Inglaterra, 4.57 litros; en EE. UU., 3.78 litros; medida para áridos: 1/8 de bushel).*

**gamble,** *s;* juego, empresa arriesgada; *v.* especular, aventurarse.

**garden,** *s;* huerta, huerto; jardín; — - **stuff,** hortalizas, legumbres, frutas.

**gardener,** *s;* jardinero; hortelano.

**gardening,** *s;* horticultura, jardinería.

**gas,** *s;* gas; — - **fitting,** instalación de gas; — - **pipe,** tubo o canalización de gas; — **meter,** contador de gas; — - **works,** fábrica de gas; — **holder** *or* **tank,** gasómetro.

**gather,** *v;* reunir, acumular; cosechar.

**gauge,** *s;* galga; anchura (entre rieles) de una línea férrea. (V. *Gage); v.* comprobar, apreciar.

**genuine,** *a;* genuino, legítimo, verdadero, auténtico.

**get,** *v; (pret. got; pp. got* o *gotten),* ganar, adquirir, obtener; **to — through with,** acabar con.

**getting,** *s;* adquisición, provecho, ganancia.

**gift,** *s;* donación; donativo, dádiva, obsequio, regalo.

**give,** *v; (pret. gave; pp. given),* dar, donar; — **away,** malvender; — **back,** devolver; — **over,** desistir; — **up,** abandonar, renunciar; — **in,** ceder, consentir.

**giver,** *s;* dador, donante.

**glass,** *s;* vidrio; — **case,** escaparate.

**go,** *v; (pret. went; pp. gone),* ir, caminar, marchar, funcionar; tener participación en; **to — halves,** ir a medias; **to — off quickly, slowly,** venderse rápidamente, lentamente *(un artículo).*

**gold,** *s;* oro; — **bullion,** oro en barras, en bruto, virgen; — **coin,** moneda de oro; oro sellado; — **currency,** moneda de oro; — **dollar,** peso oro; — -

dust, oro en polvo; — ingots, oro en lingotes, en barra, tejos de oro; — nuggets, oro en pasta, virgen; — leaf, pan de oro.

goldsmith, s; orífice.

good, a; bueno, sólido, abonado; — bills of exchange, buen papel; — - will, clientela; incidentes de comercio; to make —, probar, hacer valer, justificar (deficiencias, reclamaciones, etc.); to make —, reparar, indemnizar, compensar; to hold —, subsistir, continuar en toda su fuerza; — and collectable, valedero y cobrable; — for nothing, sin valor; inútil; in — time, a tiempo, con oportunidad; in — order, en buen estado; — conditioned, bien acondicionado.

goods, s; mercancías, artículos, géneros, efectos, e n s e r e s; bonded —, géneros en depósito.

govern, s; gobernar, mandar, dirigir, manejar.

government, s; gobierno.

grain, s; grano; cualquier cereal; grano (peso equivalente a 0.06 gramos).

gram, s; gramo.

granary, s; granero, alhóndiga.

grange, s; granja, alquería, cortijo, hacienda, granero.

grant, v; conceder, ceder, permitir; to take for — ed, dar por supuesto, por sentado.

grantee, s; cesionario, donatario, adjudicatario, concesionario.

grape, s; uva; vid.

grass, s; hierba, yerba; herbaje, pasto.

grateful, a; agradecido, reconocido; grato.

gratis, adv.; gratis.

gratitude, s; gratitud, reconocimiento, agradecimiento; to show —, agradecer.

gratuity, s; gratificación, remuneración, recompensa, propina.

greenback, s; papel moneda de la nación; billetes del gobierno.

grind, v; (pret. y pp., ground), moler, triturar.

grinder, s; molinero, molino.

grinding, s; molienda, moledura, pulverización; — - mill, trapiche; sugar-cane —, molienda de caña.

grocer, s; especiero, abacero, tendero, pulpero, abarrotero; —'s shop, almacén de comestibles, (Sp. Amer.) abarrotes, tienda de abarrotes, pulpería, bodega; (Spain) tienda de ultramarinos, abacería.

grocery, s; abacería, tienda de comestibles, de ultramarinos; pl. comestibles, víveres; (Sp. Amer.) víveres, abarrotes; imported — ies, ultramarinos.

gross, a; grueso, bruto; — amount, importe total; — profit, beneficio bruto; — weight, peso bruto; s. gruesa (doce docenas); by the —, por gruesas; por mayor; in —, en grueso, por junto, en conjunto; small —, diez docenas.

ground, s; tierra, terreno; causa, fundamento; v. fundar, cimentar, apoyar, fundamentar.

grow, v; (pret. grew; pp. grown), crecer, cultivar; to — into fashion, hacerse de moda; .to

— **out of fashion,** pasar de moda; **to — rich,** enriquecerse.

**grower,** *s;* labrador, cultivador; productor.

**growth,** *s;* crecimiento; producción; cosecha.

**guarantee,** *v;* garantir, garantizar, abonar, afianzar, responder por, salir fiador o responsable; **to — a credit,** afianzar un crédito; *s.* afianzamiento; persona de quien sale fiadora.

**guarantor,** *s;* garante, fiador.

**guaranty,** *s;* garantía, fianza, prenda, resguardo; **to give —,** dejar señal (*o* paga y señal).

**guard,** *v;* custodiar.

**guess,** *v;* suponer, pensar, imaginar, barruntar.

**guest,** *s;* huésped; convidado.

**guide,** *s;* guía, conductor, director; pauta, modelo; **— - book,** guía del viajero.

**guild,** *s;* gremio, comunidad, corporación.

**guinea,** *s;* guinea (*antigua moneda inglesa de 21 chelines*).

**gun,** *s;* arma de fuego; cañón; fusil, carabina, escopeta; **double-barrelled —,** escopeta de dos **cañones.**

# H

**haberdasher,** s; camisero, mercero, tendero.

**haberdashery,** s; camisería, mercería; artículos para caballeros.

**habit,** s; práctica, costumbre, uso, rutina.

**haggle,** v; regatear.

**half,** s; (pl. **halves**), mitad; — **and** —, mitad y mitad; **by halves,** por mitades; **to go by** —, ir a medias; a. medio, semi, casi.

**hand,** s; mano; **in** —, de contado, dinero en mano; entre manos; **on the one** —, por una parte; **under my** —, firmado de mi puño y letra; **to lend a** —, dar una mano, ayudar; **to have free** — **s,** tener las manos libres (para obrar); **to buy at first** —, comprar de primera mano; **second** - —, de segunda mano; de lance; **short** - —, taquigrafía; v. dar, entregar, poner en manos, pasar; **to** — **round** or **around,** hacer pasar, pasar de uno a otro.

**handiwork,** s; obraje; artefacto.

**handle,** v; manejar; manipular; tratar, comerciar en.

**handling,** s; manejo.

**handwriting,** s; carácter de letra, escritura.

**hang,** v; (pret. y pp. **hung** o **hanged**), colgar, pender.

**happen,** v; ocurrir, suceder, acontecer, pasar.

**happily,** adv.; felizmente.

**harbo(u)r,** s; puerto; — **master,** capitán del puerto; — - **dues,** derechos de puerto; **inner** —, dársena.

**hard,** a; duro; difícil; penoso; **to be** — **up,** estar a la cuarta pregunta.

**hardware,** s; ferretería, quincallería, quincalla; — **store,** ferretería, quincallería.

**harness,** s; atelaje, arreo, arnés; — - **maker,** talabartero.

**harvest,** s; cosecha, siega, recolección; v. cosechar, segar.

**hasten,** v; apresurarse, darse prisa.

**hat,** s; sombrero; — **box** (or **case**), sombrerera; — **money** (mar.), capa.

**have,** v; (pret. y pp. **had**); haber, tener; **to have to do with,** tener que ver con, tener relación con.

**haven,** s; puerto, fondeadero, asilo.

**hawker,** s; buhonero, mercachifle, revendedor.

**hazard,** s; peligro; azar; v. arriesgar; aventurar.

**head,** s; cabeza, jefe; — **of a firm,** jefe de una casa, principal; — **of cattle,** res, cabeza de ganado; — **office,** casa matriz; **at the** —, a la cabeza; **to have neither — nor tail,** no tener pies ni cabeza; — - **line,** título, epígrafe.

**heading,** s; encabezamiento; membrete.

**health,** s; salud, sanidad; **Board of** —, Junta de Sanidad; **bill of** —, patente de sanidad.

**hear,** v; (pret. y pp. heard), oír, enterarse; tener noticias

**hectare,** s; (2 1/3 acres), hectárea.

**hectoliter,** s; (áridos: 2.84 bushels; líquidos: 26.42 gallons), hectolitro.

**heir,** s; heredero; — **apparent,** heredero forzoso; — - **law,** heredero legal; **joint** —, coheredero.

**help,** s; auxilio; v. auxiliar, favorecer.

**hemp,** s; cáñamo; **Manila** —, abacá; **sisal** —, henequén.

**hempen,** a; de cáñamo; — - **cord,** bramante.

**hen,** s; gallina; hembra de cualquier ave.

**herewith,** adv.; con esto, junto con esto, adjunto.

**heritage,** s; herencia.

**hide,** s; cuero, piel, pellejo; **raw** —, cuero al pelo; **winter raw — or winter raw hair,** cuero

de invierno o pelo de invierno.

**high,** a; alto.

**hindrance,** s; impedimento, obstáculo; perjuicio; daño.

**hint,** s; indirecta, insinuación; v. insinuar, aludir.

**hire,** v; alquilar, arrendar; s. alquiler, arriendo.

**hoard,** v; acaparar, acumular secretamente, atesorar.

**hold,** v; (pret. y pp. held), tener, aguantar, sostener; ocupar; guardar, conservar; **to** — (a meeting), tener lugar un mitin, celebrarse un mitin; **to** — **fast to,** afirmarse en; **to** — **good,** sostener firme; valer, ser válido; **to** — **out,** mantenerse firme, aguantar; **to** — **out for,** pretender, exigir; **tö** — **to** (a promise), atenerse a (una promesa); s. bodega (de un buque).

**holder,** s; tenedor, portador, poseedor; **bond** - —, obligacionista, tenedor de bono; **stock** —, accionista.

**holdover,** s; suma que pasa de una página o cuenta a otra.

**holiday,** s; día de fiesta, día feriado.

**honest,** a; fiel, honrado.

**hono(u)r,** s; honra, reputación, fama; **act of** —, acto o protesta de intervención; v. honrar; **to** — **a bill of exchange,** aceptar, honrar, acoger, dar buena acogida, satisfacer una letra de cambio; **to be** — **ed with your confidence,** ser honrado con su confianza.

**hope,** s; esperanza; confianza; **to cherish the** —, abrigar la esperanza; **to relinquish any**

—, perder toda esperanza; **to fulfil** — **s,** corresponder a las esperanzas; *v.* esperar, confiar.

**hour,** *s;* hora; **after** - — **s, over-** — **s,** *(of work),* horas extraordinarias *(de trabajo);* **to fix an** —, dar hora; **spare** - — **s,** h o r a s disponibles, libres; **working** — **s,** horas de trabajo.

**house,** *s;* casa; casa de comercio; edificio; **export** —, casa exportadora; **import** —, casa importadora; **banking** —, casa de banca; **business** —, casa de comercio, casa mercantil; **a** — **of standing,** una buena firma; *v.* albergar, almacenar.

**household,** *s;* casa, familia; — **goods and chattels,** mobiliario; — **furniture,** ajuar, menaje de una casa.

**hulk,** *s; (mar.),* casco arrumbado *(de un buque).*

**hull,** *s; (mar.),* casco del buque.

**humbug,** *s;* farsa, charlatanismo, camama, bola, embuste.

**hundred,** *a;* ciento; *s.* centena, centenar, un ciento; **by** — **s,** a centenares.

**hundredth,** *a;* centésimo.

**hundredweight,** *s;* cien libras, un quintal.

**hurry,** *s;* prisa; *v.* acelerar, activar, apresurar.

**hypothecary,** *a;* hipotecario.

**hypothecate,** *v;* hipotecar, empeñar, pignorar.

**hypothecation,** *s;* hipoteca, pignoración.

# I

**identical,** *a;* idéntico.

**identifiable,** *a;* identificable.

**identification,** *s;* identificación; **letter of** —, carta de identificación.

**identify,** *v;* identificar; reconocer, establecer la identidad.

**ignore,** *v;* no hacer caso de; no hacerle caso *(a una persona); law,* dar un fallo de «no ha lugar».

**illegal,** *a;* ilegal.

**illegality,** *s;* ilegalidad.

**illegible,** *a;* ilegible.

**illegitimacy,** *s;* ilegitimidad.

**illicit,** *a;* ilícito, ilegal.

**immigrant,** *s;* inmigrante, emigrado.

**immigrate,** *v;* inmigrar.

**immigration,** *s;* inmigración.

**immovable,** *a;* inmovible; inmueble; *pl.* bienes raíces.

**impair,** *v;* perjudicar.

**impasse,** *s;* callejón sin salida.

**imperishable,** *a;* indestructible.

**implement,** *s;* herramienta; instrumento; *pl.* aperos, enseres, utensilios, útiles.

**import,** *s;* importación; — **duty** derechos de importación; — **trade,** comercio de importación; **to do** — **business,** hacer el comercio de importación; — **house** *(or* **firm),** casa de importación o casa importadora; *v.* importar; — **ed goods,** géneros de importación, importación, importaciones.

**importation,** *s;* importación.

**importer,** *s;* importador.

**imposition,** *s;* imposición; impostura, engaño.

**impost,** *s;* impuesto, contribución.

**impostor,** *s;* estafador.

**impression,** *s;* impresión, estampa; marca, señal.

**improve,** *v;* subir, aumentar de valor, estar en alza; aprovechar; mejorar, perfeccionar; progresar, trabajar.

**improvement,** *s;* mejora, progreso, mejoramiento.

**impugn,** *v;* impugnar.

**imputation,** *s;* imputación.

**impute,** *v;* imputar.

**inability,** *s;* inhabilidad, incapacidad

incapable, *a;* incápaz, incompetente, inhábil, inepto.

incapacity, *s;* incapacidad, inhabilidad, incompetencia, insuficiencia.

inch, *s;* pulgada (2.54 centímetros); — board, tablón de a pulgada de grueso.

inclose, *v;* incluir, acompañar, adjuntar.

inclosed, *a;* adjunto, incluso.

inclosure, *s;* inclusión, anexo, contenido (cartas o documentos inclusos, anexados).

include, *v;* incluir, abarcar, comprender, encerrar.

inclusive, *a;* inclusivo.

inclusively, *adv.;* inclusive, inclusivamente.

income, *s;* renta, entrada, ingreso, haber, rédito, rendimiento: sueldo; — tax, impuesto sobre la renta.

incompetence, *s;* incompetencia, incapacidad, inhabilidad.

incompetent, *a;* incompetente, incapaz, inhábil, inepto.

incontrollable, *a;* incontrastable.

incorporate, *v;* incorporar, constituir.

incorporation, *s;* incorporación, organización, asociación.

increase, *s;* aumento, alza, desarrollo, incremento; to be on the —, ir en aumento; *v.* crecer, tomar cuerpo, aumentar, acrecentar; to — in price, subir de precio, encarecer.

increment, *s;* incremento, aumento, crecimiento.

incur, *v;* incurrir, contraer; to — debts, contraer deudas, adeudarse.

indebted, *a;* adeudado, endeudado, empeñado, cargado de deudas.

indebtedness, *s;* deuda, pasivo; obligación; adeudo.

indeed, *adv.;* verdaderamente, de veras, claro está.

indemnification, *s;* indemnización, resarcimiento.

indemnify, *v;* indemnizar, resarcir, compensar, reparar, abonar.

indemnity, *s;* indemnización, resarcimiento; indemnidad; — bond, contrafianza.

indenture, *s;* escritura, contrato.

index, *s;* indicio, señal; indicador, índice, tabla (de materias).

indirect, *a;* indirecto.

indorse, *v;* endosar; garantizar, abonar.

indorsee, *s;* endosado, cesionario, portador.

indorsement, *s;* endoso, garantía, aval; blank —, endoso en blanco; full —, endoso completo; full —, endoso a la orden; qualified —, endoso condicional.

indorser, *s;* endosante, cedente.

indulge, *v;* abandonarse; — in, entregarse a, permitirse el placer de, darse el lujo de.

industry, *s;* industria, fabricación, labor, trabajo; agricultural —, industria agrícola; cattle —, industria pecuaria o ganadera; manufacturing —, industria fabril o manufacturera; national —, industria nacional.

infer, *v;* inferir; suponer, conjeturar.

**inflation,** *s;* inflación (en los precios); emisión excesiva de papel moneda.

**inform,** *v;* informar, avisar, participar, notificar, enterar.

**information,** *s;* información, noticia, aviso; datos.

**ingot,** *s;* lingote.

**ingredient,** *s;* ingrediente.

**inherit,** *v;* heredar.

**inheritance,** *s;* herencia, patrimonio.

**inheritor,** *s;* heredero.

**injunction,** *s;* mandato.

**injure,** *v;* injuriar, ofender, agraviar; perjudicar, dañar, lastimar.

**injury,** *s;* perjuicio, daño.

**ink,** *s;* tinta; **India - —,** tinta china; **copying —,** tinta de copiar; **— - pad,** tampón.

**inkstand,** *s;* tintero.

**inland,** *a;* interior del país; **— commerce** (*or* **trade**), comercio nacional; **— navigation,** navegación nacional.

**inn,** *s;* hostal, mesón, parador, posada, fonda.

**innocuous,** *a;* innocuo, inofensivo.

**innovation,** *s;* innovación.

**input,** *s;* gasto, consumo; dinero invertido.

**inquire,** *v;* inquirir, preguntar, averiguar.

**inquiries,** *s;,* informaciones, datos, pesquisas.

**ins and outs.** Debe y Haber; secretos; fases.

**insane,** *a;* loco.

**inside,** *prep.;* dentro de; **— information,** informes confidenciales.

**insist,** *v;* insistir, persistir.

**insolvency,** *s;* insolvencia.

**insolvent,** *a;* insolvente; **to become —,** quebrar.

**inspect,** *v;* reconocer, registrar, examinar, investigar, inspeccionar.

**inspection,** *s;* inspección, registro, examen, reconocimiento, visita.

**inspector,** *s;* inspector, superintendente, interventor, contralor; **— of weights and measures,** almotacén, inspector de pesos y medidas.

**install,** *v;* instalar; colocar.

**installation,** *s;* instalación, montaje.

**instal(l)ment,** *s;* plazo; entrega, cuota; instalación; **by — s,** a plazos, por plazos.

**instance: for —,** por ejemplo.

**instant,** *s;* mes corriente, actual; **the 3rd. —,** el tres del corriente; **your letter of the 3rd. —,** su carta fecha tres del actual.

**institute,** *v;* instituir, establecer, fundar, crear; **to — legal proceedings,** entablar demanda.

**instruct,** *v;* instruir, enseñar; dar instrucciones, órdenes; ordenar.

**instrument,** *s;* instrumento, documento; utensilio, herramienta.

**insulate,** *v; (electr.),* aislar.

**insulation,** *s; (electr.),* materiales usados para aislar.

**insulator,** *s; (electr.),* aislador.

**insurance,** *s;* seguro, aseguración; **marine —,** seguro marítimo; **mutual —,** seguro mutuo; **fire, burglary, accident**

—, seguro contra incendio, robo, accidente; — **against all risks,** seguro contra todo riesgo; **life** —, seguro sobre la vida; — **contract,** contrato de seguro; **policy** —, póliza de seguro; — **rate,** tipo o tasa de seguro; — **company,** compañía de seguros; — **agent,** agente de seguros; — **premium,** prima de seguro.

**insure,** *v;* asegurar; afianzar.

**insured,** *a;* asegurado; — **for ... dollars,** asegurado en ... pesos.

**insurer,** *s;* asegurador.

**intelligence,** *s;* noticia, aviso, informe; **to give** —, dar aviso.

**intend,** *v;* pensar hacer; **to — to do** (something), pensar hacer algo.

**intercourse,** *s;* comercio, tráfico; correspondencia, trato.

**interest,** *s;* interés, rédito; participación en una empresa; **accrued** —, intereses acumulados; **back — s,** intereses atrasados; **bank** —, interés bancario; **compound** —, interés compuesto; **cumulative** —, interés acumulativo; **simple** —, interés simple; — **due,** intereses vencidos; — **and discount account,** cuenta de intereses y descuentos; **rate of** —, tasa o tipo de interés: **to add the — to the capital,** añadir los intereses al capital; **to lend, place money out at** —, prestar, colocar dinero a interés; **to borrow** (*or* take) **money at** —, tomar dinero a interés; **to bear** —, redituar, devengar intereses, rentar; *v.* interesar.

**interested,** *a;* interesado; **to be — in,** interesarse en o por.

**interlope,** *v;* traficar sin licencia.

**intermediary,** *a* y *s;* intermediario.

**interpreter,** *s;* intérprete.

**interview,** *s;* entrevista, conferencia.

**intestate,** *a;* intestado.

**intrinsic(al),** *a;* intrínseco.

**introduction,** *s;* introducción, presentación.

**intrust,** *v;* confiar.

**inventory,** *s;* inventario; *v.* inventariar, hacer un inventario.

**invest,** *v;* invertir, interesar, emplear, imponer, colocar dinero.

**investigate,** *v;* investigar, averiguar, inquirir, examinar, buscar, registrar.

**investigation,** *s;* investigación, examen; pesquisa.

**investment,** *s;* inversión, empleo, colocación.

**invoice,** *s;* factura; **consular** —, factura consular; **consignment** —, factura de consignación; — **cost,** coste según factura; — **book,** libro de facturas; — **form,** formulario de facturas; **pro forma** —, factura simulada; **receipted, legalized** —, factura pagada, legalizada; **to cover an** —, cubrir el importe de una factura: **to make out an** —, extender una factura; **settlement of** — **s,** liquidación de facturas; — **price,** precio de factura; — **clerk,** facturista, facturero, facturador; **as per** —, según factura; *v.* facturar, hacer una factura.

**involved,** *a;* complicado, comprometido; — **in a bankruptcy,** comprometido en una quiebra.

**iron,** *s;* hierro; — **- foundry,**

fundición de hierro; — **safe,** caja de hierro, de caudales, caja fuerte; — - **works,** ferrería, herrería; **bar** —, hierro en barras o cuadrado; **pig** —, hierro en lingotes; **round** —, hierro redondo, cabilla; **flat** —, hierro en barra plana; → **plate,** chapa *(o plancha)* de hierro; **corrugated** —, plancha ondulada de hierro; **cast** —, hierro colado; **forged** —, hierro forjado; **wrought** —, hierro dulce.

**ironware,** *s;* ferretería.

**irregular,** *a;* irregular; informal.

**irrigate,** *v;* regar, irrigar.

**irrigation,** *s;* irrigación, riego, regadura.

**issue,** *s;* edición, tirada (de un periódico, libro, etc.), impresión, emisión de valores; *v.* librar, poner en circulación; emitir un empréstito.

**item,** *s;* partida, artículo, renglón; *adv.;* ítem.

**ivory,** *s;* marfil; — **nut,** marfil vegetal.

# J

**jam,** *s;* compota, conserva.

**January,** *s;* enero.

**jar,** *s;* jarro; vaso.

**jettison,** *s;* echazón; arrojar al mar la carga, o parte de la carga, de un buque.

**jewel,** *s;* joya.

**job,** *s;* tarea, destajo; trabajo, ocupación, empleo; — **lot,** *mercancías diversas vendidas, en montón;* **by the** —, a destajo; **to sell as a** —, vender por partidas *(o saldo);* v. trabajar a destajo, hacer el destajo; subarrendar; cambalachear; **to** — **in stocks,** hacer el agiotaje.

**jobber,** *s;* agiotista, destajero; traficante, medianero, corredor, tratante; **petty** —, mercachifle.

**jobbing,** *s;* agiotaje, agio.

**joint,** *s;* juntura, junta, unión, empalme, conexión; → **account,** cuenta a mitad, a medias, en participación; — **and several,** mancomunado; — **consent,** común acuerdo; — **bank,** banco por acciones; sociedad bancaria anónima; — **company,** sociedad en participación; sociedad en comandita; — - **stock company,** compañía por acciones; sociedad anónima; — **owner,** copropietario; — **ownership,** condominio; — **partner** (en el arriendo o alquiler de algo) coarrendatario; — **tenant,** inquilino en común con otro; terrateniente pro indiviso; → **property,** propiedad indivisa; — **stock,** capital social; fondo social; fondos en común.

**jointly,** *adv.;* en mancomún, mancomunadamente; — **liable,** solidario; — **and severally,** todos y cada uno de por sí, mancomunadamente.

**journal,** *s;* diario, periódico; libro diario; **to keep a** —, llevar un diario (libro-diario comercial).

**journey,** *s;* viaje, pasaje.

**journeyman,** *s;* jornalero; oficial.

**judge,** *s;* juez, magistrado; perito, conocedor; v. juzgar, estimar, fallar, sentenciar.

**judgment,** *s;* juicio, criterio, opinión, dictamen, fallo, sentencia.

**judicial,** *a;* judicial; — **action,** litigio, pleito judicial; — **notice,** citación: — **proceeding,** diligencia.

**juiceless,** *a;* seco, sin jugo, sin zumo.

**juicy,** *a;* jugoso.

**July,** *s;* julio.

**June,** *s;* junio.

**junior,** *s;* hijo menor; — **partner,** socio menor; **Mr. N. Jr,** Sr. N. hijo.

**juridical,** *a;* jurídico, judicial.

**jury,** *s;* jurado; **trial by —,** juicio por jurado.

**just,** *a;* justo, exacto, recto; — **now,** ahora mismo, poco hace.

**justice,** *s;* justicia, derecho, juez, — **of the peace,** juez de paz.

**jute,** *s;* yute.

# K

**keel,** *s;* quilla.

**keep,** *v;* guardar, tener, mantener; **to — books,** llevar los libros.

**keeper,** *s;* tenedor; **book —,** tenedor de libros.

**keg,** *s;* cuñete, barrilito, barrica.

**key,** *s;* llave; clave.

**kid,** *s;* cabrito; cabritilla.

**kilogram,** *s;* kilogramo.

**kilogrammeter,** *s;* kilográmetro.

**kilometer,** *s;* kilómetro.

**kind,** *s;* género, clase, especie, estilo; amable, bondadoso; **in —,** con productos o mercancías (en vez de dinero); **to be so — as to,** tener la bondad de.

**knot,** *s;* nudo, milla náutica (1.850 metros).

**know,** *v; (pret. knew; pp. known),* conocer, saber; **to — how,** saber la manera, saber cómo; **to — of,** saber de, tener noticia de, estar informado de.

**knowledge,** *s;* conocimiento, noticia; **to our —,** que nosotros sepamos.

# L

**label** *s;* marbete, etiqueta, rótulo, letrero, marca; *v.* rotular, marcar.

**labo(u)r,** *s;* trabajo, labor; — **saving,** que ahorra trabajo; — **troubles,** la cuestión obrera; **Department of L —,** Ministerio del Trabajo; *v.* trabajar, labrar.

**labo(u)rer,** *s;* peón, jornalero, trabajador, obrero, labrador, bracero.

**laborious,** *a;* laborioso, trabajador.

**lace,** *s;* encaje, blonda; cinta.

**lack,** *s;* falta, carencia, escasez, necesidad; *v.* carecer.

**laden,** *a;* abarrotado, cargado.

**lading,** *s;* carga, cargamento, flete, cargazón; **bill of —,** conocimiento de embarque; **railroad bill of —,** talón resguardo, guía, carta de porte (de ferrocarril).

**lamb,** *s;* cordero.

**land,** *s;* tierra; posesiones, bienes raíces, hacienda; — **agent,** corredor de fincas rurales; — **tax,** contribución territorial, impuesto de arraigo, impuesto de tierras; — **ed estate,** propiedad; *v.* desembarcar; **to — goods,** descargar (mercaderías).

**landholder,** *s;* hacendado, terrateniente.

**landing,** *s;* desembarco, desembarque; — **place,** desembarcadero.

**landlord,** *s;* propietario (de tierras o casas); dueño, amo, patrón, arrendador.

**lapse,** *s;* caída, lapso; intervalo de tiempo; error, equivocación.

**larboard,** *s;* babor.

**last,** *a;* último; final, extremo; pasado; **at —,** al fin, finalmente; — **night,** anoche; — **year,** el año pasado; — **but one,** penúltimo.

**late,** *a;* atrasado; — **est news** (*or* **fashion**), novedad; — **arrival,** recién llegado; **too —,** demasiado tarde; **of —,** de poco tiempo acá; **the — Mr. N,** el fallecido Sr. N.

**launch,** *s;* lancha; *v.* lanzar *(un producto nuevo).*

**law,** *s;* ley, derecho, estatuto; — **charges,** gastos judiciales; — **courts,** tribunales; **civil —,**

derecho civil; **commercial —,** derecho mercantil; **common —,** derecho común; **criminal —,** derecho penal; **international — (or law of nations),** derecho de gentes; **maritime (or shipping) —,** derecho marítimo; **naval —,** código naval; **patent —,** ley de patentes; **by —,** según la ley; **by - — s,** reglamento, estatutos.

**lawful,** a; legal, lícito.

**lawsuit,** s; pleito, proceso, litigio, querella, causa, litigación; **to enter a —,** entablar demanda.

**lawyer,** s; abogado, letrado, jurisperito, jurisconsulto, jurista.

**lay,** v; (pret. y pp. laid), poner; **to — in,** hacer provisión de, comprar; **to — out,** desembolsar, gastar; **to — up,** acumular, atesorar, almacenar; **to — the blame on another,** echar ia culpa a otro.

**lead,** s; plomo; v. conducir; acaudillar.

**leadership,** s; dirección, jefatura; dotes de mando.

**league,** s; liga, alianza, unión, confederación; legua.

**leak,** s; (mar.), vía de agua; goteo, filtración, escape; **to spring a —,** hacer agua un barco; **to fother a —,** cegar una vía de agua; v. gotear, hacer agua, derramarse; **the ship leaks,** el buque hace agua; **a barrell that leaks,** barril que gotea, rezuma, derrama.

**leakage,** s; avería, pérdida, merma, derrame.

**leap-year.** Año bisiesto.

**learn,** v; (pret. y pp. learned or learnt), enterarse de, tener noticia de, saber.

**lease,** s; arriendo, escritura (o contrato) de arrendamiento; inquilinato; v. arrendar

**leasehold,** s; censo; inquilinato.

**least,** a; menor, mínimo; adv. menos, lo menos; **not in the —,** de ninguna manera.

**leather,** s; cuero.

**leave,** v; (pret. y pp. left), dejar, marcharse, irse; **to — out,** omitir, olvidar, descuidar.

**ledger,** s; libro mayor; **— - balance,** balance del libro mayor; **to balance the —,** saldar el libro mayor; **to keep the —,** llevar el mayor.

**legacy,** s; legado, herencia; **— duty,** derechos de herencia.

**legal,** a; legal, legítimo; **— action,** pleito, proceso; **— capacity,** personalidad, tener capacidad legal; **— course,** vía de derecho; **to seek — aid,** acudir a las leyes; **to take — proceedings,** proceder legalmente, instruir causa, entablar pleito, demandar; **— tender,** moneda corriente.

**legality,** s; legalidad.

**legalization,** s; legalización, refrendación.

**legalize,** v; legalizar, autorizar.

**legatee,** s; legatario.

**legation,** s; legación, embajada.

**legator,** s; testador.

**legible,** a; legible, leíble.

**legislation,** s; legislación.

**legitimacy,** s; legitimidad.

**lend,** v; (pret. y pp. lent), prestar.

**lender,** s; prestamista.

**less,** a; menor; menos; **lesser,** más pequeño.

**lessee,** s; arrendatario, inquilino, locatario.

**lessen,** v; aminorar, disminuir.

**lest,** conj.; no sea que, para que no, de miedo que.

**lessor,** s; arrendante, arrendador.

**let,** v; (pret. y pp. let), alquilar, arrendar; **house to —,** casa por alquilar; se alquila esta casa.

**letter,** s; carta, comunicación; **open, registered, circular, prepaid, unpaid, misstamped, dead, mandatory, miscarried, undelivered, personal —,** carta abierta, certificada, circular, franqueada, no franqueada, insuficientemente franqueada, devuelta (o no reclamada), orden, perdida, devuelta (por ser desconocido el destinatario), particular; **— of advice, of credit, of introduction, of recommendation, of condolence, of inquiry,** carta de aviso, de crédito, de presentación, de recomendación, de condolencia (o pésame), de informes; **— of attorney,** poder, procuración; **— - balance,** pesacartas; **— - book,** copiador de cartas; **— - box,** buzón; **— - carrier,** cartero; **— - case,** carpeta, cartera; **— - clip,** sujetapapeles; **— - file,** archivo, cartera, guardacartas; **— head,** membrete; **— sorting-rack,** casillero; **— weight,** pisapapeles; **— - writing,** correspondencia epistolar; **general delivery (or poste restante) —,** carta en lista de correo; **to address a —,** poner las señas a una carta, dirigir una carta; **to post a —,** echar una carta al correo.

**levy,** s; gravamen, exacción de tributos, recaudación; v. embargar, recaudar.

**liability,** s; obligación, responsabilidad, pasivo; pl. deudas, pasivo; **joint —,** responsabilidad solidaria; **limited — company,** sociedad cuyos socios tienen responsabilidad limitada.

**liable,** a; obligado, responsable.

**library,** s; biblioteca.

**license,** s; licencia, permiso, pase, autorización, patente; v. licenciar, autorizar, permitir, faltar.

**lien,** s; prenda, fianza; obligación, gravamen, embargo.

**life,** s; vida; **— annuity,** renta vitalicia; **— insurance (or assurance),** seguro de vida; **— belt,** cinturón salvavidas; **— boat,** bote salvavidas; **from —,** del natural.

**lift,** s; elevación; ascensor; v. levantar; extinguir (una hipoteca).

**light,** a; ligero, liviano; luz; **— gold,** oro falto de peso; **— weight,** peso falso; **running — s,** luces de situación o de costado; **— dues (or light money),** derechos de faro.

**lighten,** v; descargar, alijar; aligerar.

**lighter,** s; lanchón, gabarra; lancha, embarcación de alijo.

**lighterage,** s; alijo, gabarraje, lanchaje.

**lighthouse,** s; faro; **— charges,** derechos de faro.

**like,** adv.; del mismo modo; prep. como; v. gustar.

**likely,** a; probable.

**likewise,** adv.; asimismo, igualmente; del mismo modo.

**limit,** s; límite; v. limitar, restringir.

**limited,** a; limitado; — **liability company,** compañía de responsabilidad limitada; — **partnership,** sociedad en comandita.

**line,** s; renglón, surtido, clase; — **of business,** ramo, género de negocio; giro.

**linen,** s; hilo, lino, lienzo; — - **drapper's shop,** lencería; — **trade,** lencería; — - **prover,** cuentahilos.

**liner,** s; vapor regular de una línea establecida.

**liquid,** a; líquido; — **assets,** valores realizables.

**liquidate,** v; liquidar, saldar, ajustar, descargar (cuentas).

**liquidation,** s; liquidación.

**lira,** s; lira (unidad monetaria de Italia).

**list,** s; lista, nómina, catálogo, tabla.

**listen,** v; escuchar, oír; atender.

**liter,** s; litro.

**litigate,** v; litigar, pleitear.

**litigation,** s; litigio, litigación, pleito.

**little,** a; pequeño; adv. poco.

**livestock,** s; ganado, bienes semovientes.

**Lloyd,** s; Lloyd; —'s **Register,** registro del Lloyd; **North German** —, Lloyd alemán.

**load,** s; carga, peso; **boat** —, barcada; **ship** - —, cargamento de un buque; — **line,** línea de flotación; v. cargar.

**loader,** s; cargador.

**loading,** s; carga; — **capacity,** porte.

**loan,** s; préstamo, empréstito; comodato; — **on landed se-**

**curities,** crédito territorial; **government** —, empréstito público; **mortgage** —, préstamo hipotecario; **realty** —, préstamo sobre bien raíces; **on** —, a préstamo; v. prestar.

**lock,** s; cerradura, cerraja; **pad** —, candado; **safety** —, cerradura de seguridad; v. cerrar con llave.

**long,** a; largo; **so** — **as,** mientras, en tanto que.

**longshoreman,** s; estibador.

**look,** v; mirar; — **after,** cuidarse de.

**loose,** a; suelto, solo; **a** — **copy,** número, ejemplar suelto (de un periódico, libro, etc.).

**lose,** v; (pret. y pp. lost), perder.

**loss,** s; pérdida, daño, quebranto, merma; — **at sea,** siniestro marítimo; **at a** —, con pérdida; **profit and** —, ganancias y pérdidas.

**lot,** s; lote, partida; cuota; — **s,** partidas, lotes, mercancías variadas; **in** — **s,** en lotes; — **s of troubles,** muchas molestias.

**low,** a; bajo, barato, pequeño, reducido; — **price,** precio bajo; — - **priced,** barato.

**lower,** a; más bajo, inferior; **at a** — **price,** a menos precio; v. bajar, rebajar, disminuir.

**lubricant,** s; lubricante.

**lubricate,** v; lubricar, engrasar.

**lubrication,** s; lubricación.

**luck,** s; suerte.

**lucrative,** a; lucrativo.

**luggage,** s; equipaje.

**lump: by the** —, a bulto, en globo, a ojo, por grueso o por junto.

**luxury,** s; lujo, gastos superfluos; pl. artículos de lujo.

# M

**macadam,** *s;* macadán; pavimento, afirmado de macadán.

**machine,** *s;* máquina; — - **made,** hecho a máquina, mecánico; — - **shop,** taller de maquinaria; **adding -** —, máquina de sumar o de calcular; **sewing** —, máquina de coser; **writing** - —, máquina de escribir.

**machinery,** *s;* maquinaria; **agricultural** —, maquinaria agrícola.

**mackintosh,** *s;* capote; tela impermeable.

**magazine,** *s;* almacén; cámara para cartuchos en un rifle de repetición; — - **rifle,** rifle de repetición.

**magnifier,** *s;* amplificador, vidrio de aumento, lente.

**mail,** *s;* correo, correspondencia; mala, valija; — - **bag,** mala, valija; — - **box,** apartado de correos, buzón; — **day,** día de correo, día de mala; — - **steamer,** vapor correo; — - **train,** tren correo; **by** —, por correo; **by next** —, por el próximo correo; **by return** —, a vuelta de correo; **by this day's,** **by yesterday's** —, por el correo de hoy, de ayer; **by last**

—, por último correo; **America** —, correo de América.

**main,** *a;* principal, mayor; — **office,** casa matriz.

**maintain,** *v;* mantener.

**maize,** *s;* maíz.

**make,** *v; (pret. y pp. made),* hacer, fabricar, elaborar, ganar; **to** — **a bid,** hacer posturas, ofrecer; **to** — **a payment,** efectuar o verificar un pago; **to** — **a profit,** sacar ganancia, tener beneficio; **to** — **an affidavit,** declarar bajo juramento; **to** — **an allowance,** hacer una rebaja; **to** — **an entry,** asentar una partida; **to** — **inquiries,** tomar informes, informarse; **to** — **money,** hacer dinero; **to** - - **payable,** hacer pagadero; **to** — **good,** indemnizar, resarcir; **to** — **out a check, an invoice,** **etc.,** extender o expedir un cheque, una factura, etc.; **to** — **up an account,** ajustar, balancear, cerrar una cuenta; **to** — **up the cash,** extender la cuenta; hacer la caja; **to** — **the most of,** aprovecharlo todo; sacar todas las ventajas posibles; **to** — **no difference,** *(or* **no matter),** ser indiferente, no importar.

**maker,** s; fabricante, manufacturero.

**malpractice,** s; tratamiento ilegal; trampa, ilegalidad.

**malversation,** s; malversación.

**man,** v; (mar.), tripular.

**manage,** v; dirigir, manejar, administrar, gestionar; — **ing director,** director gerente.

**management,** s; administración, dirección, gerencia, manejo, gestión.

**manager,** s; gerente, director, administrador, gestor; **assistant** —, subdirector, subgerente.

**managership,** s; gerencia.

**mandatary,** s; mandatario, agente.

**mandate,** s; mandato, orden, comisión, encargo.

**mandator,** s; mandante.

**manifest,** a; manifiesto, claro, expreso; s. (mar.), manifiesto; sobordo; v. manifestar, hacer ver, demostrar.

**manufacture,** s; manufactura, industria, fabricación, elaboración, artefacto, obraje; pl. productos elaborados; v. fabricar, labrar, elaborar, hacer, manufacturar.

**manufacturer,** s; manufacturero, fabricante, industrial.

**manufacturing,** a; industrial, fabril, manufacturero.

**manuscript,** s; manuscrito, escrito.

**many,** a; muchos; varios; **one too** —, uno de sobra, de más; **twice as** —, el doble, otros tantos; **a great** —, muchos, muchísimos; — **a time,** más de una vez; varias veces.

**March,** s; marzo.

**marconigram,** s; marconigrama.

**margin,** s; margen; reserva; excedente; ganancia bruta.

**marine,** a; marino, marítimo, naval, náutico; — **insurance,** seguro marítimo.

**maritime,** a; marítimo, naval, marino.

**mark,** s; marca, impresión, rótulo; marco (moneda alemana); **trade - —,** marca de fábrica; v. marcar, señalar.

**market,** s; mercado, plaza, feria; — **- place,** mercado, plaza del mercado; — **price,** precio corriente; — **report,** estado de la plaza; revista del mercado; **animated** (or **brisk**), **firm** (or **steady**), **calm** (or **quiet**), **weak, depressed** (or **dull**), **heavy, flat, oscilating, unsteady, supplied, deprived** (or **bare**) —, mercado animado, firme (o sostenido), calmado, flojo, desanimado, deprimido, pesado, parado, oscilante, inseguro, provisto, desprovisto; **money** —, mercado monetario; **provision** —, mercado de abasto o de abastecimientos; **produce** —, mercado de frutos; **cattle** —, mercado de ganado; — **day,** día de mercado; **to encumber, block, swamp the** —, sobrecargar, inundar el mercado; **suitable, fit for the** —, conveniente, apropiado para el mercado; **to put** (or **thrust**) **upon the** —, lanzar al mercado.

**marketable,** a; comerciable, vendible.

**mass,** s; masa, montón, rimero.

**master,** s; amo, dueño, jefe, maestro; (mar.), patrón, capitán.

mat, s; cartón de estereotipia, matriz.

material, s; material, materia; — loss, pérdida sensible; building —, material de construcción; raw —, materia prima, primeras materias; working —, material de explotación.

matriculate, v; matricular.

matter, s; materia, cuerpo, substancia; sujeto, asunto; small — s, cosas de poca monta; — of fact, — of course, hecho, realidad; cosa evidente, de cajón, sabida, natural; v. importar; it does not —, no importa.

mature, a; vencido, pagadero; v. vencer, cumplirse (letras, cuentas, etc.).

maturity, s; vencimiento, cumplimiento.

May, s; mayo.

may, v; poder.

meal, s; comida; harina.

mean, v; (pret. y pp. meant), significar, querer decir; pensar.

means, s; pl. medios, recursos, posibles; by no —, de ningún modo; by — of, mediante, por mediación de.

measure, s; medida, volumen, tamaño; recurso, expediente; dry —, medida para áridos; liquid —, medida para líquidos; linear —, medida de longitud; standard —, medida legal; v. medir.

meat, s; carne; comida.

mediate, v; mediar, intermediar, intervenir.

mediation, s; mediación, intervención, intercesión.

mediator, s; mediador, intercesor, tercero.

medium, s; medio; circulating —, medio circulante, moneda corriente.

meet, v; (pret. y pp. met), complacer, satisfacer; hacer frente (a gastos), honrar (una letra).

meeting, s; junta, asamblea, reunión, convocación; — of creditors, concurso de acreedores; — of shareholders, asamblea general de accionistas; to call a —, convocar, llamar, citar a junta; to hold a —, celebrar una junta.

memorandum, s; apunte, memorándum, memoria, nota; — book, agenda, cuaderno, libro de apuntes, libro de notas, memorándum.

mention, s; mención, alusión, recuerdo; v. mencionar, aludir.

mentioned, a; mencionado, citado.

mercantile, a; mercantil, comercial, mercante.

mercer, s; mercero, sedero.

merchandise, s; mercancía, mercadería, efectos, géneros, artículos de almacén.

merchant, s; mercader, comerciante, negociante, tratante, traficante; commission —, comisionista; — - vessel, buque mercante; wholesale —, comerciante al por mayor; an active, litigious, clever, enterprising, honest, respectable, cunning, disloyal —, comerciante activo, pleitista, experto, emprendedor, honrado, respetable, sagaz, desleal.

merchantman, s; barco o buque mercante.

meritorius, a; meritorio.

**message,** *s;* mensaje, recado, aviso, parte, comunicación, encomienda; **telephone** —, parte telefónico, aviso telefónico.

**messenger,** *a;* mensajero.

**metal,** *s;* metal; **precious** — s, metales preciosos.

**metallic,** *a;* metálico; — **reserve,** encaje metálico.

**metallurgical,** *a;* metalúrgico.

**meter,** *s;* metro *(39.37 pulgadas inglesas),* contador; **electric -** —, contador eléctrico; **gas -** —, contador de gas; **water -** —, contador o medidor mecánico del agua.

**method,** *s;* método, práctica; modo, manera, procedimiento.

**metric,** *a;* métrico; — **system,** sistema métrico.

**mid,** *a;* medio; — **- week,** a media semana, a mediados de semana.

**midday,** *s;* mediodía.

**middle,** *s;* medio, mitad; — **of March,** mediados de marzo.

**middleman,** *s;* agente de negocios, corredor; intermediario.

**middling,** *a;* mediano, regular, entreordinario.

**mile,** *s;* milla *(5.280 pies ingleses, 1.609 metros);* **nautical** —, milla geográfica.

**milk,** *s;* leche.

**mill,** *s;* molino, taller, fábrica, hilandería, tejeduría; (EE. UU.) milésimo de dólar; **paper -** —, fábrica de papel; **sugar -** —, trapiche; **saw -** —, aserradero, taller de maderas; **water -** —, molino de agua.

**miller,** *s;* molinero.

**miligram,** *s;* miligramo.

**millimeter,** *s;* milímetro.

**milling,** *s;* molienda.

**million,** *s;* millón.

**milreis,** *s;* milreis *(moneda portuguesa y brasileña).*

**mind,** *s;* mente, pensamiento, opinión, parecer; *v.* acordarse de; tener en cuenta; fijarse en.

**mine,** *s;* mina; *v.* minar; explotar minas.

**mining,** *s;* minería; explotación de minas; — **industry,** industria minera.

**minor,** *a;* menor, más pequeño; *s.* menor de edad.

**minority,** *s;* minoría, minoridad; **in the** —, en minoría.

**mint,** *s;* casa de moneda; *v.* acuñar.

**minute,** *s;* minuto, momento; minuta; — **- book,** libro de actas.

**minutes,** *s;* actas, apuntes; **to draw up the** —, levantar las actas.

**minutely,** *adv.;* exactamente, minuciosamente, detalladamente.

**misapply,** *v;* hacer mal uso de; **to** — **funds,** malversar.

**misrepresent,** *v;* desfigurar, pervertir, tergiversar, falsificar.

**miss,** *v;* perder *(el tren, etc.);* fallar *(un negocio),* no poderlo hacer; errar *(un tiro),* no acertar en el blanco; **to** — **out,** pasar por alto, omitir.

**mistake,** *v;* *(pret. mistook; pp. mistaken),* equivocar, equivocarse, errar; *s.* error, equivocación; **by** —, por error, equivocadamente; **to make a** —, estar equivocado, equivocarse.

**misunderstanding,** *s;* equivocación, idea equivocada, mala inteligencia; desavenencia, desacuerdo.

**mix,** s; mezcla; enredo; v. mezclar; asociarse.

**mode,** s; modo, moda, uso; — **of doing business,** sistema mercantil; — **of shipment,** modo de expedición; — **of thought,** manera de pensar, de expresarse.

**model,** s; modelo, ejemplo, tipo.

**moderate,** a; moderado, módico, regular; — **income,** renta modesta; — **price,** precio módico.

**mold,** s; molde, modelo; tierra vegetal.

**momentous,** a; grave, trascendental.

**Monday,** s; lunes.

**monetary,** a; monetario, pecuniario.

**money,** s; dinero, moneda, efectivo, numerario; fondos; — **changer,** cambista; — **crisis,** crisis monetaria; — - **exchange office,** casa de cambios; — - **lender,** prestamista; — **market,** mercado monetario; — **matters,** negocios, cuestiones de dinero; — - **order,** giro postal, libranza postal; — **in hand,** fondos en caja; — **in trust,** depósito en fideicomiso; **bank** —, billetes de banco; **call** —, préstamo de dinero reembolsable a petición; **counterfeit** —, moneda falsa; **earnest** —, dinero como paga y señal, en prenda, en garantía; **flat** —, moneda de curso forzoso; **hard** —, numerario, efectivo, dinero metálico; **paper** —, papel moneda; **pocket** —, moneda sencilla, menudo, dinero suelto: **postal** — - **order,** giro postal; **ready** —, dinero contante y sonan-

te; **subsidiary** —, moneda divisional; **time** —, dinero prestado a plazo; **to coin** —, acuñar dinero; **to put out** — **at interest,** poner dinero a interés.

**monometalism,** s; monometalismo; *teoría económica que propende al empleo de un solo metal como base monetaria.*

**monopolist,** s; monopolista, acaparador, abarcador, acopiador.

**monopolize,** v; monopolizar, acaparar, abarcar, estancar, acopiar.

**monopoly,** s; monopolio.

**month,** s; mes; **about the middle of the** —, a mediados del mes; **at the beginning of the** —, (or **early in the** —), a principios del mes; **at the end of the** —, a fines del mes; **at six** — **s' date,** a seis meses fecha; **by the** —, al mes, por mes, mensualmente; **the current** (or **present**) —, el mes en curso, corriente; **the first fortnight of the** —, la primera quincena del mes; **every** —, cada mes, todos los meses; **next** —, el mes entrante, próximo, venidero; **last** (or **past**) —, el mes pasado, el mes último.

**monthly,** a; mensual; — **instalments,** cuotas (o pagos) mensuales; — **report,** informe mensual; — **sailings,** salidas mensuales; — **settlement,** arreglo mensual.

**moor,** v; (mar.), amarrar, anclar, aferrar.

**mooring,** s; (mar.), amarra, amarradura; **to break loose from its** —, desamarrarse.

**moratorium,** s; moratoria.

**mortgage,** s; hipoteca, gravamen; — - **bond,** obligación hipotecaria; — - deed, título de propiedad depositado en calidad de hipoteca; **to lend money on a** —, prestar dinero sobre hipoteca; **to pay off a** —, levantar (o redimir) una hipoteca; v. hipotecar.

**mortgageable,** a; hipotecable.

**mortgagee,** s; acreedor hipotecario.

**mostly,** adv.; por la mayor parte, principalmente; casi.

**motive,** s; motivo, causa, razón.

**mould,** s; (V. Mold).

**mountain,** s; monte, montaña.

**move(a)ble,** a; móvil, movible, movedizo, pl. muebles, enseres, efectos.

**move,** v; mover; mudarse, trasladar; remover.

**movement,** s; circulación, actividad, movimiento; **upward** — (en valores, géneros, etc.), movimiento de alza.

**mower,** s; segador; segadora mecánica, guadañadora.

**multiple,** a; múltiple.

**multiply,** v; multiplicar.

**myself,** pron.; yo mismo; **I did it** —, yo mismo lo hice.

# N

**nail,** *s;* clavo; punta; **wire - —,** puntas de París; **— - plate,** metal en planchas para clavos.

**nainsook,** *s;* nansú.

**name,** *s;* nombre, título, reputación, crédito; **firm —,** razón social; **good —,** buena fama; **to make a — for oneself,** darse a conocer; crearse una posición.

**namely,** *adv.;* a saber.

**national,** *a;* nacional; **— debt,** deuda pública.

**naught,** *s;* nada, cero.

**neat,** *s;* res vacuna.

**necessity,** *s;* necesidad; carencia, falta; *v.* necesitar; carecer de; **in case of —,** de ser necesario, en caso de necesidad.

**neglect,** *s;* descuido, negligencia, omisión; *v.* descuidar, desatender.

**negotiable,** *a;* negociable.

**negotiate,** *v;* negociar, tratar, cambiar; gestionar, agenciar.

**negotiation,** *s;* negociación, transacción; **to enter into —s with,** entrar en trato con.

**negotiator,** *s;* negociador, gestor.

**net,** *s;* neto, líquido; **— balance,** saldo líquido; **— price,** precio neto; **— proceeds,** producto neto; **— profit,** ganancia líquida; **— weight,** peso neto.

**never,** *adv.;* nunca, jamás; no, de ningún modo; **— mind,** no importa, no haga caso, no se preocupe.

**new,** *a;* nuevo, reciente, moderno; **— fashion,** última moda; **— made,** fresco, acabado de hacer.

**news,** *s;* noticia, aviso, informe; nuevas; **we expect further — before sailing,** esperamos más noticias antes de embarcar; **without further — from you,** sin nuevas noticias de usted.

**next,** *a;* próximo, siguiente, venidero; **— day,** el día siguiente; **— year,** el año próximo; **— time,** la próxima vez, otra vez.

**nickel,** *s;* níquel, moneda níquel (5 centavos en los EE. UU.); **— - plated,** niquelado.

**nine,** *a* y *s;* nueve.

**nineteen,** *a* y *s;* diecinueve.

**ninety,** *a* y *s;* noventa.

**ninth,** *a;* noveno.

**nominal,** *a;* nominal.

**non-acceptance,** s; falta de aceptación.

**non-delivery,** s; falta de entrega.

**non-compliance,** s; falta de cumplimiento.

**non-payment,** s; falta de pago.

**north,** s; norte.

**notary,** s; notario, escribano; — **public,** notario público; —'s **charges,** gastos de notaría; — 's **office,** notaría.

**note,** s; nota, apunte; aviso, comunicación, esquela; cuenta, vale, pagaré; — - **book,** agenda, libro de notas o apuntes; —- **paper,** papel para esquelas; **bank** —, billete de banco; **promisory** —, pagaré; **to take due — of,** tomar buena nota de; v. anotar, apuntar.

**noted,** a; afamado, famoso, conocido.

**notice,** s; aviso, noticia, informe, advertencia; anuncio, letrero, rótulo; — of **meeting,** convocatoria; **short** —, corto plazo; **one month's** —, aviso de un mes; **to give** —, dar aviso, avisar, advertir.

**notification,** s; notificación.

**notify,** v; notificar, advertir, avisar, comunicar, participar.

**notions,** s; pl. artículos de mercería, paquetería.

**novelty,** s; novedad.

**November,** s; noviembre.

**nugget,** s; pepita.

**null,** a; nulo.

**nullify,** v; anular, invalidar, abrogar.

**number,** s; número; v. numerar.

**nut,** s; nuez.

# O

**oat,** *s;* avena.

**object,** *s;* objeto, fin, propósito, intento.

**objection,** *s;* objeción, reclamación, reparo.

**obligation,** *s;* obligación, compromiso, promesa, precisión, empeño; **to meet one's — s,** satisfacer sus compromisos, sus obligaciones.

**oblige,** *v;* favorecer; obligar; complacer; **you will greatly — me,** le agradeceré a usted, me hará usted un gran favor; **I am much obliged to you,** le estoy muy reconocido.

**observance,** *s;* cumplimiento, observancia; **in — of the laws and regulations now in force,** en cumplimiento de las leyes y reglamentos en vigor.

**observe,** *v;* observar, advertir; **permit me to —,** permítame observarle.

**obstacle,** *s;* obstáculo, dificultad; **to remove, overcome an —,** quitar, vencer un obstáculo.

**obtain,** *v;* obtener, adquirir, alcanzar, lograr, conseguir, procurar.

**occasion,** *s;* ocasión, oportunidad; **to take this —,** aprovechar esta ocasión; **if — arises,** si se presenta la ocasión, la oportunidad.

**occident,** *s;* occidente, oeste.

**occupation,** *s;* ocupación, empleo, oficio, trabajo, profesión.

**occur,** *v;* ocurrir, acontecer, suceder, pasar.

**octavo,** *s; (imp.),* libro, folleto, etcétera, en octavo.

**October,** *s;* octubre.

**octroi,** *s;* fielato; derechos de puerta o de consumo.

**odd,** *a;* impar; pico, tanto, sobrante; extraño, raro, único, singular; **— lots,** una que otra partida; **— s and ends,** retazos, picos, sobrantes; **— sample,** muestra suelta; **an — lot,** un lote suelto; **— number,** número impar; **— and even numbers,** números impares y pares; **seven hundred — pounds,** setecientas y tantas libras; **the — cents,** el pico de centavos.

**offer,** *s;* oferta; *v.* ofrecer.

**office,** *s;* oficina, despacho, escritorio; cargo, oficio, puesto, empleo, destino; **— hours,** horas de oficina; **cable —,** oficina cablegráfica; **Patent O** —, Oficina de Patentes; **post** —, administración de correos; **adjustment, booking, registry, stamp, consular** —, oficina de ajustes, de inscripción, de registro, del timbre, consular; **tax** (*or* **collector**) —, oficina de contribuciones; **registrar's** —, oficina del Registro Civil; **ticket** —, despacho de billetes, taquilla; **private** —, despacho (*o* escritorio *u* oficina) particular.

**officer,** *s;* (*Army and Navy*) oficial; (*from an office*) funcionario, empleado superior; **customhouse** —, aduanero; **public** —, funcionario público.

**official,** *a;* oficial; *s.* oficial público, funcionario; — **receiver,** síndico; — **report,** informe oficial; **public** —, funcionario público; **railroad** —, empleado de ferrocarril.

**oil,** *s;* aceite; petróleo; **salad** —, aceite comestible; **olive** —, aceite de oliva; **castor** —, aceite de ricino.

**olive,** *s;* aceituna, oliva; — **oil,** aceite de oliva; — **grove,** olivar; — **yard,** olivar; — **tree,** olivo; **bagasse** (*or* **dryrefuse**) **of** —, orujo.

**omission,** *s;* omisión; **errors and** — **s excepted,** salvo error u omisión. (*S. E. u O.*).

**omit,** *v;* omitir, excluir; descuidar, olvidar la inserción o mención de.

**on,** *prep.;* en, sobre, a, de, por, con; — **my return,** a mi regreso; — **condition that you accept,** con tal de que usted acepte; — **this condition,** con esta condición; — **the contrary,** por el contrario; — **my**

**part,** de mi parte o por mi parte; — **the point of,** a punto de; — **an average,** por término medio; — **the first of January,** el primero de enero; **and so** —, y así sucesivamente.

**one,** *a* y *s;* un, uno.

**onerous,** *a;* oneroso, gravoso.

**onion,** *s;* cebolla.

**open,** *v;* abrir, comenzar, empezar; entablar; **to** — **an account,** abrir una cuenta; **to** — **the books,** abrir los libros; **to** — **a credit,** abrir un crédito; **to** — **business relations,** entablar relaciones comerciales; **to** — **the fiscal year,** abrir el ejercicio económico.

**opening,** *s;* principio, apertura, inauguración.

**operate,** *v;* operar, manejar, hacer funcionar, actuar, trabajar.

**operation,** *s;* operación, función, transacción; **to come into** —, comenzar a regir.

**operator,** *s;* operario, trabajador, operador; **telegraph** —, telegrafista; **telephone** —, telefonista.

**opinion,** *s;* opinión, dictamen.

**opposition,** *s;* oposición.

**option,** *s;* opción, plazo para determinar, facultad.

**orange,** *s;* naranja; — **peel,** cáscara de naranja.

**order,** *s;* pedido, orden, demanda, encargo, comisión; **to the** —, a la orden; **by** — **and account of,** por orden y cuenta de; **by** — **of,** por orden de; **till further** — (*or* **advise**), hasta nueva orden; **to be in** —, estar en orden; **to place an** —, hacer un pedido; — - **sheet,** hoja de pedido; — **of payment,** orden de pago; **delivery** —, nota de entrega; **pay - —,** boleta, vale; **purchase - —,** nota de compra; **to attend to, execute, fill, discharge an —,** servir, despachar, cumplir, desempeñar un pedido; **to cancel, withdraw an —,** anular, revocar un pedido; **to put in —,** ordenar, arreglar; *v.* mandar, dirigir, disponer, encargar, pedir, poner *(o dar)* orden, arreglar; **to follow up strictly the — in every respect,** seguir estrictamente la orden punto por punto; **to — to pay,** mandar pagar.

**ordinance,** *s;* ordenanza, reglamento.

**ordinary,** *a;* ordinario, común, regular.

**origin,** *s;* origen, procedencia, principio; **certificate of —,** certificado de origen; **Spanish —,** de procedencia española.

**original,** *a;* original, primero; radical; nuevo, novel; *s.* original; ejemplar; primer escrito.

**oscillate,** *v;* oscilar.

**oscillation,** *s;* oscilación.

**ounze,** *s;* onza *(28,35 gramos).*

**outbid,** *v;* mejorar, pujar.

**outbider,** *s;* pujador.

**outbiding,** *s;* puja.

**outcome,** *s;* resultado.

**outfitter,** *s;* armador; abastecedor, proveedor.

**outlay,** *s;* desembolso, gasto; expendición, expendido, salida.

**outlet,** *s;* salida.

**output,** *s;* producción, rendimiento, producto.

**outright,** *s;* cesión por un tanto alzado de los derechos de autor.

**outside,** *a;* exterior; más módico *(precio).*

**outstanding,** *a;* pendiente, por pagar, no pagado.

**outward,** *a;* exterior, externo, extranjero; *adv.* fuera, de ida, de salida; — **bound,** con destino al extranjero.

**overcharge,** *v;* recargar el precio, sobrecargar; imputar cargos exagerados; *s.* recargo, cargo excesivo; extorsión.

**overdraft,** *s;* giro en descubierto.

**overdraw,** *v;* (*pret. overdrew; pp. overdrawn*) girar en descubierto *(exceder su saldo en un giro del crédito disponible);* **account — n,** cuenta en descubierto.

**overdue,** *a;* vencido y no pagado, retrasado.

**overseer,** *s;* sobrestante, superintendente, inspector, mayordomo, capataz.

**overstock,** *v;* abarrotar.

**overweight,** *s;* sobrepeso, exceso de peso.

**owe,** *v;* deber, estar entendido; **to — a balance,** estar en descubierto.

**own,** *v;* poseer, tener.

**owner,** *s;* dueño, propietario, poseedor, patrón.

**ownership,** *s;* dominio, propiedad, posesión.

**ox,** *s;* buey.

# P

**pack,** *s;* lío, fardo, paca, carga; *v.* empacar, empaquetar, enfardar, enfardelar, embalar; despachar, enviar; **to — in bales,** poner en fardos, enfardar; **to — in boxes,** poner en cajas, encajonar.

**package,** *s;* bulto, fardo, paquete; **small —,** abarrote.

**packer,** *s;* embalador, empaquetador, enfardador, arpillador; envasador de carnes.

**packing,** *s;* embalaje, envase, enfardadura, empaque; **— expenses,** gastos de embalaje; **— - house,** establecimiento donde se envasan las conservas alimenticias; **— - paper,** papel de envolver.

**pact,** *s;* pacto.

**paddle-steamer,** *s;* vapor de ruedas.

**page,** *s;* página; *v.* foliar, paginar.

**pair,** *s;* par.

**pamphlet,** *s;* folleto; impreso.

**panic,** *s;* pánico.

**paper,** *s;* papel; documento; valor, letra negociable; periódico; **— - knife,** cortapapel; **— money,** papel moneda; **carbon,** **waterproof, blotting, stamped, writing** *(or* **letter), commercial, wrapping, sand, brown, document —,** papel carbón, impermeable, secante, sellado, de cartas, comercial, de envolver, de lija, de estraza, de barba; **wall - —,** papel de entapizar, de empapelar; **filter, tissue —,** papel para filtrar, de seda; **— - mill,** fábrica de papel.

**par,** *s;* par, paridad; **— of exchange,** cambio a la par; **above —,** sobre la par, a premio; **below —,** bajo par, a descuento; **at —,** a la par.

**parcel,** *s;* bulto, lío, paquete, fardo; .*(Sp. Amer.)* encomienda; **— post,** paquete postal, *(Sp. Amer.)* encomienda postal.

**parity,** *s;* paridad; **the —,** paridad monetaria.

**part,** *s;* parte, porción; **— - owner,** partícipe.

**partial,** *s;* parcial.

**participate,** *v;* participar de, tomar parte en.

**participation,** *s;* participación.

**particular,** *a;* particular, peculiar, especial; *s.* detalle, pormenor, particular; **to go into — s,** detallar circunstanciadamente.

**partner,** *s;* socio, asociado, partícipe, interesado; **active** —, socio activo; **industrial** —, socio industrial; **junior** —, socio menor; **financial, moneyed** *or* **silent** —, socio capitalista; **silent, sleeping, dormant** *or* **nominal** —, socio comanditario; **managing** —, socio gerente; **sole** —, socio único; **senior** —, socio principal; **jointly liable** —, socio solidario; **responsible** —, socio responsable; **secret** —, socio tácito; **working** —, socio activo; **to cease to be a** —, separarse de la sociedad, dejar de ser socio.

**partnership,** *s;* sociedad, compañía; — **contract,** contrato social; **co-operative** —, sociedad cooperativa; **general** —, sociedad regular colectiva; **limited** (*or* silent) —, sociedad en comandita o comanditaria; **limited** —, sociedad limitada; **to disolve** —, disolver la sociedad; **to enter into** —, asociarse con, entrar en compañía; **to take into** —, admitir de socio; **articles of** —, escritura de sociedad.

**party,** *s;* interesado, parte; **the parties concerned,** los interesados; **the contracting parties,** las partes contratantes.

**pass,** *v;* (*pret. y pp. passed* o *past*), pasar; aprovechar; *s.* pase, licencia, salvoconducto, pasaporte; — **book,** libreta de banco.

**passage,** *s;* pasaje, travesía, tránsito; viaje.

**passenger,** *s;* pasajero, viajero, transeúnte.

**passport,** *s;* pasaporte.

**pasteboard,** *s;* cartón.

**patent,** *s;* patente, privilegio de invención; — **office,** oficina de patentes; *v.* sacar patente, patentar.

**patentee,** *s;* inventor, contratista, poseedor de patente (*el que obtiene una patente o privilegio exclusivo*).

**patrimony,** *s;* patrimonio.

**patron,** *s;* patrocinador, patrono.

**pattern,** *s;* modelo; muestra; ejemplar; — - **card,** muestrario; —**s of no value,** muestras sin valor.

**pawn,** *v;* empeñar, dejar en prenda, dar en prenda; *s.* prenda, empeño; — - **shop,** casa de préstamos o de empeño; montepío, monte de piedad.

**pawnbroker,** *s;* prestamista, prestamista sobre prendas, prendero.

**pay,** *v;* (*pret. y pp. paid*) pagar, saldar, abonar; remunerar, recompensar; costear; cubrir; saldar una deuda; compensar (ser provechoso); cumplir, entregar, desembolsar, liquidar, finiquitar; **to** — **beforehand** (*or* **in advance**), pagar por adelantado o por anticipado; **to** — **on account,** pagar a cuenta; **to** — **cash down** (*or* **ready cash**), pagar al contado, en dinero contante; **to** — **on demand,** pagar a la presentación; **to** — **at sight, by instalments,** pagar a la vista, a plazos (*o* por cuotas *o* por entregas parciales*); **to** — **when due,** pagar el vencimiento; **to** — **damages and charges, principal and interest,** pagar por daños y gastos, capital e intereses; **to** — **damages,** pagar por daños y perjuicios; **to** — **in full,** pagar íntegramente; **to** — **the last**

**farthing,** pagar hasta el último céntimo; **to — off,** cancelar, amortizar; **to — back,** reembolsar, restituir, devolver; **to — a debt,** pagar una deuda, cubrir una obligación; **to — a tax,** contribuir, pagar contribución; *s.* paga, salario, sueldo, estipendio; **— - clerk,** empleado pagador; **— - day,** día de pagos; **— - roll,** nómina; **full —,** sueldo completo; **good —,** buen pagador, buena paga; **half —,** medio sueldo.

**payable,** *a;* pagadero, reembolsable, amortizable; **— to bearer, at sight, in cash, at three months date, in one year, in good bills,** pagadero al portador, a la vista, en efectivo, a tres meses, al año, en buenas letras de cambio; **— on delivery** *(or* **on** *or* **upon arrival,** *or* **at destination),** pagadero a la entrega (o a la llegada o a destino); **— on** *(or* **upon) presentation** *(or* **on demand),** pagadero a presentación; **— when due** *(or* **at maturity),** pagadero al vencimiento; **— quarterly,** pagadero por trimestres; **— to order,** pagadero a la orden; **bills —,** efectos a pagar; **made — in Buenos Aires,** domiciliado *(el pago)* en Buenos Aires.

**payee,** *s;* portador, tenedor *(persona a quien se paga o debe pagarse una letra).*

**payer,** *s;* pagador.

**paying,** *a;* lucrativo, beneficioso; **— teller,** pagador.

**paymaster,** *s;* pagador, contador habilitado, habilitado.

**payment,** *s;* pago, paga, pagamento; **— in advance,** pago adelantado o anticipado; **difer-**

**red —,** pago aplazado o prorrogado; **cash —,** pago en efectivo, al contado; **— in specie,** pago en metálico; **— on account,** pago a cuenta; **— in full,** saldo, finiquito; **non - —,** falta de pago; **terms of —,** condiciones de pago; **prompt —,** pronto pago; **on the — of,** mediante el pago de; **to be in arrear with the —,** estar atrasado en el pago; **to make a part —,** hacer un pago a cuenta; **to stop —,** suspender el pago; **protest for non —,** protesto por falta de pago; **suspension of —,** suspensión de pagos; **day of —,** día de pago.

**peck,** *s; medida de áridos* (1/4 de bushel).

**peculate,** *v;* malversar.

**pecuniary,** *a;* pecuniario.

**peddler,** *s;* buhonero, baratillero, revendedor, mercachifle, quincallero.

**penalty,** *s;* multa.

**pending,** *a;* pendiente.

**penman,** *s;* calígrafo.

**penny,** *s;* penique *(en Inglaterra);* centavo *(en EE. UU.).*

**pension,** *s;* pensión.

**per,** *prep.;* por; **— annum,** por año; **— cent,** por ciento; **— thousand,** por mil; **— diem,** por día.

**percentage,** *s;* porcentaje; tanto por ciento.

**perfect,** *a;* perfecto, acabado, consumado; *v.* perfeccionar.

**perform,** *v;* ejecutar, desempeñar, cumplir; actuar, ejercer.

**perhaps,** *adv.;* quizás, tal vez, acaso, puede ser.

**peril,** *s;* riesgo, peligro.

**period,** *s;* período, tiempo, época; plazo.

**permission,** *s;* permiso, licencia.

**permit,** *s;* permiso, licencia, pase, pasavante; **custom-house** —, cédula de aduana; *v.* permitir, dejar, consentir, tolerar, autorizar.

**permutable,** *a;* permutable.

**permutation,** *s;* permutación, permuta, trueque.

**permute,** *v;* permutar, trocar.

**personal,** *a;* personal, particular, privado; — **state,** bienes muebles; — **mail,** correspondencia particular.

**personality,** *s;* personalidad, individualidad.

**personnel,** *s;* personal (conjunto de empleados).

**peruse,** *v;* leer (atentamente), repasar.

**petition,** *s;* petición, demanda, solicitud, súplica.

**petty,** *a;* pequeño, insignificante; — **cash,** caja para gastos menores; — **expenses,** gastos menores; — **wares,** géneros menudos.

**piece,** *s;* pieza; pedazo, trozo, retazo, fragmento, retal; — - **goods,** géneros en pieza *(que se venden por piezas);* — - **work,** destajo; — **of advice,** consejo; — **of forniture,** mueble; — **of ground,** solar, parcela; — **of money,** pieza, moneda; — **of news,** noticia, informe; **to work by the** —, trabajar a destajo.

**pier,** *s;* muelle, embarcadero, malecón, escollera; **ex** —, puesto en el muelle (carga, mercancía, etcétera).

**pignorate,** *v;* pignorar.

**pignoration,** *s;* pignoración (acto de dar garantías en depósito o empeñar).

**pilot,** *s;* piloto de puesto, práctico.

**pilotage,** *s;* pilotaje; **inward, outward** —, pilotaje de entrada, de salida; — **fee,** derechos de pilotaje.

**pine,** *s;* pino; madera de pino.

**pint,** *s;* pinta, cuartillo *(1/8 galón: 0.47 litro).*

**pipe,** *s;* tubo, cañería; — **of an engine,** tubo de máquina; — - **staves,** duelas.

**place,** *s;* lugar, sitio, local, puesto; — **of sailing,** procedencia; **firm's** — **of business,** domicilio social; *v.* colocar, poner, fijar, establecer; **to** — **to the credit of,** acreditar a; **out of** —, fuera de lugar o de propósito, impropio.

**plaintiff,** *s;* demandante.

**plan,** *s;* plan, proyecto, designio; *v.* proponer, proyectar.

**plant,** *s;* equipo, instalación de maquinaria; fábrica; **electric** —, instalación eléctrica; **gas** —, fábrica de gas.

**plantation,** *s;* hacienda, colonia; plantación, plantío; **coffee** —, cafetal; **tobacco** —, vega de tabaco; **sugar** —, ingenio, hacienda de caña de azúcar.

**planter,** *s;* plantador, cultivador, hacendado; colono.

**plate,** *s;* plancha, chapa, lámina; estereotipo, clisé; placa; plato.

**platform,** *s;* *(of a railroad station),* andén; plataforma.

**platinum,** *s;* platino.

**plead,** *v;* *(pret. y pp. pleaded* o *plead),* pleitear, litigar, abogar.

**pleader,** *s;* litigante; abogado defensor.

**pledge,** *s;* prenda, señal; empeño, fianza; hipoteca; *v.* empeñar, dar (o dejar) en prenda; pignorar; **to — oneself,** comprometerse a, empeñarse.

**plentiful,** *a;* copioso, abundante.

**plenty,** *s;* abundancia, llenura; copioso.

**plumber,** *s;* plomero, emplomador; lampista.

**P. M.;** abr. de post meridiem (Lat.); por la tarde, de la tarde.

**pocket-book,** *s;* cartera, portamonedas.

**policy,** *s; curso* o *plan de acción;* norma; programa; dirección de los negocios públicos; póliza (de seguro); **endowment —,** póliza dotal; **fire insurance —,** póliza de seguro contra incendio; **floating —,** póliza flotante; **life insurance —,** póliza de seguro de vida; **open —,** póliza abierta; **time —,** póliza de plazo (o a término); **fixed premium —,** póliza a prima fija; **respondentia —,** póliza a la gruesa; **sea insurance —,** póliza de seguro marítimo.

**policyholder,** *s;* tenedor de póliza.

**pool,** *s;* polla; pagar a escote; mancomunidad, combinación de intereses con un propósito común, caudales unidos para un fin.

**port,** *s;* puerto; porta; babor; **- charges,** gastos de puerto; **- - dues,** derechos de puerto; **— of departure,** puerto de salida; **— of destination, of discharge, of entry, of loading,** puerto de destino, de descar-

ga, de entrada, de carga; **free —,** puerto franco; **to make a —,** aportar.

**portable,** *a;* acarreadizo, portátil, manual.

**portage,** *s;* porte, portaje; transporte, conducción.

**porter,** *s;* portero; faquín, mozo de cuerda, porteador.

**porterage,** *s;* conducción, acarreo, gastos de porte, porte.

**portfolio,** *s;* portfolio, cartera, carpeta.

**portion,** *s;* porción, pedazo, parte; cuota.

**portmanteau,** *s;* maleta.

**position,** *s;* colocación, empleo; posición, puesto, situación.

**possess,** *v;* poseer, gozar, tener.

**possession,** *s;* posesión, dominio, pertenencia; *pl.* patrimonio, propiedades, bienes muebles.

**post,** *s;* correo; **— - office,** administración de correos; estafeta; **— - office box,** *(Spain)* apartado de correos, *(in some Sp. Amer. countries)* casilla *(o casilla de correos);* **— - paid,** porte pagado, franco de porte; **parcel —,** paquete postal, *(in some Sp. Amer. countries)* encomienda postal; *v.* colocar; echar al correo; fijar o pegar carteles; **to — a letter,** echar una carta al correo; **to — books,** asentar, dar entrada, pasar los asientos.

**postage,** *s;* franqueo, gastos (o porte) de correo; **— - free,** franco de porte; **— prepaid,** franqueado, porte pagado; **— - stamp,** sello de correo.

**postal,** *a;* postal; **— card,** tarjeta postal; **— money order,** giro postal; **— regulations,** reglamento postal; — **savings,** ahorro postal; — **service,** servicio postal.

**poste restante,** lista de correo.

**poster,** s; cartel, letrero, cartelón.

**postman,** s; cartero.

**postmaster,** s; administrador de correos.

**postpone,** v; diferir, aplazar.

**postponement,** s; aplazamiento.

**postcript,** s; posdata. (P. D.).

**potato,** s; patata.

**pound,** s; libra, medida de peso; 16 onzas; — **sterling,** libra esterlina.

**power,** s; facultad, poder, fuerza, capacidad; — - **house,** central *(edificio destinado a máquinas generadoras de fuerza motriz);* — **of attorney,** poder, procuración; **horse** —, caballo de fuerza; **steam** - —, fuerza de vapor; **water** - —, fuerza hidráulica; **to have** —, estar facultado para.

**practice,** s; ejercicio, práctica.

**practise** v; practicar, ejercer.

**praise,** s; alabanza; v. elogiar.

**pray,** v; implorar, rogar; **pray tell me,** sírvase decirme.

**precedent,** s; precedente, antecedente, ejemplo; **to be a** —, servir de precedente, sentar precedente; **without** —, sin ejemplo.

**preference,** s; preferencia.

**preferred,** a; preferido, preferente; — **stock,** acciones preferentes o de prioridad.

**prejudice,** s; prejuicio; perjuicio, daño, desventaja.

**premises,** s; local; posesiones.

**premium,** s; prima, premio, interés; **insurance** —, prima de seguro; **at a** — **of,** con prima de; **to be at a** —, estar a premio *(o sobre la par).*

**prepare,** v; preparar, disponer, aprestar, acondicionar.

**prepay,** v; pagar adelantado; **to** — **postage,** franquear, enviar franqueado.

**prepayment,** s; pago por adelantado *(o pago adelantado).*

**prescription,** s; prescripción, receta.

**present,** a; presente, actual, corriente; **at** —, el presente, ahora; **the** — **month,** el mes actual, corriente; v. presentar, introducir; **to** — **for acceptance,** presentar a la aceptación.

**presentation,** s; presentación; **on** —, a presentación.

**preserve,** s; conserva, compota, dulce; v. preservar, conservar, curar (con sal), salar.

**president,** s; presidente.

**press,** s; prensa; — **agent,** agente de publicidad; **copying** - —, prensa de copiar.

**pressing,** a; apremiante.

**pressure,** s; apremio.

**presswork,** s; impresión.

**presume,** v; presumir; suponer; **to** — **to,** tomar la libertad de.

**prevent,** v; impedir, estorbar.

**price,** s; precio, valor, coste, costo, monto, monta; — - **list,** lista de precios, cotización, nota, tarifa; **current, low, high, fixed, moderate, net, gross, average** —, precio corriente, bajo, alto, fijo, módico, neto, bruto, medio; **nominal, real, reduced,**

quoted, set, ruling, standard, oscillating, variable, stationary, advantageous —, precio nominal, real (o efectivo), reducido, cotizado, fijado (o puesto), predominante, regulador, oscilante, variable, estacionario, ventajoso; cost, prime cost, buying, selling, upset, closing, competitive, speculative, making up, list, invoice —, precio de costo, de compra, de venta, de primera oferta, de última hora (o de cierre en la Bolsa), de competencia, de especulación, de compensación, de catálogo, de factura; opening —, precio de apertura (en la Bolsa); market —, precio del mercado; maximum, minimum —, precio máximo, mínimo; difference, fluctuation, quotation of — s, diferencia, fluctuación, cotización de precios; rise (or enhancement), decline (or fall) of — s, subida, bajada de precios; course of — s, marcha de los precios; to range the — from ... to, variar el precio de ... a; to produce, cause a decline in —, producir, causar una baja en el precio; to quote a —, cotizar un precio; to ask, demand, claim a —, pedir, exigir, pretender un precio; to stick to a —, atenerse a un precio; to sell at a better —, vender a mejor precio; to agree on a —, concertarse en el precio; to make an allowance (or a reduction) on —, hacer una rebaja de precio; — of origin, precio de origen; lump —, precio en globo (o en junto); at any —, a cualquier precio; at rock bottom (or dog or dirt cheap) —, a vil precio; — in

bond (or short price), precio sin derechos (de aduana) pagados; — free of duty (or long price), precio con derechos (de aduana) pagados; losing —, precio que deja pérdida o precio perdiendo; to overcharge, increase, advance the —, cargar, aumentar, subir el precio; to cheapen, cut, reduce the —, abaratar, rebajar, reducir el precio; wholesale —, precio al por mayor; retail —, precio al por menor (o al detall o al detalle) trade —, precio con rebaja (o de mayorista).

primage, s; (mar.), capa.

principal, s; capital (puesto a interés); principal; jefe; — and interest, capital e interés.

print, v; estampar, imprimir; s. impreso, impresión; small —, tipo pequeño de letra de molde; — s, estampados, zaraza.

printer, s; impresor.

printing, s; imprenta, impresión; — - press, prensa, máquina para imprimir; — office, imprenta; — - types, tipos, caracteres de imprenta, letras de molde.

private, a; privado, particular, propio, personal; — letter, carta reservada; — office, despacho particular; — secretary, secretario particular; at one's — expenses, a costa propia.

privately, adv.; en confianza.

privilege, s; privilegio, favor, beneficio; exención.

privileged, a; privilegiado; exento; — debt, deuda preferente.

prize, s; premio; presa, botín; v. apreciar, estimar; tasar.

**pro,** *prep.;* pro; — **forma invoice,** factura simulada, factura pro forma.

**probate,** *s;* verificación testamen-
taria.

**procedure,** *s;* procedimiento, tramitación.

**proceedings,** *s; pl.* actas, expe-
dientes, autos; **legal** —, procedimiento legal.

**proceeds,** *s; pl.* producto, ingreso réditos; **gross** —, producto
bruto; **net** —, producto líquido o neto.

**proclaim,** *v;* proclamar, publicar,
anunciar.

**procuration,** *s;* procuración, poder; **per** — *(or p. p.)* por poder (p. p).

**procure,** *v;* lograr, alcanzar; procurar, conseguir; proporcio-
nar, suministrar.

**produce,** *v;* producir, rendir, redituar; fabricar; presentar,
sembrar; *s.* producto, producción, provisiones, frutos; —
**exchange,** lonja de víveres; —
**- merchant,** importador de víveres, *(in Cuba)* almacenista;
**home** —, productos, frutos del
país.

**producer,** *s;* productor.

**product,** *s;* producto, rendimiento, producción, rendición, fruto.

**production,** *s;* producción, producto.

**productive,** *a;* productivo; abundante; fecundo, fértil, feraz.

**profit,** *s;* ganancia, provecho, beneficio, utilidad, lucro, agio,
ventaja, rendición, usufructo,
rédito; — **and loss,** ganancias
y pérdidas, lucros y daños; —
**for the fiscal year,** utilidad del

ejercicio; **clear** —, ganancia o
beneficio líquido; **excess** —,
superávit; **gross** —, ganancia,
utilidad o beneficio total; **net**
—, ganancia líquida o neta;
**undivided** —, ganancia no distribuida, líquido; **to divide the**
—, partirse las ganancias.

**profitable,** *a;* lucrativo, ganan-
cioso, provechoso, productivo.

**prohibit,** *v;* prohibir.

**prohibition,** *s;* prohibición.

**prolong,** *s;* prorrogar, aplazar,
prolongar.

**prolongation,** *s;* prórroga.

**promissory note,** *s;* pagaré, abonaré, vale.

**promote,** *v;* agenciar, gestionar:
**to** — **a company,** fundar *(o
formar)* una compañía, promover una empresa.

**promoter,** *s;* agente de negocios,
promotor, gestor.

**propaganda,** *s;* propaganda.

**property,** *s;* hacienda, bienes;
finca, propiedad; haber; **personal** —, bienes muebles; **real**
—, bienes inmuebles *(o bienes
raíces).*

**proportion,** *s;* proporción; **in** —,
a prorrata.

**proposal,** *s;* propuesta, oferta.

**propone,** *v;* proponer.

**proprietor,** *s;* amo, dueño, patrón, propietario.

**pro rata,** *a;* prorrata, en proporción.

**prorate,** *v;* prorratear.

**prorogation,** *s;* prórroga.

**prorogue,** *v;* diferir, aplazar, prorrogar.

**prosecutor,** *s;* **public** —, procurador fiscal.

**prospect,** *v;* vista, probabilidad, perspectiva.

**prospectus,** *s;* prospecto, programa.

**protection,** *s;* protección.

**protest,** *s;* protesto *(de una letra);* protesta, protestación; — **for non acceptance,** protesto por falta de aceptación; — **for non payment,** protesto por falta de pago; **to accept under** *(or* **supra)** —, aceptar bajo protesto; — **charges,** gastos de protesto; **to levy** —, sacar protesto; *v.* protestar, hacer el protesto de una letra.

**prove,** *v;* (*pret. proved; pp. proved* o *proven*) probar, demostrar, comprobar.

**provide,** *v;* proveer, suplir, abastecer, surtir, suministrar, proporcionar, habilitar; — **ed that,** con tal que, a condición de.

**provision,** *s;* provisión, abastecimiento; *pl.* provisiones, comestibles, víveres; — **market,** mercado de abastos.

**provisional,** *a;* temporal, provisional, provisorio.

**proviso,** *s;* condición, estipulación, salvedad.

**proxy,** *s;* apoderado, comisionado, delegado; poder, procuración; **by** —, por poder.

**public,** *a;* público; — **utilities,** empresas (de utilidad) públicas; *s.* público.

**publish,** *v;* publicar, editar, dar a la prensa; — **ing firm,** casa editora.

**publisher,** *s;* editor.

**punctually,** *adv.;* puntualmente, sin falta.

**purchase,** *s;* compra, adquisición; — - **order,** nota de pedido; *v.* comprar; **to** — **real state,** hacendarse.

**purchaser,** *s;* comprador, adquiridor, adquirente.

**purchasing:** —, **agent,** agente comprador; — **power,** capacidad adquisitiva.

**purify,** *v;* refinar, clarificar.

**purpose,** *s;* propósito, fin, intento, objeto.

**purse,** *s;* bolsa, bolsillo, bolso, portamonedas.

**purser,** *s;* contador, sobrecargo.

**pursuance:** in — **of our agreement,** en consecuencia de nuestro ajuste *(o convenio).*

**purvey,** *v;* proveer, suministrar, abastecer, surtir.

**purveyor,** *s;* proveedor, abastecedor, surtidor.

**push,** *v;* empujar, impulsar.

**pushing,** *a;* emprendedor, activo.

**put,** *v;* (*pret.* y *pp. put*) poner, colocar, proponer, exponer; **to** — **a question,** dirigir o hacer una pregunta; **to** — **into port,** arribar, entrar de arribada; **to** — **in writing,** poner por escrito; — **up for sale,** poner en venta; — **down,** anotar, apuntar; rebajar los precios.

# Q

**qualified,** *a;* calificado; limitado, restringido; modificado; condicional; competente, apto.

**qualify,** *v;* habilitar, calificar.

**qualify,** *s;* calidad, cualidad.

**quantity,** *s;* cantidad, cuantía, suma.

**quarantine,** *s;* cuarentena, cuarenta días; **a port in** —, puerto sucio; **to pass** —, hacer cuarentena.

**quart,** *s;* cuarto de galón (1.1 litros).

**quarter,** *s;* cuarto; cuarta parte; trimestre; (EE. UU.) moneda de plata de 25 centavos.

**quarterly,** *adv.;* trimestralmente; *a.* trimestral.

**quasi-contract,** *s;* casicontrato.

**quay,** *s;* muelle, desembarcadero, malecón; **ex** —, en el muelle.

**question,** *s;* pregunta; asunto, cuestión; **the** — **is,** el caso es; **out of the** —, fuera de la cuestión, que no se debe pensar en ello; **there can be no**

— **about,** no hay duda, no cabe duda.

**questionable,** *a;* opinable, dudoso.

**quick,** *a;* pronto, rápido; — **sale,** venta rápida; **to be** — **about,** despachar pronto, hacer de prisa una cosa.

**quicken,** *v;* acelerar, avivar.

**quiet,** *a;* encalmado.

**quire,** *s;* mano de papel (24 ó 25 hojas).

**quits,** en paz; **to be** —, estar en paz.

**quota,** *s;* cuota, escote, prorrata.

**quotable,** *a;* cotizable.

**quotation,** *s;* cotización, curso, precio; cita, citación (de un texto); **closing** —, cotización del cierre (en la bolsa); **stock exchange** — **s,** boletín de cambios.

**quote,** *v;* cotizar; señalar, citar, notar.

**quotient,** *s;* cociente (o cuociente).

# R

**rail,** *s;* riel, carril; **by** —, por ferrocarril; **free on** —, puesto sobre vagón.

**railroad** (*or* **railway**), *s;* ferrocarril, vía férrea, camino de hierro; — **bill of lading,** declaración, talón-resguardo, guía de ferrocarril, carta de porte; — **guide,** guía de ferrocarriles, itinerario.

**raise,** *v;* aumentar, subir, encarecer, alzar; levantar; **to — a check,** raspar o aumentar la cantidad de un cheque; **to — a loan,** contraer un empréstito; **to — money on,** empeñar una cosa; **to — the price,** aumentar, subir, alzar el precio, encarecer.

**raiser,** *s;* productor, cultivador.

**raisin,** *s;* pasa (*uva seca*).

**ranch,** *s;* (U. S.) hacienda, granja; (*Cuba and Venezuela*), potrero; (*Mexico and Argentine*), rancho.

**ranchman,** *s;* ganadero, ranchero.

**random,** *a;* casual, fortuito, sin proyectar; **at** —, al azar, a la ventura.

**range,** *s;* escala (por ej., de precios).

**ratable,** *a;* tasable, valuable.

**rate,** *s;* tasa, tipo, valuación; tarifa, precio; razón, tanto por ciento; — **of discount,** tasa o tipo de descuento; —**of exchange,** tipo (*o curso del cambio*); — **of interest,** tasa (*o tipo de interés*); **at the — of,** a razón de; **at the day's** —, al tipo del día.

**ratio,** *s;* razón, relación, proporción.

**raw,** *a;* crudo, en bruto; — **silk,** seda cruda, en rama; — **material,** materia prima.

**reach,** *v;* llegar.

**readable,** *a;* legible, leíble.

**ready,** *a;* aparejado, listo, dispuesto; — **money,** dinero contante.

**real,** *a;* real, verdadero, actual, efectivo; — **estate,** bienes raíces, finca; — **estate owner,** propietario; — **value,** valor efectivo.

**realization,** *s;* realización; comprobación; adquisición (*de dinero*).

**realize,** *v;* realizar, convertir en dinero; darse cuenta, hacerse cargo.

**realty,** *s;* bienes raíces; — **loan,** préstamo sobre bienes raíces, préstamo hipotecario.

**reap**, *v;* cosechar, segar.

**reaping**, *s;* siega, cosecha; — **time**, siega.

**reappraise**, *v;* retasar.

**reason**, *s;* razón, causa, motivo.

**rebate**, *s;* rebaja, deducción, descuento, reducción; *v.* rebajar, descontar, deducir.

**receipt**, *s;* recibo, abono; *pl.* ingresos, entradas, rentas; recaudos; — - **book**, libro de recibos; — - **stamp**, sello de recibo; — **in full**, recibo por saldo de cuenta; **cash** — **s**, entradas; **duplicate** —, recibo por duplicado; **forwarding** —, recibo de expedición; **gross** — **s**, ingresos brutos, entrada bruta; **on** — **of**, al recibo de, al recibir; **to acknowledge** —, avisar recibo; *v.* dar recibo, poner el recibí; *(Chile)* cancelar.

**receipted**, *a;* finiquitado.

**receivable**, *a;* recibidero, por recibir; **bills** —, valores a recibir o por cobrar.

**receive**, *v;* recibir, aceptar; acoger; percibir; **to** — **goods**, admitir géneros; **to** — **interest**, percibir interés.

**received**, *a;* recibido; — **payment**, recibí, recibimos; — **with thanks**, he recibido; **value** —, valor recibido.

**receiver**, *s;* recibidor, receptor; recaudador, depositario; síndico; **official** — *(of bankrupt's state)*, síndico (de una quiebra).

**receivership**, *s;* receptoría, sindicatura.

**receiving**, *s;* recibimiento; — **office**, despacho de equipajes; — **teller**, cajero recibidor, cobrador.

**reckon**, *v;* calcular, computar, estimar.

**reclaim**, *v;* reclamar.

**reclamation**, *s;* reclamación, reclamo.

**recommend**, *v;* recomendar, alabar, encomendar.

**recommendation**, *s;* recomendación.

**recompense**, *s;* premio, recompensa.

**record**, *s;* acta, memoria; registro, inscripción; relación; *pl.* archivos; *v.* registrar, indicar.

**recorder of deeds**, *s;* registrador de la propiedad.

**recourse**, *s;* recurso, remedio; **to have** — **to**, valerse de.

**recover**, *v;* recobrar; ganar un pleito.

**recovery**, *s;* recobro, recuperación; cobranza; reivindicación.

**rectification**, *s;* rectificación, enmendación; — **of a mistake, of an account**, rectificación de un error, de una cuenta; **under reserve of** —, salvo rectificación.

**rectify**, *v;* rectificar.

**redeem**, *v;* redimir, desempeñar, rescatar; **to** — **a loan**, amortizar un empréstito.

**redeemable**, *a;* amortizable, redimible.

**redemption**, *s;* redención, amortización, pago.

**rediscount**, *s;* redescuento.

**redraft**, *s;* resaca *(letra de cambio que el tenedor de otra, que ha sido protestada, gira a cargo del librador, o de uno de los endosantes, para reembolsarse de su importe y gastos de protesto y recambio).*

**reduce,** *v;* reducir, disminuir, rebajar; **to — expenses,** reducir o limitar los gastos.

**reduction,** *s;* disminución, rebaja; reducción.

**referee,** *s;* árbitro, tercero en discordia.

**reference,** *s;* referencia, alusión, mención; **with — to,** con relación a, en cuanto a.

**refine,** *v;* refinar, clarificar, purificar.

**refinery,** *s;* refinería.

**refit,** *v;* reparar, componer; rehabilitar.

**reform,** *s;* reforma, renovación; *v.* reformar, reconstruir, rehacer.

**refrigerator car,** *s;* furgón nevera, vagón frigorífico.

**refund,** *v;* amortizar; reembolsar, devolver, restituir; consolidar.

**refusal,** *s;* recusación, negativa; **— of goods,** recusación de la mercancía; **to meet with a —,** recibir una repulsa; encontrarse con una negativa.

**refuse,** *v;* rehusar, negar; **to — aceptance, payment,** desairar, rehusar la aceptación, el pago; **to — to take in** (*or* up) **the goods,** negarse a retirar, a recibir la mercancía; **to — an offer,** rehusar una oferta.

**regain,** *v;* recobrar, volver a ganar lo perdido; **to — possession,** reivindicar.

**regard: with — to, in — to,** con relación a, por lo que toca a.

**regarding,** *prep.;* respecto de, en cuanto a.

**regime,** *s;* régimen, administración.

**register,** *s;* registro, archivo, inscripción, matrícula; **mariner's —,** matrícula de mar; **stock —,** registro de acciones; *v* registrar, matricular; certificar; **to — luggage, a letter,** facturar el equipaje, certificar una carta; **to — a ship,** abanderar.

**registered,** *a;* registrado; certificado; **bond —,** título nominativo; **— letter,** carta certificada.

**registrar,** *s;* registrador, archivero.

**registration,** *s;* registro, inscripción, asiento.

**registry,** *s;* asiento, archivo, inscripción; registro; **— dues,** derechos de registro.

**regret,** *v;* sentir, deplorar, lamentar.

**regulation,** *s;* regulación, orden, areglo; reglamento; **— size** *or* **length,** tamaño o longitud reglamentarios o de reglamento.

**rehabilitate,** *v;* rehabilitar, restablecer.

**rehabilitation,** *s;* rehabilitación.

**reimburse,** *v;* reembolsar, devolver.

**reimbursement,** *s;* reembolso, indemnización.

**reinstate,** *v;* reinstalar, rehabilitar, restablecer.

**reinsurance,** *s;* reaseguro.

**reinsure,** *v;* reasegurar.

**reissue,** *v;* volver a publicar, a imprimir, reimprimir; *s.* reimpresión.

**reject,** *v;* rechazar, recusar.

**relation,** *s;* relación, referencia; **business — s,** relaciones comerciales.

**release,** *s;* liberación; finiquito; desprendimiento; cesión.

**reliable**, *a;* seguro, digno de confianza; veraz.

**rely**, *v;* confiar en, contar con, fiarse de.

**remain**, *v;* quedar, permanecer.

**remainder**, *s;* resto, remanente, sobrante.

**remark**, *s;* observación, nota; *v.* observar, notar.

**remember**, *v;* acordarse de, recordar.

**remind**, *v;* hacer presente, traer a la memoria.

**remit**, *v;* remitir, remesar, enviar; **to — by bill of exchange**, girar.

**remittance**, *s;* remesa, giro, letra de cambio.

**remitter**, *s;* remitente.

**remnant**, *s;* remanente, resto; retal, retazo; saldo *(resto de mercancías)*.

**remunerate**, *v;* remunerar, recompensar.

**remuneration**, *s;* remuneración, pago.

**remunerative**, *a;* remunerativo, remuneratorio, remunerable.

**render**, *v;* rendir, pasar, prestar; **to — a service**, prestar un servicio; **according to account — ed**, según cuenta pasada.

**renew**, *v;* renovar, extender, prorrogar.

**renewal**, *s;* prórroga, renovación.

**renovation**, *s;* renovación.

**rent**, *s;* renta, alquiler, arrendamiento, arriendo, rédito, canon; *v.* alquilar, arrendar.

**rental**, ; renta, arriendo, censo.

**repair**, s; reparo, reparación, compostura; **— shop**, taller de reparaciones; *v.* reparar, componer.

**repay**, *v;* repagar, recompensar, reembolsar.

**repayment**, *s;* reembolso.

**replevin**, *s;* reivindicación; auto de desembargo.

**replevy**, *v;* reivindicar, desembargar.

**reply**, *s;* contestación, respuesta; *v.* contestar.

**report**, *s;* noticia, información, dictamen, informe, relación; parte; **commercial —**, informe comercial; **market —**, revista del mercado; estado de la plaza; **official —**, parte oficial; *v.* dar parte o cuenta de, enterar, referir; informar sobre o de.

**repository**, *s;* depósito, estanco.

**represent**, *v;* representar.

**representative**, *s;* representante, agente.

**reproach**, *v;* reprochar, censurar; *s.* reproche, censura.

**reprove**, *v;* reprobar, condenar.

**repurchase**, *s;* retroventa, recompra.

**reputation**, *s;* reputación, fama, nombre; **to enjoy a good —**, gozar de buena fama.

**request**, *s;* petición, ruego, demanda, encargo, solicitud; *v.* rogar, pedir, encargar, solicitar.

**requirement**, *s;* demanda, requerimiento, exigencia, requisito. necesidad.

**requisite**, *s;* requisito.

**resale**, *s;* reventa.

**rescind**, *v;* rescindir, anular, abrogar.

**resell**, *v;* revender.

**reserve,** s; reserva, encaje; — **fund,** fondo de reserva; **gold** —, encaje de oro.

**reship,** v; reembarcar.

**reshipment,** s; reembarco, reembarque.

**residue,** s; remanente, residuo.

**resign,** v; dimitir, renunciar.

**resolution,** s; resolución, acuerdo, decreto; **stockholders'** —, acuerdo de accionistas.

**resolve,** v; resolver, acordar, decidir.

**resolved,** a; acordado, decidido; **it is** —, queda acordado.

**resource,** s; recurso, medio, expediente, arbitrio; pl. fondos, recursos, posibles, medios pecuniarios.

**respecting,** prep.; con respecto a, respecto de.

**respite,** s; plazo, prórroga.

**respondentia,** s; contrato a la gruesa (o a riesgo marítimo) (V. Bottomry); — **bond,** contrato a la gruesa; — **loan,** préstamo a la gruesa.

**responsability,** s; responsabilidad, deber, obligación, solvencia.

**responsible,** a; responsable, garante, solvente.

**restitution,** s; restitución, devolución.

**restore,** v; restituir, devolver.

**restrict,** v; restringir, limitar.

**result,** s; resultado, éxito.

**retail,** s; venta por menor, al por menor, menudeo, detalle; — **dealer,** detallista, comerciante al por menor; — **house,** casa detallista, casa al por menor; — **sale,** venta al detalle o al por menor; v. revender, vender al por menor, al detalle, al menudeo.

**retailer,** s; detallista, revendedor, comerciante al por menor.

**retrench,** v; recogerse (moderarse en los gastos).

**return,** s; vuelta, retorno, rédito; pl. ingresos, entradas; — **ticket,** billete de vuelta; — **of money,** reembolso de dinero; **by — mail,** a vuelta de correo; v. devolver, reembolsar, restituir; volver, regresar; **to — goods,** devolver la mercancía.

**revenue,** s; rentas públicas; renta, rédito, entrada, ingreso, beneficio, recaudación; — **officer,** aduanero; **internal** —, impuesto sobre artículos de consumo, bienes muebles, etc.

**reverse,** s; lo contrario; dorso, revés, reverso, respaldo.

**reversion,** s; retrovendición, retroventa; reversión; **sale on** —, retroventa.

**revert,** v; retrovender, revertir.

**revise,** v; revisar, corregir.

**revoke,** v; revocar, abolir, anular, derogar, retirar.

**rich,** a; rico, acaudalado, adinerado, opulento.

**riches,** s; pl. riqueza, caudales, bienes.

**rider,** s; anexo, añadidura, aditamento.

**rigging,** s; (mar.), aparejo.

**right,** a; correcto, recto, justo; exacto; derecho; s. derecho, justicia, razón, privilegio; **to be** — (or **in the** —), tener razón; **patent** — **s,** privilegio de invención; **all** — **s reserved,** derechos de propiedad.

**ring,** s; sindicato.

**rise,** *v; (pret. rose, pp. risen),* subir, encarecer, aumentar, alzar.

**risk,** *s;* riesgo, peligro; **against all — s,** contra todo riesgo; **at your —,** a su riesgo, a riesgo de usted; **for account and — of,** por cuenta y riesgo de; **to run a —,** correr riesgo, exponerse; *v.* arriesgar, aventurar.

**rival,** *s;* rival, competidor; *v.* competir, rivalizar.

**rivalry,** *s;* rivalidad, competencia, emulación.

**road,** *s;* camino, vía, carretera.

**roadstead,** *s;* rada.

**rope,** *s;* cabo, cuerda, soga; **— of onions, of garlics,** ristra de cebollas, de ajos; **— ladder,** escala de cuerdas.

**rough,** *a;* bruto, rudo, ordinario; **— estimate,** cálculo aproximado; **— copy,** borrador.

**route,** *s;* ruta, curso, vía, camino.

**royal,** *s;* real, regio.

**royalty,** *s;* derechos (de autor, de patente).

**rubber,** *s;* caucho, goma.

**ruble,** *s;* rublo.

**rubric,** *s;* rúbrica.

**rubricate,** *v;* rubricar.

**rudder,** *s;* timón.

**ruin,** *v;* arruinarse, decaer.

**rule,** *s;* regla, régimen, gobierno, pauta, arreglo, pie; **— s and regulations,** reglamento; *v.* regir, prevalecer, mantenerse (a un tipo o precio); **— ing price,** precio predominante.

**ruler,** *s;* regla (para trazar líneas).

**run,** *v; (pret. ran, pp. run),* correr; **to — up debts,** endeudarse; **to — a risk,** correr riesgo; **to — aground,** encallar; **— (on a bank)** pánico; corrida; **there was a — on the bank,** acudió mucha gente a retirar sus fondos del banco; **to — off with,** escaparse con; **the letter runs as follows,** la carta dice así; **in the long —,** a la larga.

**rupee,** *s;* rupia.

**rural,** *a;* rural, rústico, campesino.

**rye,** *s;* centeno; whisky de centeno.

# S

sack, *s;* saco, saca, talega; *v.* ensacar; by the —, por saco; — - coat, chaqueta; *(America),* saco.

sackcloth, *s;* arpillera.

safe, *a;* seguro; — - keeping, guardia, depósito, custodia; *s.* caja de hierro, arca, cofre fuerte.

saffron, *s;* azafrán.

sail, *s;* vela; *pl.* velaje, velamen; to set —, hacerse a la vela.

sailing, *s;* navegación a la vela, salida; — - orders, orden de salida; — - vessel, buque de vela, velero.

sailor, *s;* marinero, marino.

salability, *s;* facilidad de ser vendida una cosa.

salable, *a;* vendible, realizable.

salary, *s;* salario, paga, sueldo, honorario, estipendio.

sale, *s;* venta, realización, liquidación; — by auction, subasta, almoneda, venta en subasta pública; — on approval, on reversion, on return, retroventa; — for cash, on credit (*or* trust), on easy terms, on a fixed term (*or* date), venta al contado, a crédito, a plazos, a plazo fijo; — at wholesale, by

retail, venta al por mayor, al por menor; — with equity *or* faculty of redemption, venta con (facultad de) rescate; — against documents, venta contra documentos; compulsory —, venta forzosa; clearance —, liquidación, realización; bargain —, realización de saldos, venta de saldos; account — s, cuenta de venta; bill of —, contrato, escritura, documento de venta; — s book, libro de ventas; — price, precio de venta; public —, subasta pública, remate, almoneda; for (*or* on) —, a la venta, de venta; to offer for —, poner a la venta; to be on — at, estar en venta en.

salesman, *s;* vendedor, tendero; *(Spain)* viajante; *(America)* agente o vendedor.

salesroom, *s;* salón de remate, lonja.

salt, *s;* sal; *pl.* sales medicinales; — - meat, carne salada; — - mine, mina de sal; — - tub, saladero; — - works, salina; *v.* salar, curar con sal.

saltpeter, *s;* nitro, salitre; — - works, nitrería; *(Chile),* salitrera.

salvage, *s;* salvamento.

**same,** *a;* mismo, igual, idéntico.

**sample,** *s;* muestra, ejemplar, prueba; — **card,** muestrario; — - **line,** muestrario; **collection of — s,** muestrario; — **s without value,** muestras sin valor.

**sardine,** *s;* sardina.

**satisfy,** *v;* satisfacer; **to — customers in the best way,** dejar muy satisfechos a los clientes, dejarlos contentos.

**Saturday,** *s;* sábado.

**save,** *v;* ahorrar, economizar.

**saving,** *s;* economía, ahorro; — **s bank,** caja de ahorros.

**say,** *v; (pret. y pp. said);* decir; **it is said,** se dice; **that is to say,** es decir, esto es.

**scale,** *s;* escala, tarifa; balanza, báscula; **on a large —,** en gran escala; **on a small —,** en pequeña escala; *v.* escalonar, graduar, balancear.

**scanty,** *a;* escaso, mezquino, pobre; — **harvest,** cosecha pequeña, mezquina, pobre.

**scarce,** *a;* escaso, raro.

**scarcity,** *s;* escasez, carestía; rareza.

**schedule,** *s;* cédula, documento, comprobante; nota, lista, catálogo, inventario.

**schooner,** *s;* goleta.

**screw,** *s;* tornillo; — **propeller,** hélice; — **steamer,** vapor de hélice.

**sea,** *s;* mar, océano; — **voyage,** travesía, viaje por mar; **beyond the —,** ultramar; **high —,** mar gruesa; **heavy —,** mar fuerte, ola fuerte, mar agitada; **smooth —,** mar en calma; **to be in the through of the —,** estar a merced de las olas; **to put out to —,** salir o hacerse a la mar.

**seal,** *s;* sello, estampilla, timbre; **under hand and —,** bajo firma y sello; *v.* sellar; — **ing-wax,** lacre.

**search,** *v;* buscar, solicitar.

**season,** *s;* estación (del año), temporada; **out of —,** fuera de sazón; a destiempo.

**seat,** *s;* asiento, silla; *v.* sentarse, tener asientos; **the hall will — four thousand,** la sala tiene asientos para cuatro mil personas; — **ing capacity,** capacidad para número de personas sentadas.

**second,** *a;* segundo; — - **hand,** usado, de lance, de segunda mano; — **of exchange,** segunda de cambio; — **and third being unpaid,** no habiéndolo hecho por la segunda o tercera.

**secretary,** *s;* secretario, ministro de gobierno; **S — of Commerce,** Ministro de Comercio; **S — of State,** Ministro de Relaciones Exteriores; **S — of the Interior,** Ministro de la Gobernación *(in Spain).* Ministro del Interior *(in Amer.);* **S — of the Treasury,** Ministro de Hacienda; — **'s office,** secretaría; **assistant, private —,** secretario auxiliar, particular.

**section,** *s;* sección, división.

**security,** *s;* seguridad, afianzamiento, fianza, caución, prenda, garantía, fiador; *pl.* valores, acciones, fondos, títulos, efectos públicos, vales; **to stand —,** salir fiador; **to give —,** dar fianza.

**see,** *v; (pret. saw; pp. seen),* ver; — **after,** cuidar, cuidar de; buscar.

**seed,** *s;* semilla; — - **drill,** sembradora, máquina de sembrar; — - **time,** siembra.

**seeder,** *s;* sembradora.

**seek,** *v; (pret. y pp. sought),* buscar; **to** — **to,** tratar de; **to be sought after,** estar muy buscado o pedido o en demanda, gozar de mucho favor.

**seem,** *v;* parecer.

**seemingly,** *adv.;* al parecer, aparentemente.

**seize,** *v;* embargar, confiscar, decomisar, secuestrar.

**seizure,** *s;* embargo, comiso, decomiso, secuestro.

**selection,** *s;* selección, elección, tría.

**self,** *a;* mismo, idéntico; *pron.* sí mismo; *s.* uno mismo.

**self-made man,** *s;* hijo de sus propias obras, hombre que ha logrado éxito por sus propios esfuerzos.

**sell,** *v; (pret. y pp. sold)* vender; **to** — **under** *(or* **below) cost,** vender a menos del costo; **to** — **on time** *(or* **futures),** vender a plazo; **to** — **on easy terms, on instalments,** vender a plazos; **to** — **uncovered, for cash, on credit,** vender al descubierto, al contado, a crédito; **to** — **by the pound, by the yard, by the lump,** vender al peso, a la medida, por junto *(o en globo, a ojo, en conjunto);* **to** — **at wholesale, at retail,** vender al por mayor, al por menor; **to** — **at a loss, at a profit,** vender con pérdida, con beneficio; **to** — **on approval,** vender con (facultad de) devo-

lución; **to** — **(amount payable) on delivery,** vender contra reembolso; **to** — **against documents,** vender contra documentos; **to** — **at auction,** vender en pública subasta, en remate; **to** — **off,** liquidar las existencias; **to** — **for prompt delivery,** vender para pronta entrega; **to** — **for account of,** vender por cuenta de; **to** — **short,** operar en descubierto.

**seller,** *s;* vendedor.

**semester,** *s;* semestre.

**semiannual,** *a;* semianual, semestral.

**send,** *v; (pret. y pp. sent),* enviar, despachar, mandar, remitir, expedir, remesar, dirigir: **to** — **a letter,** dirigir una carta; **to** — **back,** devolver; **to** — **for,** enviar por; **to** — **word,** mandar *(o pasar)* recado o aviso.

**sender,** *s;* remitente, expedidor.

**sending,** *s;* envío, remesa.

**senior,** *s;* mayor en antigüedad, socio más antiguo; el de mayor edad; padre.

**sentence,** *s;* condena, fallo, sentencia.

**separate,** *v;* separar, apartar, dividir.

**separation,** *s;* separación, división.

**separator,** *s;* separador; partidor.

**September,** *s;* septiembre.

**sequestrate,** *v;* secuestrar, confiscar, comisar.

**sequestration,** *s;* embargo, secuestro.

**serial number,** *s;* número de serie.

**series,** *s;* serie, sucesión.

**service,** s; servicio, favor, uso; **at your —,** a su disposición, para servir a usted; **to be of — to,** servir, ser útil a.

**session,** s; sesión, junta.

**set,** v; (pret. y pp. set), sentar, fijar, colocar; **to — forth,** representar; **to — up,** instalar; **to — sail,** hacerse a la vela; zarpar; s. colección, juego, surtido.

**settle,** v; arreglar; resolver, decidir; ajustar, satisfacer, cancelar, saldar, fijar, finiquitar, liquidar, pagar; **to — a difference,** ajustar una diferencia; **to — an account,** arreglar una cuenta.

**settlement,** s; ajuste, ajustamiento, arreglo; cancelación, liquidación, finiquito, pago de saldo.

**seven,** a y s; siete.

**seventeen,** a y s; diecisiete.

**seventy,** a y s; setenta.

**shake-up,** s; cambio de personal, reorganización completa.

**share,** s; acción, título, cuota; dividendo; interés; parte; participación, proporción; **— certificate,** título de acción; **paid up —,** acción liberada; **stock and — - broker,** corredor de acciones; **division into — s,** prorrateo; **to have a — in a business,** estar interesado, tomar parte, participar en un negocio; v. dividir, compartir; participar, tener parte en; repartir, distribuir.

**shareholder,** s; accionista.

**sheep,** s; oveja, ovejas; carnero.

**sheet,** s; hoja (de papel o de hoja de lata), pliego, lámina (de metal); **metal —,** chapa.

**shelf,** s; anaquel, estante.

**shelving,** s; estantería.

**sherry,** s; jerez, vino de Jerez.

**shilling,** s; chelín (vigésima parte de la libra esterlina).

**ship,** s; buque, nave, barco, embarcación; **sailing, steam —,** buque de vela, de vapor; **— flying the English flag,** barco navegante bajo bandera inglesa; **— - broker,** corredor de navíos, de artículos para la marina, (in Amer.) cabuyero; **— - owner,** armador, fletante, naviero; **ex —,** a bordo; v. embarcar, remesar, expedir, transportar.

**shipmaster,** s; patrón, capitán de buque.

**shipment,** s; embarque, cargamento; despacho, expedición, envío, remesa, partida.

**shipper,** s; cargador, fletador, exportador, expedidor, remitente; casa armadora.

**shipping,** s; embarque, envío, despacho, expedición; navegación, tráfico marítimo; **— - agent,** consignatario de buques, agente marítimo, agente de transportes, comisionista expedidor; **— - agency,** casa (expedidora) de transportes; **— - business,** negocios marítimos, comercio de buques; **— charges,** gastos de embarque; **— - clerk,** dependiente de muelle; **— - company,** compañía armadora; **— department,** sección de embarques; **— documents,** documentos de embarque; **— - house,** casa exportadora; **— - note,** nota de embarque; **— - receipt,** recibo de embarque; **— - trade,** comercio marítimo.

**shipwreck,** *s;* naufragio, siniestro, desastre.

**shipyard,** *s;* astillero, varadero.

**shoe,** *s;* zapato, calzado.

**shop,** *s;* tienda, almacén; **second-hand** —, baratillo, tienda de lance.

**shopkeeper,** *s;* tendero.

**short,** *a;* corto, bajo, breve, escaso; *falto de lo que se vende y tiene que entregarse en cierto plazo;* — **date,** a corto plazo; **in a** — **time,** en breve, dentro de poco; — **measure, weight,** merma en la medida, en el peso; — **delivery,** falta a la entrega; — **of money,** escaso de dinero; **in** —, en suma, en resumen; **to be** —, faltar; **to be** — **of,** carecer de, andar escaso de; **to sell** —, operar en descubierto.

**shortage,** *s;* déficit, merma; pérdida.

**shorten,** *v;* recortar, disminuir.

**shorthand,** *s;* taquigrafía, estenografía; — **typist,** taquimecanógrafo.

**show,** *s;* exhibición, espectáculo público; — **case,** aparador, vitrina; caja de muestras; — **window,** escaparate (de tienda) o ventana, *(in Amer.)* vidriera.

**shrinkage,** *s;* merma, pérdida.

**sight,** *s;* vista; — **draft,** letra a la vista; **at** —, a la vista; **at short, at long** —, a corta, a larga vista *(o plazo);* — **rate** *(of exchange),* cambio a vista; **at fifteen days'** —, a quince días vista; **to draw at** —, girar a la vista; **to pay at** —, pagar a presentación.

**sign,** *s;* signo, señal, indicio; rótulo, letrero; *v.* firmar, rubri-

car; **to** — **in blank,** firmar en blanco.

**signature,** *s;* firma, rúbrica; **the** — **of the firm** *(or* **the social** —), la firma social; **I hereby certify that the above is the true** — **of,** certifico que la firma que precede es auténtica de.

**signboard,** *s;* muestra, rótulo (de un establecimiento).

**silent partner,** *s;* socio comanditario.

**silk,** *s;* seda; tejido de seda; — **culture,** sericultura; **raw** —, seda cruda o en rama; — **cotton,** seda vegetal; **artificial** —, seda artificial; **rayon** (nombre popular y corriente con que se designa la seda artificial en los Estados Unidos); **soft, hard, floss, twisted** —, seda cocida, cruda, floja, torcida.

**silver,** *s;* plata; monedas de plata; — **alloy,** aleación de plata; — **plate,** vajilla plateada *(o de plata);* — **plated,** plateado; **mass of crude** —, plata bruta; **sterling** —, plata de ley; **German** —, alpaca.

**silversmith,** *s;* platero.

**similar,** *a;* similar, semejante, parecido, igual.

**single,** *a;* único, simple, particular, individual, solo; — **bill of exchange,** única (letra) de cambio.

**sink,** *v; (pret. sank* o *sunk, pp. sunk* o *sunken),* irse a pique *(o a fondo),* naufragar, zozobrar; **to** — **fund,** amortizar capital.

**sinking-fund,** *s;* fondo de amortización; caja de amortización.

**sisal hemp,** *s;* henequén, pita.

**sit,** *v; (pret. y pp. sat),* sentar, estar sentado, sentarse; reunirse; celebrar junta.

**sit-down strike,** *s;* huelga de sentados, huelga de brazos caídos.

**site,** *s;* sitio, situación; local.

**sitting,** *s;* sesión, junta, reunión.

**situation,** *s;* situación, colocación, puesto, empleo, ocupación; **out of a —,** sin empleo, cesante.

**six,** *a y s;* seis.

**sixteen,** *a y s;* dieciséis.

**sixty,** *a y s;* sesenta.

**size,** *s;* tamaño, forma, dimensión.

**skill,** *s;* conocimiento, práctica, habilidad, pericia, maña.

**skilful,** *a;* perito, práctico, hábil, mañoso, diestro, ducho, experto.

**slip of the pen,** errata de pluma.

**sloop,** *s;* lancha, chalupa.

**slow,** *a;* lento, tardío; torpe.

**slump,** *s;* baja repentina en los valores.

**small,** *a;* pequeño, menudo, chico.

**smash,** *s;* fracaso, ruina; quiebra, bancarrota.

**smelt,** *v;* fundir minerales.

**smelter,** *s;* fundidor, apartador.

**smelting,** *s;* fusión, fundición; — - **furnace,** horno de fundición; — - **works,** fundición.

**smith,** *s;* forjador, herrero. **blacksmith,** herrero; **goldsmith,** orífice; **silversmith,** platero.

**smuggle,** *v;* contrabandear, matutear, h a c e r contrabando; — **d goods,** mercancías entradas de contrabando.

**smuggler,** *s;* contrabandista, matutero.

**smuggling,** *s;* contrabando, matute; **caught —,** cogido en el acto de contrabandear.

**snakeskin,** *s;* piel de serpiente.

**so,** *adv.;* así, tal; **Mr. So and So,** Sr. Fulano de Tal.

**social,** *a;* social.

**society,** *s;* sociedad, compañía; gremio; junta, reunión, círculo.

**soft,** *a;* blando, suave, flexible; — **water,** agua dulce.

**sojourn,** *s;* estancia, permanencia.

**sol,** *s;* sol *(moneda de plata del Perú).*

**solicit,** *v;* solicitar, demandar, procurar, agenciar, activar.

**solicitation,** *s;* solicitación.

**solicitor,** *s;* procurador, solicitador.

**solidarity,** *s;* solidaridad, mancomunidad.

**solve,** *v;* resolver, solucionar.

**solvency,** *s;* solvencia.

**solvent,** *a;* solvente, abonado.

**son,** *s;* hijo; — - **in law,** yerno.

**soon,** *adv.;* pronto, luego, presto; **as — as,** luego que, tan pronto como.

**sop,** *s;* sopa; regalo (para acallar, apaciguar o sobornar).

**sophisticate,** *v;* adulterar, falsificar.

**sophistication,** *s;* adulteración de productos alimenticios, etc.

**sorry,** *a;* pesaroso; **I am —,** lo siento.

**sort,** *s;* clase, género, especie, condición, estilo; **all — s of people,** toda clase de gente.

**sound,** *a;* solvente; seguro, firme, sólido, entero; completo, bueno, sano; — **mind,** buen juicio; — **reasoning,** raciocinio sólido.

**soundness,** *s;* firmeza, solidez, rectitud; buen estado; salud.

**south,** *s;* sur, sud.

**sovereign,** *s;* soberano; libra esterlina *(moneda de oro de veinte chelines).*

**sow,** *(pret. sowed; pp. sown o sowed),* sembrar, esparcir, desparramar, diseminar; — **n ground,** sembrado; — **ing-machine,** sembradora.

**space,** *s;* espacio, lugar; período, intervalo, un rato.

**Spanish,** *a;* español.

**Spanish-American,** *a;* hispanoamericano.

**spare,** *v;* evitar, dispensar de; ahorrar; — **time,** tiempo desocupado, ratos perdidos; — **hours,** horas libres, disponibles; — **money,** ahorros.

**speak,** *v; (pret. spoke; pp. spoken),* hablar; to — **about,** hablar de, tratar de; to — **for,** hablar en favor de, en nombre de; to — **to,** hablar a; **so to** —, por así decir.

**special delivery,** *s;* correspondencia urgente, correo urgente.

**specie,** *s;* efectivo, metálico, dinero contante, moneda sonante, numerario.

**species,** *s;* especie, clase.

**specific,** *s;* específico, preciso, determinado, expreso, distinto.

**specifications,** *s; pl.* pliego de condiciones; especificaciones.

**speculate,** *v;* especular.

**speculation,** *s;* especulación.

**speculative,** *a;* especulativo.

**speculator,** *s;* especulador, bolsista.

**speed,** *s;* velocidad, rapidez; **at full** —, a toda velocidad.

**spell,** *s;* temporada, período.

**spend,** *v; (pret. y pp. spent),* gastar; pasar (una hora, un día, etc.).

**spendthrift,** *s;* malgastador, derrochador, pródigo.

**spin,** *v; (pret. y pp. spun),* hilar.

**spinach,** *s;* espinaca.

**spinner,** *s;* hilador, hilandero; máquina de hilar.

**spinning,** *s;* hilado; — - **mill,** hilandería; — - **wheel,** torno de hilar.

**spoil,** *v;* estropear, deteriorar, echar a perder.

**spoliation,** *s;* expoliación, despojo.

**spun goods,** *s; pl.* hilados.

**spurious,** *a;* falso, falsificado.

**squander,** *v;* malgastar, derrochar.

**squanderer,** *s;* derrochador, pródigo, manirroto.

**square,** *a;* cuadrado; *s.* cuadro; plaza.

**stable,** *a;* estable, fijo, constante, firme.

**stableness,** *s;* estabilidad.

**staff,** *s;* personal (empleados de una casa).

**stage,** *s;* estado, grado.

**stamp,** *s;* sello, timbre, impresión, marca; *(in Amer.)* estampilla; — - **duties,** derechos de papel sellado *(o de timbre);* — **ed paper,** papel sellado; **postage** - —, sello de correos; **receipt** - —, sello de recibo; **revenue** - —, sello de ingresos; *v.* estampar, imprimir, rotular, sellar, timbrar, estampillar.

**stand,** *s;* estante, vitrina, puesto; posición.

**standard,** *s;* marca, tipo, modelo, patrón, norma; ley del oro o de la plata; — **measure,** medida legal; — **price,** precio regulador; — **weight,** peso de ley.

**standing,** *s;* reputación, crédito, posición; empleo; **a house of good** —, una casa acreditada; **to hold a position of high** —, tener *(u ocupar)* una posición importante, desempeñar un alto cargo.

**staple,** *a;* corriente, de consumo *(o uso)* general; *s.* artículo o producto principal de un país.

**starboard,** *s;* estribor.

**start,** *s;* principio; comienzo; salida; sobresalto; **to give a start to,** ayudar (a un joven) a establecerse en los negocios; *v.* empezar, ponerse en marcha.

**state,** *s;* estado, situación, condición; **S— Department,** Ministerio de Relaciones Exteriores; **Secretary of S—,** Ministro de Relaciones Exteriores; — **of affairs,** estado de los negocios; — **of situation,** estado de situación; — **of health,** estado sanitario; **government — bank,** banco del Estado; — *(or* **government) loan,** empréstito del Estado.

**statement,** *s;* exposición, relación, declaración, e s t a d o, cuenta, nota; — **of account,** estado de cuenta; **detailed** —, informe *(o relación)* detallado; **financial** —, estado de situación; **monthly** —, estado men-

sual; **sworn** —, relación jurada.

**stateroom,** *s;* camarote.

**station,** *s;* estación.

**stationery,** *s;* papelería, efectos de escritorio, útiles de escritorio, tienda de útiles de escritorio.

**statistics,** *s;* estadística.

**statute,** *s;* estatuto, ley.

**steady,** *a;* firme; **to keep** —, mantenerse firme.

**steam,** *s;* vapor; — **- engine,** máquina de vapor; — **- packet,** vapor correo.

**steamer,** *s;* buque de vapor, vapor; **freight** —, vapor de carga.

**steampship,** *s;* buque de vapor, vapor; — **company,** compañía de vapores.

**steel,** *s;* acero.

**steelyard,** *s;* romana, balanza, báscula.

**steerage,** *s;* entrepuente.

**stenographer,** *s;* taquígrafo, estenógrafo.

**stenography,** *s;* taquigrafía, estenografía.

**step,** *s;* paso, escalón; *pl.* gestiones, pasos, diligencias; **to make a** —, dar un paso, tomar una medida.

**sterling,** *a;* esterlina; puro, verdadero, de ley; — **silver,** plata de ley; **pound** —, libra esterlina.

**stern,** *s;* popa.

**stevedore,** *s;* estibador.

**steward,** *s;* camarero (en los vapores).

**stick-lac,** *s;* laca en palo σ en rama.

**still,** *a;* inmóvil; quieto; callado; *adv.* todavía, aún; *conj.* sin embargo, con todo; *v.* acallar, calmar.

**stipend,** *s;* estipendio, sueldo, honorarios.

**stipulate,** *v;* estipular.

**stipulation,** *s;* estipulación, cláusula, condición.

**stock,** *s;* capital comercial, fondos, valores, acciones; surtido de mercancías, existencias, provisión, abastecimiento, cantidad de primeras materias; — - **book,** libro de almacén; registro de acciones; — - **broker,** bolsista, corredor de bolsa; — - **certificate,** título de acciones; — **exchange,** bolsa (lonja) — - **farm,** ganadería; — - **farmer,** ganadero; — **in trade,** mercancías en almacén; — **in hand,** existencias en almacén; — - **jobber,** agiotista; — - **jobbing,** agio, agiotaje; — - **list,** cotización de bolsa; — - **market,** mercado de acciones; — **journal, transfer book, register,** registro de accionistas; — - **taking,** inventario; **common** —, acciones ordinarias; **goods in** —, mercancías en almacén; **joint** - — **company,** sociedad anónima o por acciones; **preferred** —, acciones preferentes o de prioridad: **public** — s, efectos (*o fondos*) públicos; **live** —, ganado; **in** —, en almacén, en existencia; **rolling conveyance** —, material móvil o rodante; **railway conveyance** —, material de ferrocarril; **working** —, material de explotación; **to exhaust the** —, agotar las existencias; **to lay in a** —, proveerse; **to replenish the** —, completar el almacén; **to take** —, hacer inventario; *v.* proveer, surtir, abastecer, acaparar, acumular.

**stockholder,** *s;* accionista.

**stockyard,** *s;* rodeo, corrales para el ganado.

**storage,** *s;* almacenaje, derechos de depósito.

**stop,** *v;* parar, cesar, suspender; **to** — **payments,** cesar los pagos; *s.* parada.

**stoppage,** *s;* cesación, interrupción; — **of labour,** paralización del trabajo; — **in transit,** embargo de mercancías durante su transporte en caso de insolvencia del comprador.

**store,** *s;* acopio, provisión; tienda, almacén; **department** —, tienda de departamentos; **drygoods** —, mercería; **general country** —, pulpería, tienda de comestibles; **hardware** —, ferretería; **provisions** —, almacén de comestibles; **retail** —, almacén al por menor; **retail grocery** —, tienda de comestibles, pulpería; (*en España*) tienda de ultramarinos; **wholesale** —, almacén al por mayor; **in** —, en almacén; *v.* surtir, proveer, abastecer, almacenar, acumular, acopiar, guardar.

**storehouse,** *s;* almacén, proveeduría.

**storekeeper,** *s;* guardalmacén; tendero.

**storeroom,** *s;* despensa, bodega.

**stow,** *v;* arrumar, abarrotar; **to** — **a cargo,** estibar.

**stowage,** *s;* almacenaje; (*de un cargamento*) arrumaje, estiba.

**strain,** *s;* tensión; esfuerzo muy grande; *v.* esforzarse, hacer un esfuerzo excesivo.

**strand,** *v;* encallar, embarrancar, varar.

**strap iron,** s; fleje, flejes.

**straw,** s; paja; **straw-man,** hombre de paja, testaferro.

**street,** s; calle; — **- car,** tranvía; — **- railway,** tranvía, ferrocarril urbano.

**stress,** s; fuerza, violencia; **by — of weather,** a causa de temporal; **to lay — on,** insistir en, dar mucha importancia a, recalcar.

**strike,** s; huelga, paro del trabajo; **on —,** en huelga.

**striker,** s; huelguista.

**string,** s; cordel, cuerda.

**strong,** a; fuerte; *(en la bolsa)* mantenido, con tendencia al alza.

**stub,** s; talón, matriz; — **- book,** libro talonario.

**stuff,** s; material, materia prima, substancia; tela, estofa.

**style,** s; estilo, dicción, modo; tipo, moda, uso.

**subject,** a; sujeto; — **to,** sujeto a.

**sublease,** s; subarriendo; v. subarrendar.

**sublet,** v; subarrendar.

**sub-manager,** s; subgerente.

**subordinate,** a y s; subordinado, subalterno, inferior.

**subpœna,** s; citación.

**subscribe,** v; suscribir, firmar, rubricar; abonarse.

**subscriber,** s; suscritor, infrascrito, firmante; abonado.

**subscription,** s; abono, suscripción o subscripción.

**subsidy,** s; subsidio, subvención.

**substantial,** a; sólido, importante, esencial, considerable.

**subtract,** v; deducir, restar.

**succeed,** v; salir bien, tener éxito; lograr, conseguir.

**success,** s; buen éxito, fortuna, logro.

**sucre,** s; sucre *(moneda de plata del Ecuador).*

**sue,** v; demandar, procesar, poner pleito, entablar juicio, pleitear; **to — for damages,** demandar por daños y perjuicios.

**suffrage,** s; sufragio, voto.

**sugar,** s; azúcar; **brown —,** azúcar moreno; *(America),* panela; **while** or **refined —,** azúcar blanco o refinado; — **cane,** caña de azúcar o caña dulce; — **- plantation,** ingenio, hacienda de caña dulce; — **- mill,** trapiche; v. endulzar, azucarar.

**suit,** s; pleito, litigio, serie, colección, juego; traje (completo), *(América)* flux; v. cuadrar, convenir, ir o venir bien; satisfacer.

**suitable,** a; conveniente, adecuado, conforme, satisfactorio.

**suite,** s; serie.

**sum,** s; cantidad, monto; suma, total; v. sumar; **to — up,** resumir, recapitular.

**summary,** s; sumario, resumen, compendio; recolección.

**summon,** v; citar, convocar, llamar, reunir.

**summons,** s; citación, comparendo, convocatoria; apercibimiento.

**Sunday,** s; domingo.

**sundry,** a; varios, diversos, diferentes, distintos; — **expenses,** gastos varios.

**supercargo,** s; sobrecargo.

**superintend,** *v;* vigilar, intervenir, dirigir.

**superintendent,** *s;* superintendente, inspector, interventor, delegado, mayordomo, capataz.

**supply,** *s;* surtido, abastecimiento, provisión, oferta; *pl.* materiales, **víveres,** provisiones; — **and demand,** oferta y demanda; *v.* surtir, abastecer, proveer; suministrar; proporcionar, facilitar, habilitar.

**support,** *s;* afianzamiento; sostén, ayuda, protección; apoyo; *v.* apadrinar, apoyar.

**surcharge,** *s;* sobrecarga; recargo.

**sure,** *a;* cierto, seguro, indudable; **to make —,** asegurar, cerciorarse; **to make — of,** asegurarse de, contar con; **to feel —,** estar seguro, no dudar; *adv.* sin duda alguna, ciertamente, con certeza.

**surety,** *s;* fiador, garante; fianza, garantía, afianzamiento; **to be — for,** ser fiador, salir garante.

**suretyship,** *s;* aval, seguridad, fianza.

**surname,** *s;* apellido.

**surpass,** *v;* sobrepasar, aventajar, exceder.

**surplus,** *s;* sobrante, excedente, exceso, superávit; — **of previous fiscal year,** sobrante del ejercicio anterior.

**surrender,** *s;* rendición, entrega, abandono, cesión de bienes; *v.* rendir, entregar; ceder, traspasar.

**survey,** *v;* deslindamiento; inspección, examen; — **of land,** agrimensura.

**surveyor,** *s;* agrimensor.

**suscriber,** *s;* abonado, suscriptor.

**suspend,** *v;* suspender, diferir; — **payment,** suspender pagos.

**suspension,** *s;* suspensión; cesación, calma; **of work,** paro.

**sustain,** *v;* sostener, sustentar; sufrir; **to — damage,** averiarse; **to — a loss,** sufrir una pérdida.

**swear,** *v;* *(pret. swore; pp. sworn),* declarar, jurar, prestar juramento; **sworn broker, expert** *(or* **surveyor), translator, notary,** corredor, perito (o apreciador), traductor, escribano jurado.

**sweet,** *a;* dulce.

**swindle,** *s;* estafa; *v.* estafar, timar, petardear.

**swindler,** *s;* estafador, timador; petardista, tramposo.

**swine,** *s;* cerdo.

**syndic,** *s;* síndico.

**syndicate,** *s;* sindicato; *asociación de capitalistas para emprender o explotar un negocio de gran envergadura;* **cotton —,** sindicato algodonero.

**syrup,** *s;* jarabe.

**system,** *s;* sistema, orden, régimen; **decimal, financial, metrical, monetary, tariff** *(or* **customhouse), prohibitive —,** sistema decimal, financiero, métrico, monetario, arancelario, prohibitivo; **follow-up —,** sistema de la continuidad.

# T

**TAB** 120 **TEL**

**table**, *s;* mesa, tabla; **interest** — s, tablas de intereses.

**tack**, *s;* tachuela; *v.* clavar con tachuelas.

**tailor**, *s;* sastre.

**take**, *v;* tomar; **to — charge of,** hacerse cargo de, encargarse de; **to — due note of,** tomar buena nota de; **to — place,** tener efecto, verificarse, suceder; **to — down,** poner por escrito; tomar nota; **to — off,** descontar; **to — on,** tomar, contratar.

**taker**, *s;* tomador.

**tank car**, *s;* carro cuba, vagón cisterna.

**tanned;** curtido *(pp. de to tan).*

**tape: red** —, balduque; expedienteo, formalismo; **— recorder,** grabador o grabadora de cinta, magnetófono.

**tar**, *s;* alquitrán.

**tare**, *s;* tara, merma; **to rebate the** —, rebajar la tara.

**tariff**, *s;* tarifa, arancel; **custom-house** —, arancel de aduanas;' **railroad** —, tarifa de ferrocarriles.

**task**, *s;* tarea, obra, trabajo; **to take to** —, censurar.

**tax**, *s;* impuesto, contribución; **— - collector,** recaudador de contribuciones; **— payer,** contribuyente; **— rate,** cupo; **excise** —, contribución indirecta; **direct** —, impuesto directo; **income** —, impuesto sobre la renta; **land** —, contribución territorial; *v.* tasar, gravar, cargar, imponer tributos o contribuciones.

**team**, *s;* equipo; *v.* **to — up,** asociarse, unirse, formar un equipo.

**tear**, *v;* romper, estropear.

**technical**, *a;* técnico.

**telegram**, *s;* telegrama, despacho telegráfico, parte; **cipher** —, telegrama en cifras o **cifrado.**

**telegraph**, *s;* telégrafo; **— -operator,** telegrafista; **wireless** —, telégrafo sin hilos; *v.* telegrafiar.

**telegrapher**, *s;* telegrafista.

**telegraphic**, *a;* telegráfico; **— address,** dirección telegráfica; **— code,** código telegráfico; **— message,** despacho telegráfico.

**telegraphy**, *s;* telegrafía; **wireless** —, telegrafía sin hilos o inalámbrica.

telephone, s; teléfono; — - book, guía o listín de teléfonos; — - operator, telefonista; v. telefonear.

telephonic, a; telefónico; — message, comunicación telefónica, parte telefónico.

teller, s; cajero; paying — (cajero), pagador; receiving — (cajero), cobrador.

temporary, a; temporario, temporal.

ten, a. y s; diez; década.

tenant, s; inquilino, arrendatario.

tender, s; oferta, proposición, propuesta, ofrecimiento, pliego; legal —, moneda corriente.

tenfold, a; décuplo.

tenor, s; tenor, sentido, texto, contenido; curso, método; of the same — and date, del mismo tenor y fecha.

tenth, a; décimo; the — of October, el diez de octubre.

tergiversate, v; tergiversar.

term, a; término, espacio, plazo; pl. condiciones, estipulaciones, términos; — s of payment, condiciones de pago; to come to — s, llegar a un acuerdo; not on any — s, por ningún concepto; por ningún precio.

test, s; ensayo; v. ensayar, probar.

testament, s; testamento.

testify, v; testificar, atestiguar, atestar, testimoniar.

testimony, s; declaración, testimonio; testigo; in — whereof, en fe de lo cual.

textile, a; textil; s. tejido.

texture, s; tejido.

thank, v; agradecer, dar gracias a; — you, gracias.

therefore, adv.; por lo tanto, por consiguiente.

thick, a; grueso.

third, a; tercero; s. tercio; one —, un tercio.

thoroughly, adv.; a fondo.

though, conj.; aun cuando, aunque, bien que, si bien; as —, como si.

thousand, s; mil, millar; per —, por mil; by — s, por millares, a millares.

thirteen, a. y s; trece.

three, a. y s; tres.

thresh, v; trillar.

thirty, a. y s; treinta.

thrift, s; economía, frugalidad.

thrifty, a; económico, frugal.

through, prep.; por, a través de, por medio de, mediante, por mediación de; to carry —, llevar a cabo; to fall —, fracasar.

throughout, adv.; en todas partes; desde el principio hasta el fin.

throw, v. (pret. threw, pp. thrown), arrojar, echar; to — overboard, arrojar, lanzar, echar al mar.

Thursday, s; jueves.

ticket, s; billete, papeleta, boleto, pase, entrada; rótulo, etiqueta; — - office, despacho de billetes, taquilla; circular —, billete circular; return —, billete de vuelta; round-trip —, billete de ida y vuelta, billete redondo; single —, billete de ida; pawn —, papeleta de empeño, boleta de empeño.

tie, v; atar.

till, v; cultivar, labrar; prep. hasta; — now, hasta ahora: conj. hasta que.

**tillage,** *s;* labranza, cultivo.

**tiller,** *s;* agricultor, cultivador, labrador.

**timber,** *s;* madera de construcción; **ship** —, madera para construcciones navales; **round, squared, standing** —, madera en troncos, escuadrada, en pie (en árboles); — **merchant,** maderero.

**time,** *s;* tiempo, época, sazón; plazo, prórroga, respiro; ocasión, oportunidad; — **deposit,** depósito a plazo; — - **money,** dinero (prestado) a plazo o a término; — **table,** horario, itinerario de trenes; — **of payment,** época de pago; **at this** —, ahora, al presente; **at that** —, entonces, a la sazón; **by that** —, para entonces; **from** — **to** —, de vez en cuando; **in** —, a tiempo, oportunamente; **on** —, a plazo; **at some** — **or other,** un día u otro; **some** — **ago,** tiempo atrás, poco hace.

**tin,** *s;* estaño, lata, hojalata; — **can,** lata; — - **foil,** hoja de estaño; — - **plate,** hoja de lata; — - **ware,** efectos de hojalata.

**tip,** *s;* propina; soplo, informe dado en secreto.

**tire,** *s;* llanta; **pneumatic** —, neumático; *v.* cansarse; aburrirse, fastidiarse.

**tireless,** *a;* incansable, infatigable.

**title,** *s;* título, derecho, documento; — - **deed,** título, escritura de propiedad.

**tobacco,** *s;* tabaco; **cut** —, picadura; **chewing** —, tabaco de mascar; **leaf** —, tabaco en rama; — **field,** vega de tabaco, plantación de tabaco.

**ton,** *s;* tonelada; **long** — *(2.240 libras ó 1.016'05 kilogramos)*; **short** — *(2.000 libras)*.

**tonnage,** *s;* arqueo, porte; derecho de tonelaje, tonelaje.

**tool,** *s;* herramienta, utensilio, apero; *pl.* útiles; — - **chest,** herramental; **farming**— **s,** útiles de labranza.

**total,** *s;* total, suma, monta.

**tour,** *s;* viaje; circuito; vuelta; — **of inspection,** requisa.

**tow,** *s;* remolque; **in**—, a remolque; *v.* remolcar, dar remolque.

**towage,** *s;* remolque; derechos de remolque.

**trade,** *s;* comercio, tráfico; contratación, trato, negocio; — **directory,** anuario, guía comercial; — **discount,** descuento al comercio; — - **mark,** marca de fábrica, registrada, comercial; — **price,** precio de rebaja; — - **unión,** sociedad obrera, gremio de oficios; **Board of T** —, Junta de Comercio; **clandestine** —, comercio clandestino o de contrabando; **coasting** —, cabotaje; — **exchange,** bolsa de comercio, lonja; **domestic** —, comercio interior; **export, import, transit, foreign** —, comercio de exportación, de importación, de tránsito, extranjero *(o exterior)*; **overland, maritime** *(or* **sea), oversea** *(or* **transoceanic)** —, comercio terrestre, marítimo *(o de mar)*, de ultramar *(o transoceánico)*; **free** —, libre cambio; **illicit** —, comercio ilícito; **retail** —, comercio al por menor; **terms to the** —, condiciones a los revendedores;

**not to be in** —, no estar de
venta, no ofrecerse en venta;
*v.* comerciar, hacer negocios,
traficar, negociar; **to** — **in**, negociar, tratar en; hacer el negocio de.

**trader,** *s;* negociante, comerciante, mercader, tratante, traficante.

**tradesman,** *s;* mercader, comerciante, industrial.

**trading,** *a;* mercantil, comercial;
— **customs,** usos, costumbres,
prácticas comerciales; — -
**house,** factoría; — - **vessel,**
barco mercante.

**traduce,** *v;* calumniar.

**traffic,** *s;* tráfico, comercio, trato; transporte; *v.* negociar, comerciar, traficar.

**train,** *s;* tren; **excursion, express,
fast, freight, local, mail, mix-
ed, night, passenger, through**
—, tren de recreo, expreso,
rápido, de carga, ordinario,
correo, mixto, nocturno, de
pasajeros, directo; **to miss
one's** —, perder el tren; **to
send by fast, by slow** —, enviar, expedir, despachar por
gran, por pequeña velocidad.

**tramp-steamer, tramper,** *s;* vapor
irregular, sin línea fija.

**tramway,** *s;* tranvía.

**transact,** *v;* tramitar, despachar,
evacuar; **to** — **business,** hacer
negocios, negociar.

**transaction,** *s;* transacción, operación, negocio; asunto; desempeño, gestión; **commercial**
— **s,** operaciones comerciales.

**transatlantic,** *a;* trasatlántico,
transatlántico.

**transcribe,** *v;* transcribir, copiar,
trasladar.

**transcriber,** *s;* copiador, copista,
amanuense, escribiente.

**transfer,** *v;* transferir, ceder, enajenar; transmitir, trasladar,
transbordar; pasar, entregar;
*s.* cesión, transferencia, traspaso; traslado, transbordo.

**transferable,** *a;* transferible.

**transferee,** *s;* cesionario.

**transference,** *s;* transferencia.

**transferrer,** *s;* cesionista, cedente, transferidor.

**transformer,** *s; (elect.),* transfor-
mador.

**transgress,** *v;* transgredir, violar,
quebrantar una ley.

**transgression,** *s;* transgresión, infracción, extralimitación; **in
case of** —, en caso de contra-
vención.

**transire,** *s;* permiso de la aduana
para retirar un género.

**transit,** *s;* tránsito, pasaje, paso.

**transition,** *s;* tránsito, mudanza,
transición.

**translate,** *v;* traducir.

**translator,** *s;* traductor.

**transmission,** *s;* envío, conducción, transmisión.

**transmit,** *v;* transmitir, remitir,
enviar, mandar, traspasar.

**transport,** *v;* transportar, acarrear, transbordar, transferir;
*s.* transporte, acarreo; buque
transporte.

**transship,** *v;* transbordador.

**transshipment,** *s;* transbordo.

**trap,** *s;* trampa, artimaña.

**travel,** *v;* viajar, andar, recorrer.

**traveler,** *s;* viajero; **commercial**
— *(in Spain),* viajante; *(in
Amer.),* agente viajero, vendedor viajero; **commission** —,
viajante comisionista.

**traveling,** *s;* viaje; — - **bag,** maleta; — - **expenses,** gastos de
viaje; — - **salesman,** viajante

*(in Spain)*, vendedor viajero *(in Amer.)*.

**treasure,** *s;* tesoro, caudal, riqueza; *v.* atesorar, acumular riquezas.

**treasury,** *s;* tesorería, erario, tesoro, hacienda; — **bills,** cédulas del Tesoro; — **bonds,** bonos del Tesoro; **T** — **Department** *(in U. S.)*, Ministerio de Hacienda; **national** —, fisco; **public** —, hacienda pública, tesoro, erario público.

**treat,** *v;* tratar de, tratar; negociar un tratado.

**treaty,** *s;* tratado, ajuste, pacto, convenio; — **of commerce and navigation,** tratado de comercio y navegación.

**trespass,** *s;* infracción, violación; *v.* infringir, violar, entrar sin derecho.

**trial,** *s;* juicio, causa; ensayo, prueba; — **by jury,** juicio por jurado; **on** —, a prueba; **to make a** —, hacer una prueba, un ensayo.

**tribunal,** *s;* tribunal.

**trick,** *v;* engañar, embaucar, estafar, defraudar, timar, petardear; *s.* treta, ardid, socaliña, engaño.

**tried,** *v;* probado.

**trifle,** *s;* bagatela, friolera, futesa, menudencia; **to stop at** — **s,** reparar en pelillos.

**trillion,** *s;* trillón *(en Inglaterra, España y muchos otros países, la tercera potencia de un millón; en Francia y Estados Unidos, un billón)*.

**trip,** *s;* viaje, excursión; **round** —, ida y vuelta.

**triplicate,** *a.* y *s;* triplicado; **in** —, por triplicado.

**trouble,** *v;* molestar, incomodar, importunar; **it is not worth the** —, no vale la pena; **to fish in** — **d water,** pescar en río revuelto.

**truck,** *s;* camión.

**truckage,** *s;* camionaje.

**true,** *a;* verdadero, cierto, efectivo, exacto, genuino, fiel, sincero; — **copy,** copia fiel, copia exacta.

**truly,** *adv.;* verdaderamente; efectivamente; fielmente; — **yours,** de Vd. atto. s. s.

**trunk,** *s;* baúl.

**trust,** *s;* confianza, crédito; asociación de compañías para fijar el precio y producción de sus artículos; sindicato de especuladores acaparadores que se forma para promover el alza de un valor o mercancía; trust; — **company,** Banco de depósito, compañía fiduciaria o de depósito; — **deed,** asignación, cesión de bienes; — **money,** fideicomiso, depósito; **on** —, al fiado, a crédito; *v.* confiar, fiar; — **ing that,** en la confianza de que.

**trustee,** *s;* síndico, depositario, fideicomisario, curador.

**trusteeship,** *s;* cargo de fideicomisario; economato.

**try,** *v;* probar, ensayar, procurar, tratar, intentar, tantear.

**Tuesday,** *s;* martes.

**tug-boat,** *s;* remolcador.

**turbine,** *s;* turbina.

**turn,** *s;* vuelta; turno; *v.* volver; — **into,** convertir en; **to** — **to,** acudir a; recurrir a; dirigirse a.

**twelwe,** *a.* y *s;* doce.

**twenty,** *a.* v *s;* veinte.

two, *a.* y *s;* dos.

type, *s;* tipo, letra de imprenta; — - founder, fundidor de tipos o letras de imprenta; — measure, tipómetro; — metal, metal de imprenta; — - setter, máquina para componer tipos; printing — s, tipos, caracteres de imprenta.

typewrite, *v;* escribir con máquina o a máquina.

typewriter, *s;* mecanógrafo, dactilógrafo.

typewritten; escrito con máquina o a máquina.

typewriting, *s;* mecanografía, dactilografía.

typist, *s;* mecanógrafo, dactilógrafo; shorthand —, taquimecanógrafo.

# U

**ultimate,** *a;* último, final; fundamental, esencial; sumo, extremo.

**ultimo,** *adv.;* último, mes próximo pasado; **your favo(u)r of the 18th ultimo,** su atenta del 18 del mes último *(o del mes próximo pasado).*

**umpire,** *s;* árbitro, tercero.

**unanimous,** *a;* unánime.

**unaware,** *a;* que ignora tal cosa, que no tiene conocimiento de.

**unbalanced,** *a;* no balanceado.

**uncertainty,** *s;* incertidumbre, inseguridad, instabilidad.

**uncollectable,** *a;* incobrable.

**unconditional** *a;* incondicional, ilimitado.

**uncovered,** *a;* en descubierto.

**underground,** *a;* subterráneo; clandestino; *s.* sótano; *adv.* bajo tierra.

**underlet,** *v;* subalquilar, subarrendar.

**underline,** *v;* subrayar.

**undersell,** *v;* vender a menos precio, a bajo precio; baratear.

**undersign,** *v;* subscribir; **the — ed,** el infrascrito, el abajo firmado.

**undertake,** *v;* emprender.

**undertaking,** *s;* empresa.

**under-tennant,** *s;* subarrendatario.

**undervalue,** *v;* depreciar, tasar en menos, desestimar, menospreciar.

**underwrite,** *v;* asegurar *(contra los riesgos del mar);* obligarse a comprar todas las acciones de una nueva empresa que queden sin subscribir.

**underwriter,** *s;* asegurador.

**underwritten,** *a;* infrascrito.

**undue,** *a;* por vencer (como una letra).

**unfit,** *a;* inepto, incapaz, inhábil, incompetente; *v.* inhabilitar.

**unfitness,** *s;* ineptitud, insuficiencia, incompetencia.

**unilateral,** *a;* unilateral.

**unless,** *conj.;* a menos que, a no ser que.

**unlimited,** *a;* ilimitado.

**unload,** *v;* descargar.

**unlucky,** *a;* desgraciado, infortunado.

**unpaid,** *a;* no pagado.

**unpreparedness,** *s;* imprevisión; no estar preparado para hacer frente a circunstancias extraordinarias.

**unreliable,** *a;* indigno de confianza, informal, incierto.

**unsalable,** *a;* invendible.

**unseasoned,** *a;* verde (la madera).

**unseaworthy,** *a;* innavegable.

**unship,** *v;* desembarcar.

**untrue,** *a;* falso.

**up-to-date,** hasta la fecha; al día; moderno.

**usance,** *s;* uso, usanza.

**use,** *s;* uso, servicio; **of no —,** inútil, inservible, que no sirve; **to make — of,** hacer uso de; *v.* usar, servirse, emplear:

**to — up,** gastar, consumir; soler, acostumbrar.

**usual,** *a;* usual, acostumbrado, común, habitual; **as —,** como de costumbre.

**usufruct,** *s;* usufructo.

**usurer,** *s;* usurero, logrero.

**usurious,** *a;* usurario.

**usury,** *s;* usura.

**utensil,** *s;* utensilio; *pl.* útiles, aperos; **office — s,** objetos de escritorio; **writing — s,** recado de escribir.

**utility,** *s;* utilidad, ventaja, lucro; **public —,** utilidad pública.

**utmost,** *s;* lo sumo, lo mayor, lo más; **do your —,** haga usted cuanto pueda.

**utterly,** *adv.;* totalmente, enteramente, del todo.

# V

**vacant,** *a;* vacante, libre; — **post, place, situation,** puesto, empleo, plaza, cargo vacante o libre.

**vain: in vain,** en vano, en balde, inútilmente.

**valise,** *s;* maleta.

**valid,** *a;* válido, valedero.

**valuable,** *a;* precioso, valioso, apreciable; *pl.* joyas y otros objetos.

**valuation,** *s;* valía, tasa, tasación, avalúo, valuación, estimación, aprecio.

**value,** *s;* valor, valía, monto, importancia, importe, precio, valuación; — **received,** valor recibido; — **in cash,** valor en metálico; — **parcel,** paquete *(o sobre)* con valor declarado; **actual** *(or* **real), commercial, conventional, declared, face** *(or* **nominal), fictive** *(or* **fictious), fiduciary, intrinsic, stipulated** *(or* **agreed upon), surrender** —, valor actual o real, comercial, convencional, declarado, nominal, ficticio, fiduciario, intrínseco, estipulado o acordado, entregado; **beneath its market** —, debajo del valor actual; **samples with-** **out** —, muestras sin valor; *v.* valuar, valorar, avaluar, estimar, tasar, apreciar; **valued at,** avaluado en.

**valuer,** *s;* tasador, valuador.

**various,** *a;* vario, diverso, diferente.

**varnish,** *a;* barniz.

**vault,** *s;* bóveda; **safe-deposit** —, caja de seguridad.

**vegetables,** *s; pl.* verduras, hortalizas, legumbres.

**velvet,** *s;* terciopelo.

**velveteen,** *s;* pana, veludillo.

**vendor,** *s;* vendedor ambulante, buhonero.

**venture,** *s;* operación arriesgada; especulación; *v.* **to** — **at (on** *(or* **upon),** probar suerte.

**verbal,** *a;* verbal; — **contract,** contrato verbal o de palabra.

**verge,** *s;* borde, margen; **on the** — **of,** al borde de; a punto de.

**verification,** *s;* verificación, comprobación.

**verify,** *v;* verificar, comprobar; — **by documentary evidence,** documentar.

**versus,** *prep.;* contra.

**very,** *a;* mismo, mismísimo; puro; verdadero; *adv.* muy, mucho.

**vessel,** *s;* barco, buque, embarcación, nave; **merchant -—,** barco mercante; **sailing -—,** buque de vela.

**vice-consul,** *v;* vicecónsul.

**vice-consulate,** *s;* viceconsulado.

**vice-president,** *s;* vicepresidente.

**vice versa,** *adv.;* viceversa.

**vie,** *v;* competir, rivalizar.

**view,** *s;* vista, mira, propósito; *pl.* parecer, opinión; **with a —to,** con objeto de; **with this —,** con esta mira; **to have in —,** tener en vista.

**vintage,** *s;* vendimia.

**visé,** *v;* visar.

**vitiate,** *v;* viciar.

**vogue,** *s;* boga, moda.

**void,** *a;* nulo; vacío, hueco; *v.* vaciar, anular.

**volume,** *s;* volumen, libro, tomo; masa, bulto; importe, suma.

**volunteer,** *a;* voluntario; *v.* ofrecer (sus servicios).

**vote,** *s;* voto, sufragio.

**vouch,** *v;* atestiguar, certificar, garantizar, garantir, afirmar.

**voucher,** *s;* comprobante, resguardo, recibo, justificante, talón, abono, vale; **advertising —s,** comprobantes de anuncios.

**voyage,** *s;* viaje por mar, travesía, navegación; **— out and home,** viaje de ida y vuelta, viaje redondo; *v.* navegar, viajar.

**voyager,** *s;* viajero.

# W

**wages,** s; pl. paga, jornal, salario, sueldo, estipendio.

**wagon,** s; vagón.

**wait,** v; esperar, aguardar.

**waiting-room,** s; sala de espera.

**want,** v; necesitar, carecer de; querer, desear; s. necesidad, falta, carencia, escasez, carestía.

**war,** s; guerra; — **tax,** impuesto de guerra; **W — Department,** Ministerio de la Guerra; **man of —,** navío de guerra; — **ship,** navío de guerra; **declaration of —,** declaración de guerra.

**warehouse,** s; almacén, depósito; — **charges,** gastos de almacén o de almacenaje; — **owner,** almacenista; **bonded —,** almacén de depósito; **ex —,** en almacén; v. almacenar.

**warehouseman,** s; almacenero, guardalmacén.

**warehousing,** s; almacenaje.

**wares,** s; mercancías, mercaderías, efectos, géneros, artículos; **small —,** mercería.

**warning,** s; aviso, advertencia, prevención, amonestación.

**warrant,** s; certificado de depósito; permiso, autorización, libramiento, auto, autoridad, fiador, garantía; orden de arresto.

**warrantee,** s; afianzado.

**warrantor,** s; garante, fiador.

**warranty,** s; garantía, seguridad.

**waste,** s; derroche, despilfarro; desperdicio, despojos, pérdida; **cotton —,** desperdicios de algodón; v. derrochar, gastar, prodigar.

**watch,** s; vigilancia; guardia; vigilante; reloj; v. mirar; velar, vigilar, guardar; tener cuidado con.

**water,** s; agua; v. regar, irrigar; — **tax,** censo de agua.

**watering,** s; riego, irrigación.

**waterproof,** a; impermeable.

**wave,** v; fluctuar, oscilar.

**wax,** s; cera; **sealing —,** lacre.

**way,** s; vía, camino, pasaje; modo, medio, manera; — **s and means,** medios y arbitrios; **use your own —,** hágalo a su modo; **to have one's —,** salirse con la suya; **by the —,** a propósito; **any —,** de cualquier modo, de todas maneras; **in a big —,** en gran escala; **in a**

—, de cierta manera, hasta cierto punto; **to feel the same** —, ser de la misma opinión; **to give** —, ceder, retroceder.

**wealth,** s; riqueza, fortuna, caudal, hacienda, dinero.

**wealthy,** a; rico, adinerado, opulento.

**wear,** v; (pret. *wore;* pp. *worn*), usar, gastar, consumir; s. uso. gasto, deterioro.

**weave,** v; tejer, tramar.

**weaver,** s; tejedor, tramador.

**Wednesday,** s; miércoles.

**week,** s; semana; **about the middle, at the beginning, at the end of the** —, a mediados, a principios, a fines de semana; **last** —, la semana pasada; **next** —, la semana próxima (*o entrante o que viene*); **by the** —, (as a salary) por semana.

**weekly,** a; semanal; — **paper,** semanario; *adv.* semanalmente, por semana; **to pay** —, pagar semanalmente.

**weigh,** v; pesar; **to** — **anchor,** levar anclas.

**weight,** s; peso, lastre, carga; pesa; —**s and measures,** pesos y medidas; **average** —, peso medio o promedio; **approximate, dead, full, gross, net** —, peso aproximado, muerto, justo, bruto, neto; **standard** —, peso de ley; **overweight,** sobrepeso; **light** —, peso falso; **by** —, al peso.

**welcome,** s; bienvenida, buena acogida.

**west,** s; oeste, occidente.

**wet,** a; mojado; — **goods,** líquidos envasados.

**whale,** s; ballena.

**wharf,** s; muelle, embarcadero.

**wharfage,** s; muellaje, derecho de muelle.

**wheat,** s; trigo.

**wheel,** s; rueda; volante; timón.

**whether,** conj., si, sea que, ora, ya; — **you will or not, you have to pay this tax,** que se quiera o que no se quiera, se tiene que pagar este impuesto.

**whole,** a; todo, total, entero; s. total, conjunto, del todo; **on the** —, en conjunto, en general.

**wholesale,** a; al por mayor, en grande, en grueso; s. venta o comercio al por mayor.

**wholesaler,** s; mayorista, comerciante al por mayor.

**wide,** a; ancho.

**width,** s; anchura, ancho.

**will,** s; testamento.

**willing,** a; dispuesto; **to be** — **to,** estar dispuesto a:

**wind,** s; viento; — - **bound** (*or* **detained by contrary** — **s**), detenido por vientos contrarios.

**window** s; ventana, escaparate, vidriera; — - **dressing,** arreglo artístico de escaparates.

**winter,** s; invierno; — **clothes,** ropa de invierno; — **season,** invernada.

**wire,** s; hilo, alambre, cuerda; v. telegrafiar; telegrama.

**wireless,** s; inalámbrico, sin hilos, radiotelegráfico; — **message,** radiograma, marconigrama; — **telegraphy,** telegrafía sin hilos, radiotelegrafía.

**withdraw,** v; (pret. *withdrew;* pp. *withdrawn*), retirar, apartar, sacar de; irse, separarse, retirarse,

**witness,** s; testigo, testimonio, atestación; **in — whereof,** en testimonio *(o en fe)* de lo cual.

**wood,** s; madera; leña; bosque.

**wool,** s; lana; **from —,** hecho de lana.

**wool(l)en,** a; de lana, lanoso, lanudo; *pl.* lanas (manufacturas, géneros de), **woollen-draper,** comerciante en paños; **woollen-dyer,** tintorero de lana.

**wool(l)y,** a; lanar, lanudo, lanoso.

**woolman,** s; lanero.

**woolsey,** s; tejido de algodón y lana.

**word,** s; palabra, voz, término; conversación breve, dos palabras; **in a —,** en una palabra; **to keep one's —,** cumplir su palabra, tener palabra; **by — of mouth,** de palabra, verbalmente; **take my — for it,** créame usted; **upon my —,** bajo mi palabra; **high —s,** palabras mayores, dichos injuriosos; **big —s,** disputa, palabras mayores; *v.* redactar; **to — a letter,** redactar bien una carta.

**work,** s; trabajo, faena, obra, labor, oficio, gestión; *pl.* fábrica, taller, establecimiento; *v.* trabajar, funcionar, operar; **to — a mine,** explotar una mina

**worker,** s; trabajador, obrero.

**working,** s; trabajo, obra; explotación; **— capital,** capital activo; **— class,** clase obrera; **--day,** día de trabajo; **— expenses,** gastos de explotación; **-- hours,** horas de trabajo; **— man,** jornalero, obrero, operario.

**workshop,** s; taller, obrador.

**world,** s; mundo.

**worry,** s; inquietud, preocupación; *v.* inquietar, molestar.

**worth,** s; mérito; monta, valor, precio; **to be —,** valer; **to be — the money,** valer su precio.

**worthy,** a; digno, apreciable, meritorio; **to be — of confidence,** merecer confianza.

**wrap,** v; *(pret. y pp. wrapped* o *wrapt),* enrollar, envolver.

**wreck,** s; destrucción, ruina; naufragio; *v.* naufragar; descarrilar.

**writ,** s; auto, citación, mandamiento; escrito; escritura.

**write,** v; *(pret. wrote; pp. written),* escribir.

**writing,** s; escritura, letra; escrito, manuscrito; **-- desk,** escritorio, pupitre, escribanía.

**written,** a; escrito; **hand —,** escrito a mano.

# Y

yacht, s; yate.

yard, s; corral, ˙patio; yarda *(medida inglesa, 0.914 metro)*, vara de medir; dock —, arsenal, astillero; lumber -—, depósito de maderas; leñera.

yarn, s; hilaza, hilo, hilado; cotton —, hilaza de algodón, torzal de algodón.

year, s; año; — - book, anuario; fiscal —, el año económico; leap —, año bisiesto; by the —, al año; every other —, un año sí y otro no.

yearly, a; anual; adv. anualmente.

yellow, a; amarillo; escandaloso, sensacional *(periodismo)*.

yesterday, s y adv.; ayer.

yet, conj.; sin embargo; adv. aún, todavía, hasta ahora; as —, todavía, hasta ahora; not —, todavía no.

yield, s; rédito, renta, producción, cosecha, producto, rendimiento, rendición; v. producir, redituar, rendir, rentar, ceder, valer; to — interest, redituar intereses.

yucca, s; yuca.

# Z

zeal, s; celo, fervor, ardor.

zero, s; cero; nada; below —, bajo cero.

zinc, s; zinc o cinc.

zone, s; zona.

# COMMERCIAL ABREVIATIONS

**a. a. r.,** against all risks.

**a/c.,** account current.

**ac, acct/.,** account.

**acct. rend.,** account rendered.

**a/d.,** after date.

**adv.,** advertisement, advice.

**agt.,** agent.

**amt.,** amount.

**A. R.,** all risks.

**a. s. s.,** along ship's side.

**Ass'n.,** Association.

**Attys.,** attorneys.

**av.,** average.

**b.,** bale.

**B. B.,** branch bank.

**bbls.,** barrels.

**b/c.,** bales cotton.

**bdl.,** bundles.

**B. E.,** bill of exchange.

**bl. bls.,** barrel, barrels.

**B/L.,** bill of lading.

**blading.,** bill of lading.

**B/P.,** bills payable.

**B. P. B.,** bank post bill.

**C.,** currency.

**C/d.,** custom dues.

**C. & F.,** cost and freight.

**C. F.,** carried forward.

**cft.,** cubic feet.

**C. H.,** Custom House.

**Chm.,** Chairman.

**cif.,** cost, insurance, freight.

**Co.,** company.

**c/o.,** care of.

**C. o. D.,** collect on delivery, cash on delivery.

**cof.,** care of.

**com.,** common.

**com'l.,** commercial.

**C. P. P.,** charges prepaid.

**Cr.,** creditor.

**cts.,** cents.

**cu. ft.,** cubic feet.

**cu. in.,** cubic inches.

**curr.,** current.

**Cy.,** company.

**cwt.,** hundred weight (100 lbs.).

**D. A.,** date acceptance.

**d/a.,** documents against acceptance.

**d/d.,** days after date.

**dft.,** draft.

**D/O.,** delivery order.

**do.,** ditto.

**docs.,** documents.

**dos.,** dozen.

**d/p.,** documents against payment.

**Dr.,** debtor.

**Drk.,** drawback.

**d/s.,** days'sight, double screened.

**E. E.,** errors excepted.

**E. & O. E.,** errors & omissions excepted.

**encl.,** enclosure.

**ex. c.,** ex coupon.

**ex. d.,** ex dividend.

**f. a. a.,** free of all average.

**f. a. q.,** fair average quality.

**f. a. s.,** free along side.

**F. B. E.,** foreign bill of exchange.

**f. c. &. s.,** free of capture and seizure.

**f. f. a.,** free from fat acids.

**f. g. a.,** free of foreign general average.

**f. i.,** for instance.

**f/o.,** firm offer, favo(u)r of.

**f. o. b.,** free on board.

**f. o. c.,** free on car, free of charges.

**f. o. q.,** free on quay.

**f. o. r.,** free on rail.

**f. o. t.,** free on truck.

**f. p. a.,** free particular average.

**frs.,** francs.

**F. T.,** fast train.

**ft.,** feet.

**G. A.,** general average.

**gin.,** gallon.

**govt.,** government.

**G. P. O.,** General Post Office.

**gr. wg.,** gross weight.

**G. T.,** goods train.

**G. W.; gw.,** gross weight.

**Hhds.,** hogsheads.

**H. P.,** horse power.

**h. p.,** hand picked.

**H. T. C.,** hold depot till called for.

**imps.,** impurities.

**Inc.,** incorporated.

**Ins.,** insurance.

**ins. b.,** inside bag.

**inst.,** instant.

**int.,** interest.

**inv.,** invoice.

**I. O. U.,** I owe you; promissory note.

**j/a.,** joint account.

**Kg.,** kilogram.

**lb. llbs.,** pound, pounds.

**L. C.,** letter of credit.

**Ld. Ltd.,** limited.

**ledg.,** ledger.

**L. I. P.,** life insurance policy.

**L. R. of S.,** Lloyd Register of Shipping.

**manuf.,** manufactory, manufacturer.

**m/c.,** metallic currency.

**m/d.,** months after date.

**mft.,** manifest.

**Mgr.,** manager.

**M. I. P.,** marine insurance policy.

**M. O.,** money order.

**m/s.,** months, months after sight.

**N. B..** Nota bene, take note.

**n/c.,** national currency.

**n/n.,** no number.

**No. Nos.,** number, numbers.

**N. P., Not. Pub.,** notary public.

**O.,** order.

**o/,** on.

**o/c.,** on account.

**o/d.,** on demand.

**o. k.,** all correct.

**outs. b.,** outside bags.

**p.,** per (for or through).

**p. a.,** per annum.

**parts.,** particulars.

**p. c.,** per cent, postal card.

**P. C. O.,** Post Central Office.

pcs., pieces.
pd., paid.
pkg., package.
pm., premium.
P. M. O. post money order.
P. N., promissory note.
P. O., post office, postal order.
P. O. B., post office box.
P. O. O., post office order.
p. p.; p. pro., per procuration.
ppd., prepaid.
P. S., postscript.
P. T., passengers'train.
P. T. O., please turn over.
r. d. c., runnnig down clause.
re., regarding.
recd., received.
reg., registered.
R. R., railroad.
R. R. S., railroad station.
Ry., railway.
sgd., signed.
sh., share, shilling.
sk., sack.
S. N., shipping note.

S. r. c., Strike riot clause.
s/s., steamship.
S. T., slow train.
S. v., sailing vessel.
St., street.
str., steamer.
S. W., standard white.
T., transit; transhipment.
T. A., telegraphic address.
th/, their.
T. L. O., total loss only.
T. O., turn over.
T. R., tons register.
U. K., United Kingdom.
ult., ultimo.
U. S. A., United States of America.
u. u. r., under usual reserves.
U/wrs., underwriters.
W. P. A., with particular average.
wt.; wght., weight.
Y/A., York Antwerp rules.
yd., yard.
y/day., yesterday.
yr., year, your.

# DUDEN ESPAÑOL

**El mejor diccionario
por la imagen,
de todos los tiempos**

---

## COMPLEMENTO DE TODOS
## LOS DICCIONARIOS

---

*Colección Diccionarios Juventud. 930 pá-
ginas. 13'5 × 19'5 cms. Con 8 láminas en
color y 360 ilustraciones de página entera
o media página. Con vocabulario en francés, inglés o alemán.*

**El Duden Español**

es un diccionario único en su género.
De las 25.000 palabras que contiene, no
hay ninguna que no esté representada por
su correspondiente ilustración gráfica. De
este modo, el usuario adquiere no sólo
una idea clarísima del fin a que está destinado el objeto que le interesa en esos
momentos, sino que ve, en el dibujo res-
pectivo, la forma que tiene ese objeto y
con qué otros objetos o grupos de objetos
se relaciona normalmente. Se incluyen
numerosos términos de los países hispa-
noamericanos.

# DUDEN

## DICCIONARIOS POR LA IMAGEN

### ENGLISH DUDEN

### DUDEN FRANÇAIS

### DER GROSSE DUDEN
(alemán)

### KINDERDUDEN
Diccionario infantil alemán ilustrado a todo color

Las imágenes de estos Diccionarios coinciden exactamente en las diversas lenguas, por lo que constituyen en su conjunto un Diccionario plurilingüe de extraordinario valor.

## NUEVO DICCIONARIO
### INGLÉS - ESPAÑOL
### ESPAÑOL - INGLÉS
por Esteban Mac Cragh

## OTROS
## IMPORTANTES DICCIONARIOS

### DICCIONARIO DE LA MONTAÑA,
por Agustín Faus.

### DICCIONARIO MARÍTIMO,
por Julián Amich. Equivalencias en francés e inglés.

### DICCIONARIO DE CAZA,
por José M.ª Rodero.

UNA OBRA IMPRESCINDIBLE PARA LOS
QUE SE INTERESAN POR LOS LIBROS


**2.ª edición, corregida y aumentada**


# LA
# VERDAD
## SOBRE EL
# NEGOCIO
## EDITORIAL

por
SIR STANLEY UNWIN


*Versión española, anotación y prólogo de* José Zendrera Fecha.
*272 páginas. 14'5 × 22'5 cms. Ilustrado.*

Una obra fundamental de la que Hugo Wast escribió que «interesa
no sólo a los editores, sino muy especialmente a los autores, a
quienes con toda honradez impone de muchos detalles secretos y
prácticos». *La verdad sobre el negocio editorial* es un libro imprescindible para todas las personas relacionadas con las ediciones de
libros. Todos los problemas y pormenores que presenta la publicación de un libro: cálculo de los precios, la elaboración, la venta,
la publicidad, la propiedad literaria, etc., son minuciosa y clara-
mente estudiados en esta obra.